중용이란
무엇인가

中庸

중용이란 무엇인가

신정근 지음

성균관대학교
출판부

나의 『중용』 읽기는 끊임없이 주희에 도전하는 과정이었다. 주희는 별다른 근거를 제시하지 않고 『중용장구』에서 "'중용'을 이렇게 읽어야 해!"라는 답안을 제시했다. 그의 오만한 지성이 어디에서 왔는지 궁금하기도 하고 이렇게 근거를 지우는 작업이 얼마나 타당한지 검증하고 싶었다. 이러한 나의 포부는 『중용』을 들추고 읽으면서 좌절에 빠졌다. 많지 않은 분량임에도 몇 차례 되풀이해서 읽어도 무슨 말을 하는지 도무지 이해할 수가 없었기 때문이다.

나는 주희에 도전하려고 했다가 실패했지만 오히려 그의 말에 위안을 받았다. "중용은 말이야, 초보자가 읽고 이해할 수가 있는 책이 아냐!(中庸, 初學者未當理會)" 나는 도전은 둘째치고 기가 꺾여서 다시는 『중용』을 들추고 싶지 않았다. 하지만 포기할 수가 없었다.

계속 읽다보니 실마리가 조금씩 풀렸다. 특히 『논어』 『맹자』 『한비자』 『관자』 등을 읽으면 마음과 감정의 문제를 연구하다가 뭔가 연결되고 발견되는 맥락을 찾을 수 있었다. 그것이 바로 「『중용』의 중화(中和) 사상 연구: 선진시대 감정 지위의 변화를 중심으로」(2008)와 「전국시대 2단계 심(心) 담론으로서 관자 심학(心學)의 의의: 관자사편 (管子四篇)을 중심으로」의 논문이었다.

이렇게 『중용』에 대한 실마리가 풀릴 즈음에 출판사의 제의를 받고 한동안 진전이 없던 작업이 속도를 내게 되었다. 이것이 『중용, 극단의 시대를 넘어 균형의 시대로』(사계절, 2010)이다. 서문에서 밝혔듯 이 상하이 기차역에 우연히 눈에 들어온 광경이 글을 시작할 수 있는 바탕이 되었다. 나는 이 책에서 처음으로 『중용』의 저자와 '중용'의 의미와 정식화 등 평소 의심을 품었던 사항을 해결하게 되었다.

나는 평소에 주희가 해결하지 못한 『중용장구』 16장, 즉 일명 '귀신장(鬼神章)'의 문제를 풀 수 있다고 생각하다가 잠정 중단하고 있었다. 즉 주희는 성리학에서 신적 존재의 자취를 지우고자 했기 때문에 '귀신장'이 왜 『중용』에 들어 있는지 모르겠다며 깊은 의문을 제기했다. 이리하여 다시 주희에 도전할 생각이 꿈틀거리기 시작했다. 주희가 해결하지 못한 난제에 도전한다는 각오를 다시 강하게 품었다.

주희에 도전이 「『중용』과 귀신의 관계, '중용'의 정식화의 연구」(2010)로 결실을 맺었다. '귀신장'은 그 자체로 보면 『중용』에서 물과 기름의 관계로 보인다. 하지만 『중용』이 살아 있는 사람만의 세상이 아니라 산 사람과 죽은 사람이 공존하는 세상을 전제하고 있고 효(孝)가 양자를 매개하는 덕목이다. 이러한 시각에서 보면 귀신은 『중용』의 세계에서 당연히 있어야 할 존재이다. 아니 귀신이 없다면 '중용'의 덕목이 완성될 수가 없다.

한두 차례 주희에 도전을 성공하고서 『중용』 주석을 보는 시야를 넓혔다. 그러다가 근대의 캉유웨이가 『중용』의 주석을 썼다는 사실을 알게 되면서 그의 전집을 구해서 열독했다. 그 결과로 「캉유웨이 『중용』 해석의 특징: 『중용』의 『춘추』화」(2010)가 나오게 되었다.

이 즈음에 그간의 『중용』 연구를 1차적으로 결산하자는 심정으로 2010년에 성균관대학교출판부의 〈제4회 우수도서지원〉 과제에 신청하여 선정되었다. 하지만 각오와 달리 준비와 실력이 여전히 미흡했다. 『중용』을 읽고 또 읽었지만 아직 그 체제와 내용을 일목요연하게 파악할 수가 없었다. 계획만 세우고 속절없이 예정된 시간보다 흘렀다. 즐겨 읽던 『중용』 책의 표지가 달아나는 등 책이 너덜너덜해지기 시작했다.

그 과정에서 주희, 캉유웨이, 정현, 공영달, 정약용, 이토 진사이, 오규 소라이, 왕부지 등의 주석과 현대의 연구 서적을 닥치는 대로 읽으면서 그간 나를 괴롭히던 의문이 조금씩 풀리기 시작했다. 이리하여 『중용』의 체제를 완벽하게 새롭게 해체하여 설명하게 되었고, '중용' 대로 살아가는 삶의 형식이 『서경』 「고요모」에서 실마리를 찾고 공자가 확실하게 발견했다는 점을 밝히게 되었다. 그중에 공자 제자 중 자장(子張)의 흔적을 최초로 발견하게 되었다.

이렇게 『중용』의 체제와 내용을 어느 정도 해체할 수 있으면서 2019년 세밑에 『오십, 중용이 필요한 시간』(21세기북스, 2019)과 『중용이란 무엇인가?』(성균관대학교출판부, 2019)를 한꺼번에 내게 되었다. 이 과정에서 주희가 해결하지 못한 『중용』의 편제와 기원도 어느 정도 매듭을 지었다. 이때 정약용의 『중용자잠』 『중용강의보』에서 도움을 받은 것이 적지 않다.

지금에 와서 생각해보면 주희에 도전하겠다는 목표는 해결된 것도 있고 여전히 미완인 것도 있다. 미완이라면 동아시아의 지성사 맥락을 따라가면서 21세기 유학 또는 철학을 새롭게 구성하는 작업이다.

여전히 답보 상태를 벗어나지 못하고 있다. 주희가 세운 '신민(新民)', 즉 "새사람이 되자!" 또는 "새사람을 만들자!"는 거대한 기획의 그림자도 제대로 보지 못했다.

1만 시간까지 한 걸음씩 가다보면 언젠가 조금은 나아지리라 믿는다. "남이 한 번에 잘하면 나는 백 번이라도 되풀이하고, 남이 열 번에 잘하면 나는 천 번이라도 되풀이하겠다(人一能之, 己百之. 人十能之. 己千之)"는 『중용』 20장의 말처럼. 또 "열 개의 벼루를 구멍 내고 천 자루의 붓을 몽당붓으로 만들었다(磨穿十硏, 禿盡十毫)"는 김정희의 말처럼.

앞으로 조선 시대를 비롯하여 한국 학자들의 『중용』 읽기를 더 하여 이를 정리하고, 『중용』을 읽으려면 다른 주석을 보아야 하므로 『중용 독본』 등의 작업도 하려고 한다. 이를 통해 주희에 대한 새로운 도전을 시작하려고 한다.

내용은 전체적으로 보충하고 형식은 통일했지만 『중용』 원문의 번역은 같은 구절도 조금씩 다르다. 이는 글을 쓸 때 당시의 인식을 보여준다. 통일하려고 하다가 전체 흐름을 헝클게 될까봐 그대로 둔다. 아직도 완전한 번역이 멀었다는 한계의 고백이기도 하다. 또 지금 『중용』에 대한 이전의 결론과 달라진 경우도 있다. 『중용』에 대한 나의 사고가 바뀌어가는 과정을 보여준다.

2019년 세밑에
여여 신정근 씁니다

제1장

중용의 기우뚱한 균형과
혁명 논리

장정일이 자신의 책 읽기를 다룬 책의 머리말에서 그는 자신도 우리 사회의 가치를 내면화하는 중용의 사람이 되고자 했지만 그것이 나중에 무지의 소산으로 허위의식이고 대중 기만이라며 결별을 선언하고 있다.[1]

우리는 분명히 모난 사람보다 둥근 사람을, 까다로운 사람보다 원만한 사람을 선호하는 문화 속에 살고 있다. 또 달리 생각해보면 가만히 있으면 누구도 알아주지 않고 튀어야 사는 세상이다. 옷차림이며 장신구며 외모며 사람들은 뭔가 자신을 다르게 보이려고 한다. 이를 두고 이중적이라고 할 수 있겠다. 아니면 외모와 생업에서는 개성을 드러내지만 사고방식에서는 중용을 선호한다는 식으로 절충론을 펼칠 수도 있다.

장정일이 말하듯이 우리 사회에서 작동하는 '중용'과 사서(四書)의 하나인 『중용』의 내용이 서로 일치하는 것일까? 중용은 바람직한 가치일까 아니면 주인 의식을 갖진 못한 노예의 도덕일까? 여러 가지 생각이 꼬리에 꼬리를 물고 일어난다. 우물에서 숭늉을 찾기보다는

---

1 장정일, 『장정일의 공부: 장정일의 인문학 부활 프로젝트』, 랜덤하우스코리아, 2006.

좀 차분하게 따져보고서 결론을 내려도 늦지 않을 듯하다.

1. 극단의 시대

현대 사회는 학문과 사상의 자유를 보장한다. 인류, 인종, 인권 등을 침해하지 않는다면 어떠한 사상도 법의 보호를 받을 수 있다. 특히 우리나라는 근대 사회의 진입 과정이 불투명하게 진행되고 이념 대결과 남북 분단의 상황으로 인해 한때 극우적 경향이 강했다. 민주화가 진행된 이래로 극우에서 극좌의 이념 스펙트럼에 다양한 주의 주장이 혼재되어 있다.

예컨대 동성애의 경우 과거 커밍아웃이 곧 사회적 사망 선고에 가까웠다. 아직도 동성애가 성적 취향으로서 자유롭고 편하게 받아들여지지는 않지만 금기가 풀려서 드라마의 주제가 되기도 하고 또 여전히 반인륜 현상으로 비판하기도 한다.

『중용』은 전근대의 저작인 만큼 사상의 자유보다는 통제를 받았으리라 생각할 수 있다. 하지만 춘추전국 시대는 정치적으로 안정되지 않았던 탓에 사상적으로 전통과 규범의 권위가 상당히 약화되어 있었다. 그 틈새를 뚫고서 실로 다양한 인간 군상이 등장하게 되었다.

난세를 헤쳐 나가려면 무엇보다도 용기가 필요하다. 이때 중용도 사람과 지역마다 달리 받아들여졌다. 예컨대 한쪽은 너그럽고 부드러움으로 뒤처지는 사람을 가르치고 무도한 자에게 일일이 대응하지 않는 것을 중용이라 보았다. 다른 한쪽은 나날이 바뀌는 숙영지에서 병기와 갑옷을 깔고 잠을 자며 싸우다 죽더라도 아무런 걱정을 하지 않는 것을 중용이라 생각했다.

『중용』의 이러한 혼란상을 "소은행괴(素隱行怪)" 또는 "색은행괴(索隱行怪)"라는 말로 정리했다. 번역하자면 듣도 보도 못한 해괴한 주장을 찾아내고 납득하기 어려운 극단적인 길을 버젓이 실행하여 그것으로 후세에 칭찬받고 기리는 대상이 된다는 것이다.

우리 주위나 범죄 영화를 보면 범인은 자신의 범죄에 대해 아무런 죄의식을 갖지 않고서 단지 유명해지기 위해서 범죄를 저지르는 경우를 쉽사리 볼 수 있다. 엽기적인 범죄, 기괴한 몸차림을 하면서도 자신이 알려지기만 하면 아무래도 괜찮다는 것이다. 심지어 상품 판매와 선전 효과를 노리기 위해서 노이즈 마케팅이라는 전략까지 있으니 두말해서 무엇 하겠는가!

『중용』의 시대에도 사회적 합의를 거두기 어려운 극단들이 통제의 시대에 얼굴도 내밀지 못했겠지만 정치적 혼란을 틈타 고개를 내밀기 시작했던 것이다. 이렇게 보면 극단의 시대는 사람이 어디까지 가고 무엇까지 생각해낼 수 있는지, 스스로 실험하는 시간이라고도 할 수 있다.

2. 중용의 기구한 팔자

오늘날 『중용』은 『논어』『맹자』『대학』과 함께 사서(四書)로 불리며 유학의 핵심 가치를 담은 저작으로 알려져 있다. 이것은 『중용』이 공인된 이후의 신세를 당연하게 받아들이니 그런 것이지 공인 이전의 생각하면 상상조차 할 수 없는 일이었다.

『논어』와『맹자』는 일찍부터 독립된 서적으로 널리 알려져 있었다. 『중용』은『대학』과 마찬가지로 전국시대의 저작으로 알려진『예기(禮記)』라는 책의 일부분이었다. 학파로서 유가는 불교와 도가에 비해 늘 형이상적 관심이 부족하다는 이야기를 들어왔다. 이에 콤플렉스를 가진 학자들은 일찍부터 이 혐의를 벗겨줄 만한 자료를 찾다가『예기』의 두 편에 주목하게 되었다.

아니나 다를까『중용』의 첫 장은 "하늘이 명령한 것을 본성이라 하고 본성에 따르는 것을 도리라고 하고 도리에 체득하는 것이 교육이다(天命之謂性, 率性之謂道, 修道之謂敎)"라고 선언하고 있는데, 이는 철학자들의 형이상적 탐구를 만족시키는 내용을 담고 있는 것이다.

이러한 주목들이 점차 공인을 얻으면서 송나라의 주희에 이르러 '중용'은 모태를 벗어나 독립된 책으로 변신하게 되었던 것이다. 이 변신을 통해서 '중용'은 '대학'과 함께 어머니『예기』만큼이나 중요한 문헌으로 대접을 받게 되었다. 자식이 부모와 어깨를 나란히 하게 된 셈이다.

이렇게 떡하니 부모 옆자리에 설 만큼 든든한 자식이라면 무엇인가 다른 점이 있을 것이다. 그렇다면 도대체 이런 책을 누가 지었을까? 역사적으로 사마천의『사기』에서 "자사가 중용을 지었다"고 주장한 이래로 그것은 공자의 손자 자사의 저작으로 알려져 왔다. 문제는 오늘날처럼 서적의 필수 정보가 도서관이나 DB에 체계적으로 관리되지도 구축되지도 않았던 탓에 자사 저작설은 딱히 다른 대안이 없으므로 따르기는 하지만 줄곧 반신반의되곤 했다.

이런 상황에서 조선 시대 후기 지성사를 대표하는 정약용은『서경』등에서 중(中)의 용례와 주창자를 분석해서 저자 문제에 대해 합리적인 가능성을 모색했다. 최근에 김용옥은『중용』관련 서적을 잇달아 출간하면서 자사 저작설의 신빙성을 강하게 주장하고 나섰다.[2]

김용옥은 자사의 저작설이 단순히 공자, 자사, 맹자로 이어지는 도통의 고리를 잇기 위한 장치가 아니라『논어』의 공자와『중용』의 자사 사이에 학문적 계승 관계가 보인다는 논증을 설득력으로 제시하고 있다. 두 사람의 주장으로 인해『중용』저자 문제가 단순히 추정과 고집의 사안이 아니라 한층 학문적 논의의 가능성을 가진 탐구 주제로 되었다고 할 수 있다.[3]

지은이도 분명하지 않고 부모와 맞장뜨는 자식이 동아시아 전근대와 근대 사람들의 사고방식에 커다란 영향을 주다니 역설적이라고 할 수밖에 없다.

3. 중용은 기우뚱한 균형이다

'중용'에 관심을 가지고『중용』을 들추면 속았다는 생각이 든다. 분량이 짧지만 그 속에 '중용'이 뚜렷하게 정의되지도 않고 중화(中和), 귀신(鬼神), 효(孝), 변화, 성(誠) 등의 이야기가 많이 나오기 때문이다.

---

2 김용옥,『도올선생 중용강의 상』, 통나무, 1995; 김용옥,『중용한글역주』, 통나무, 2011; 김용옥,『중용 인간의 맛』, 통나무, 2011.

3 『중용』의 저자 문제는 신정근,『중용, 극단의 시대를 넘어 균형의 시대로』, 사계절, 2010; 신정근, 「어떻게 사는 것이 중용에 따른 삶인가[김용옥,『중용한글역주』 서평]」,『창작과 비평』 통권 154호, 2011년 겨울호, 462~466쪽 참조.

일단 중용은 사람의 행위와 관련이 되므로 이론적인 계기와 실천적인 계기를 아울러 포함하고 있다. 이러한 전체적인 문맥과 후대의 주석을 고려하면, 중과 용은 각각 물리적이고 산술적인 의미가 아니라 객관적인 맥락에서 어디에도 치우치거나 기울어지지 않는 균형과 공정, 일상생활에서 바람직한 행위를 되풀이해서 다시 이전으로 돌아가지 않도록 습성을 길들이기라고 할 수 있다.

이렇게 놓고 보면 사람들은 흔히 중용(中庸) 또는 중(中)과 용(庸)을 2와 8 사이의 산술적 평균인 5로 생각하지는 않을 것이다. 상황에 따라 균형 지점이 바뀔 수 있다는 것이다. 이를 이해하기는 그렇게 어렵지 않다. 하지만 우리는 균형을 어떤 변화가 불가능한 신성한 가치와 절대적 중심으로 생각할 수도 있다. 무엇이 중용인지 또는 중과 용인지 정해지면 그에 대해서 달리 생각하는 것이 불가능하고 대안의 검토가 무의미할 수 있다고 보는 것이다.

중용에 대한 이러한 오해를 피하려면 우리는 손에 막대기를 쥐고서 그 끝에 동그란 판을 올려놓은 장면을 생각해보자. 바람, 습도, 밀도 등 상황 변수가 없는 절대 진공 상태라면 막대기로 중심을 잡고서 움직이지 않는다면 원판이 절대 중심에 놓여서 꼼짝하지 않으리라 상정할 수 있다. 하지만 현실 공간은 자연적 사회적 변수에 의해서 끊임없이 영향을 받으므로 원판은 계속해서 기우뚱거리며 자칫하면 땅바닥으로 굴려 떨어지려고 한다.

우리가 원판을 놓치지 않으려면 막대기로 중심을 자꾸 바꾸어가면서 움직이면 그때마다 원판은 정지하는 것이 아니라 기우뚱거리면서 중심을 유지하며 떨어지지 않는다. 중용 또는 중과 용은 절대지에 의해 절대 기준을 찾아서 그것을 모든 상황에 적용하는 것이 아니라 하나의 기준을 가지면서 상황의 특수성을 끊임없이 고려하면서 현실 정합적인 방향을 유지하는 것이다. 이런 측면에서 중용은 기우뚱한 균형이라고 할 수 있겠다.

4. 중용의 정식화

우리가 중용을 기우뚱한 균형이라고 하더라도 실제 생활에서 중용대로 살려면 어떤 지침이나 원칙을 필요로 한다. 동아시아의 중용은 서양의 아리스토텔레스가 말하는 중용과 차이를 보인다. 아리스토텔레스는 중용이 양극단의 중간대로 살아가는 습성을 기르는 것으로 본다. 예컨대 위험한 상황에서 무조건 피하고 보는 비겁과 앞뒤 가리지 않고 덤비는 무모와 달리 용기가 중용이라고 할 수 있다.

동아시아의 중용은 꼭 양극단의 중간일 필요는 없다. 이를 형식으로 표현하면 세 가지로 규정할 수가 있다. 첫째, A하면서도 B하기. 사람이 너그러운 게 좋다고 한다. 하지만 너무 너그럽게 굴면 다른 사람들이 그 사람의 권위를 인정하지 않게 된다. 즉 한쪽으로 너무 기울어졌다고 할 수 있다. 이를 바로잡아서 균형을 맞추려면 너그러움과 반대되는 의미로 엄격하게 굴 필요가 있다. 이처럼 한편으로 너그러우면서 다른 한편으로 엄격하게 군다면 기우뚱한 균형이 지켜질 것이다.

둘째, A하지도 않고 B하지도 않기. 현실 정치에 참여하느냐 마느냐, 라는 문제가 예나 지금이나 중요한 문제이다. 어떤 사람은 정권보다 국가와 민족을 내세우면서 참여 논리를 펼칠 수가 있다. 다른 사람은 국가와 민족보다는 정권의 부도덕성을 내세우면서 불참의 정당성을 옹호할 수가 있다. 하지만 참여와 불참 두 가지 경우의 수밖에 없는 것 같아도 꼭 그렇지는 않다. 혁명도 있을 수 있고 망명도 있을 수 있고 불참하지만 개혁을 요구할 수도 있는 것이다. 여기서 중용의 창조성이 강조되는 부분이라고 할 수 있다.

셋째, A하면서도 B하지 않기. 공짜 싫어하는 사람은 드물 것이다. 공짜에 너무 길들여지게 되면 스스로 하려는 의지가 약해지게 된다. 자신이 스스로 해결할 수 있는 상황인데도 누군가의 도움을 바라며 꼼짝하지 않을 수 있다. 균형을 맞추려면 도움의 손길을 내밀더라도 힘의 낭비가 되지 않게끔 해야 한다.

5. 중용과 혁명의 논리

이제 다시 제일 앞에서 던진 질문으로 돌아가 보자. 장정일의 말을 좀 더 들어보자. "내가 '중용의 사람'이 되고자 했던 노력은, 우리 사회의 가치를 내면화하고자 했기 때문도 맞지만, 실제로는 무식하고 무지하기 때문이었다는 것을! 그렇다. 어떤 사안에서든 그저 중립이나 중용만 취하고 있으면 무지가 드러나지 않을뿐더러, 원만한 인격의 소유자로까지 떠받들어진다. 나의 중용은 나의 무지였다."

중용이 주류적인 가치에 맞서지 않고 그것을 나의 것으로 순응하는 것을 나타낸다든지 중용이 하기로 한 것을 이의를 달지 않고 그대로 따라가는 것으로 그려지고 있다. 그렇다면 당연히 중용은 내가 따져보아야 하고 찾아내야 할 길이 아니라 이미 주어져 있는 결정된 길이다. 내가 나의 길을 열어가지 못하고 있는 길을 나의 것으로 그냥 받아들이므로 당연히 무지라고 고백할 수밖에 없다.

"중용의 본래는 칼날 위에 서는 것이라지만, 많은 사람들에게 그것은 사유와 고민의 산물이 아니라, 그저 아무것도 아는 게 없는 것을 뜻할 뿐이다. 그러니 그 중용에는 아무런 사유도 고민도 없다. 허위의식이고 대중 기만이다. 그런데도 우리 사회에는 무지의 중용을 빙자한 지긋지긋한 '양비론의 천사'들이 너무 많다."

칼날 이야기는 『중용』에서 말하는 중용이 아니라 일부 사회에서 받아들여지는 '중용'을 『중용』에서 실례로 들고 있는 것이다. 그것은 그렇다고 치자. 중용이 무지의 모험에 기대서 묵묵히 따라간다면 양비론의 천사만이 아니라 양시론의 악마가 될 수도 있다. 중용의 길을 찾기에 분투를 한다면 중용은 양비론과 양시론 너머의 새 길로 나아갈 수 있다.

맞벌이 부부가 피곤으로 모든 게 귀찮은 채 귀가를 했다. 누가 청소를 해야 할까? 서로 피곤을 내세우며 다음에 청소하자고 할 수 있고 바득바득 상대가 청소를 해야 한다고 우길 수도 있다. 또 간혹 덜 떨어진 왕자병과 공주병 환자는 상대에게 섬김의 태도를 요구할 수도 있다.

여기서 다른 길을 생각하기조차 하기 싫다. 여기에 굴복하는 것이 결코 중용이 아니다. 또 중용은 아무런 생각을 하지 말라고 은근하게 유을 혹하는 대중 기만의 빅브라더도 결코 아니다. 중용은 귀찮음과 피곤함의 몸을 일으켜서 그 상황에 맞는 답을 찾게 만든다. 중용은 무뇌아나 개념 없는 상태의 무지가 아니라 귀찮음에 굴복하지 않고 사유의 발동하는 분투라고 할 수 있다.

이런 측면에서 중용은 혁명의 논리마저 수용할 수 있다. 예컨대 근대 이후에 어떤 정부가 언론을 압살하고 민주주의를 탄압할 경우 삶의 공동체는 독재로 너무나 기울어져 있다. 이 상황에서 중용이 기우뚱거리며 균형을 잡으려면 혁명의 논리를 펼칠 수도 있는 것이다. 이와 달리 혁명의 논리가 필요하지 않은 경우에는 또 그 상황에 맞는 답을 찾는 것이 중용의 길이다.

귀찮음을 이유로 움직이지 않고 무기력을 이유로 가만히 앉아 있고 탄압을 이유로 말하지 않는다면 그것은 대중 기만이자 허위의식일 뿐이다. 중용의 이름으로 안주와 순응을 말한다면 그것은 중용이 아닌 것이다. 중용은 삶에 자유의 날개를 다는 분투의 여정인 것이다.

"뭘 먹을까요? 그냥 대충 먹어." 이 말은 몸져누운 사람에게는 중용일 수 있지만 환자에게는 치명적인 게으름이지 중용은 아니다. "아냐, 뭐라도 먹어야지." 이 말은 몸져누운 사람을 밥하게 일으킨다면 중용이 아니지만 게으른 사람에게는 중용일 수가 있다. 중용의 타락이 비판의 대상이 될지언정 중용의 창조는 고통스런 자유의 날갯짓이다.

제2장

사상적 기원:
개념과 윤리적 정식화를 중심으로

1. 문제 제기

과거부터 지금까지 『중용』은 유학의 가치를 담은 책으로 널리 알려져 있다. 이러한 『중용』을 잘 이해하려면 어떻게 하면 좋을까? 『중용』의 과거에 주목하여 이전의 어떤 텍스트 또는 어떤 인물이 『중용』에 영향을 주었는가를 밝히는 방법이 있다. 아니면 『중용』의 현재에 주목하여 텍스트에 나오는 개념의 의미와 상관성 그리고 사상 체계를 밝히는 방법이 있다. 또 『중용』과 비슷한 시기에 성립된 텍스트와 시대 환경을 교차 분석하여 그 특징을 밝히는 방법이 있다. 아니면 『중용』의 미래에 주목하여 텍스트가 후대에 어떤 영향을 끼쳤는가를 밝히는 방법이 있다.

이 글에서는 위에서 언급한 다양한 방법 중에 『중용』의 '이전(以前)'으로 거슬러 올라가는 길을 택하고자 한다. 지금 현재 '중용'의 사상적 기원이 아직 명확하게 밝혀지지 않고 있기 때문이다. 기원이 밝혀졌다고 해도 공인된 이론적 주장에 이르지 못하고 있다. 즉 '중용'이라는 책은 있지만 그것이 어떤 맥락과 과정을 통해 태어나게 되었는지 명확하게 밝혀지지 않고 있다.

부모 없는 자식이 없으므로 어딘가에 그 부모가 있을 것이다. 부모 없는 자식이 없듯 원인(선행 텍스트) 없이 결과(중용)가 나올 수가 없다. 자식으로서 『중용』이 자신의 유전자 특징을 바탕으로 부모를 찾아 나설 수 있다. 이 작업은 일종의 친자확인 소송에 견줄 수 있다. '중용'이 책이든 개념이든 전대의 영향을 받으면서 미해결의 문제를 풀려고 도전하기 때문이다.[1] 이런 측면에서 '중용'은 무엇을 모태로 사상적 발전을 하게 되었는지 밝혀져야 한다.

『중용』의 모태를 밝히기 위해 이 글에서는 세 가지 주제를 다루고자 한다. 이 주제는 자연히 『중용』의 사상적 기원을 탐구해온 선행 연구와 맞물린다. 먼저 『중용』의 저술 동기를 살펴보고자 한다. 저자는 『중용』을 왜 집필했을까?

이와 관련해서 종래 도통론(道統論)이 그 원인으로 제시되고 있다. 대대로 이어지는 도가 사라지지 않아야 하므로 『중용』이 집필되었다는 것이다. 이에 따르면 『중용』은 도 역사의 한 페이지를 장식하게 된다. 이렇게 도통론이 중요하다면 『중용』 텍스트에서 그 사실을 확인할 수 있을까? 이를 확인하고자 한다.

둘째, 중용은 중(中)과 용(庸) 개념의 기원이다.[2] 따라서 '중용' 이전

---

1 신정근, 「중용, 극단의 시대를 넘어 균형의 시대로」, 사계절, 2010; 2018 4쇄 참조.

2 『중용』은 흔히 전반부가 '中庸經'과 후반부가 '誠經'으로 되어 있다고 분류할 정도로 誠도 중요한 내용을 이루고 있다. 이를 고려하면 당연히 誠의 기원도 다루어야 한다. 주제의 집중과 분량의 한계를 고려하여 誠의 기원 문제는 별도의 기회에 전문적으로 다루고자 한다. 中庸과 誠의 연관성 주제와 관련해서 吳怡, 「誠字在中庸裏的地位」, 項維新·劉福增 主編, 『中國哲學思想論集(先秦篇)』, 臺北: 牧童出版社, 民國65年; 民國68年 3版, 217~231쪽; 陳贇, 『中庸的思想』, 三聯書店, 2007, 224~267쪽 참조.

에 '중'과 '용'이 덕목이든 원칙이든 사용하고 있어야 한다. 그 용례가 일상적인지 사회학적인지 철학적인지 중요하지 않다. 일단 용어로서 존재가 확인되어야 한다. 이를 바탕으로 『중용』의 중과 용으로 이어질 수 있는 매개 고리를 찾고자 한다. 이렇게 보면 중과 용 개념의 기원을 밝히게 된다.

셋째, 중용이 덕목이라면 사람이 사적 공적 상황에서 지속적으로 실현하여 하나의 품성을 길러야 한다. 사람이 하나의 품성을 길러야 한다면 특정한 상황에서 무엇을 어떻게 해야 하는가라는 명시성을 가져야 한다. 이 명시성은 도덕적 형식으로 표현될 수 있다. 이 글에서는 '중용'이 하나의 도덕적 형식으로서 어디에 연원했을까를 밝히고자 한다. 이 과정에서 아리스토텔레스가 『니코마코스 윤리학』에서 말하는 중용을 끌어들여 윤리적 형식을 명백하게 논의하고자 한다.

지금까지 논의를 종합하면 그 전사는 다음의 4가지로 정리할 수 있다. 구체적으로 말하면 도통론에 따른 성현 기원설, 심성론에 따른 공맹 기원설, 중과 용의 용례에 따른 『주례』와 노장(老莊) 기원설, 윤리적 정식화에 따른 고요(皐陶)의 구덕(九德) 기원설 등이 있다. 앞으로 하나하나의 주장을 자세하게 살펴보면서 동시에 그 한계도 논의해보자. 이를 통해 『중용』이 어떤 사상적 연원을 가지고 탄생하게 되는지 그 비밀을 밝혀보고자 한다.

천원陳贇은 6장에서 "中庸의 도는 왜 반드시 誠을 기초로 하는가?"라는 주제를 다루고 있다.

2. 도통론과 『중용』의 연관성

현재 『중용』은 원래 『예기』 속의 한 편으로 존재했다. 그간 『중용』
에 주목하는 사람이 있었지만 주희가 『중용장구』를 집필하여 사서(四
書)로 분류하면서 학계의 주목을 받게 되었다.[3] 이것은 주희가 왜 『중
용』을 별도의 책으로 성립시켰을까 라는 물음을 던지게 만들고, 이
질문은 다시 도통 기원설에 이어진다.[4]

이제 『중용』의 성립이 도통론에 따른 성현 기원설과 어떻게 연결
되는지 살펴보자. 이 주장은 요(堯)·순(舜)·우(禹)의 성왕 계보가 공
자 및 그 가문과 하나의 도통론으로 이어진다는 이야기를 바탕으로
하고 있다. 원래 요·순·우의 성왕 계보와 공자의 가문은 아무런
관련이 없다. 공자가 왕이 아니었던 만큼 성왕의 계보에 들 리가 없
기 때문이다. 하지만 도가 성왕 계보와 공가 가문을 연결하는 다리
가 되었다.

이처럼 기원을 달리하는 두 계통이 하나로 연결되면서 공자와 그
가문도 도통의 계보에 들어가게 되었다. 특히 공자의 손자 공급(孔伋),
즉 자사(子思)는 『중용』의 저자로 간주되면서[5] 아버지 공리(孔鯉)를 건

---

3 박완식, 『중용』, 여강, 2005, 13~21쪽 참조.

4 이용주, 「朱熹 道統論의 形成과 思想的 課題」, 『퇴계학논집』 101, 1999, 135~162쪽
   참조.

5 『孔子家語』 『孔叢子』 등은 자사를 『중용』의 저자로 보는 일차 문헌이라고 할 수 있
   다. 하지만 이 주장에 대한 반론도 만만치 않다. 『중용』의 저자와 관련해서 楊朝漢,
   황갑연 옮김, 『중용철학』, 서광사, 1999, 15~26쪽; 신정근, 『중용, 극단의 시대를 넘어
   균형의 시대로』, 사계절, 2010; 2018 4쇄, 31~37쪽 참조.

너뛰고서 할아버지와 혈연만이 아니라 도통에서 이중 인연을 맺게 되었다.

이슬람교에서 무함마드 가문의 혈통을 중시하는 시아파가 있듯이 종교 사상에 간혹 가문을 중시한다. 공자와 공급(자사) 조손의 도통 편입도 가문의 혈통을 중시하는 사고를 반영하고 있다. 물론 현실적으로 조손의 생존과 활동 시기가 일정 정도 겹치는 만큼 공급은 할아버지 공자로부터 자연스럽게 '과정(過庭)'의 기회를 가지거나 아니면 특별히 공자의 가르침을 배웠을 수도 있다.[6] 하지만 이러한 방증만으로 자사의 도통 편입을 온전히 입증했다고 볼 수 없다. 여전히 더 나은 설명이 필요하다.

주희는 『중용장구』를 집필하고서 그 서문을 작성하면서 제일 먼저 자사의 저술 동기를 도학(道學)의 운명과 연관시켜 논의하기 시작했다. 도학은 요에서부터 시작되어 순에게 넘겨지고 또 우 등으로 이어졌는데, 공자의 시대에 이르러 그 흐름이 끊어질 위기에 놓이게 되었다. 주희는 남송의 정국에 불안을 드리우던 이민족의 존재를 통해 이 불안을 익히 체험하고 있던 터라[7] 공자 시대에 겪어야 했던 불안의

6　『논어』「季氏」13에 陳亢이 공자의 아들 伯魚에게 아버지로부터 특별한 교육을 받은 적이 있느냐 라고 묻자 백어는 뜰을 지나가 아버지로부터 시와 예를 배웠느냐는 질문을 받고 그것을 공부하게 되었다고 하는 일화가 나온다. 이후로 '過庭'은 아버지가 우연한 기회를 빌려 자식을 가르친다는 뜻으로 널리 쓰인다. 過庭之訓이라고도 한다. 조선후기 박종채가 아버지 박지원의 신상·교우·업적·저술 등을 모아 엮은 잡록으로 『過庭錄』을 짓기도 했다.

7　신정근, 『철학사의 전환: 동아시아적 사유의 전개와 그 터닝포인트』, 글항아리, 2012 참조.

강도를 충분히 추체험할 수 있었을 것이다.

"중용은 어떻게 해서 쓰이게 되었을까? 자사는 도학이 전승되지 못하고 끊어질까 걱정했다. 상고시대에 거룩하고 신성한 위인이 하늘의 뜻을 이어 세계의 기준을 세우면서부터 도통의 전승에는 나름의 유래가 있게 되었다."[8]

자사는 도학의 실전을 우려해서 『중용』을 지었고, 도학의 기원은 계천입극(繼天立極)의 상고 시대에 성왕들에게 있다. 이 주장은 도통의 수립과 실전의 위기를 결부시켜 자사의 『중용』이 지닌 의미를 극대화시키고 있다. 하지만 이 이야기는 『중용』의 등장이 필연적이라는 논점을 해명할 수 있지만 "왜 『중용』의 저자가 꼭 자사여야 하는가?"라는 질문에 대해 충분한 해답이 되지 않는다.

먼저 그렇게 중요한 도통의 내용이 도대체 무엇인지부터 알아보자. 주희는 『논어』「요왈(堯曰)」[9]과 『위고문상서』「대우모」[10]에 나오는

---

8 朱熹,「中庸章句序」: 中庸, 何爲而作也? 子思子憂道學之失其傳而作也. 蓋上古聖神繼天立極, 而道統之傳, 有自來也.

9 『논어』「堯曰」 1: 堯曰: 咨! 爾舜! 天之曆數在爾躬, 允執其中. 四海困窮, 天祿永終. 舜亦以命禹. 曰: 予小子履敢用玄牡, 敢昭告于皇皇后帝, 有罪不敢赦. 帝臣不蔽, 簡在帝心. 朕躬有罪, 無以萬方, 萬方有罪, 罪在朕躬. 밑줄 친 부분이 요가 순에게 전수한 도통의 핵심이다.

10 『서경』「大禹謨」: 天之曆數在汝躬, 汝終陟元后. 人心惟危, 道心惟微, 惟精惟一, 允執厥中. 無稽之言勿聽, 弗詢之謀勿庸. 밑줄 친 부분이 순이 우에게 전해진 도통의 핵심이다. 이는 요가 순에게 전수한 내용보다 3구절 12자가 더 많다.

구절, 즉 집중(執中)과 인심(人心)·도심(道心)을 종합하여 그 핵심을 제시하고 있다.[11] 「중용장구서」에 따르면 이러한 도통의 핵심 내용이 앞에서 말했듯이 요 → 순 → 우로 이어지고 그 뒤에도 탕 → 문 → 무의 명주(明主)와 고요 → 이윤 → 부열 → 주공 → 소공의 현신(賢臣)으로 전승되었다.

「중용장구서」에 따르면 공자는 앞에 열거한 인물에 상응하는 지위를 누리지 못했지만 "계왕성(繼往聖), 개래학(開來學)"의 업적을 일구어냈기 때문에 오히려 요순보다 더 위대하다고 할 수 있다. 하지만 공자의 학문은 안회와 증삼에게 전해졌고 증삼이 공자의 손자 자사에게 전할 무렵 "거성원(去聖遠), 이이단기(而異端起)"라는 위기를 맞이했다.

"자사는 시간이 더 오래되면 도학의 진실을 더 잃을까 두려워했다. 이에 그는 요순 이래로 서로 전승해온 대의를 바탕으로 하고 평소 가르쳐주던 공자와 증삼의 말로 질정하며 양자로부터 연역하여 이 책을 지어 후학에게 전하게 되었다."[12]

위의 내용을 보면 "왜 『중용』의 저자가 꼭 자사여야 하는가?"라는

---

11 朱熹, 「中庸章句序」: 其見於經, 則允執厥中者, 堯之所以授舜也. 人心惟危, 道心惟微, 惟精惟一, 允執厥中者, 舜之所以授禹也. 堯之一言, 至矣盡矣. 而舜復益之以三言者, 則所以明夫堯之一言, 必如是而後可庶幾也.

12 朱熹, 「中庸章句序」: 子思懼夫愈久, 而愈失其眞也. 於是, 推本堯舜以來相傳之意, 質以平日所聞父師之言, 更互演繹, 作爲此書, 以詔後之學者.

질문에 대해 나름대로 해답을 제시하고 있다. 자사는 도학 실전의 위기를 맞이하여 1) 요순이 서로 전승한 대의를 추본(推本)하고, 2) 공자와 증삼의 부사로부터 들은 말씀을 질정(質正)하여, 3) 최종적으로 양자를 연역(演繹)하여 『중용』을 지었다. 이 세 가지 주장이 타당하려면 자사가 1) 요순의 대의를 알고 있고, 2) 공자와 증삼으로부터 가르침을 받았고, 3) 양자를 연역한 사실과 내용이 『중용』에 그대로 드러나야 한다. 그렇지 않으면 이는 주희의 일방적 주장에 불과할 뿐이다.

사실 주희도 위의 세 가지를 『중용』에서 구체적으로 입증한 적은 없고 선언에 그쳤을 뿐이다. 그는 『중용장구』를 33장의 분장 체제로 분류하고서 장 말미에 "右, 第○章"으로 간단한 사실만을 언급할 때도 있지만 경우에 따라 위의 세 유형에 대한 자신의 견해를 피력하고 있다. 이제 우리는 주희의 언급을 바탕으로 그가 선언만 하고 입증하지 않은 세 가지를 일종의 가설로 간주하고 하나씩 검토해보자.

추본(推本)은 형식상으로 발언자가 나타나지 않고 도통에 나오는 성왕이 구문에 거론되는 경우이다. 『중용장구』 제6장에서 순이 "사태의 두 극단을 잡고 그 중심을 민에게 적용했다"[13]라고 한다. 이 주장은 『서경』 「대우모」와 『논어』 「자한」[14]의 내용과 일맥상통한다. 다시 공자의 말을 통해 17장에 순이 대효(大孝)로, 18장에서 문왕과 무왕 그리고 주공 등이 효자로 나오고 있다. 나란히 열거되는 흐름은 계보

---

13 朱熹, 『中庸章句』 6장: 舜, 其大知也與! 舜, 好問而好察邇言, 隱惡而揚善, 執其兩端, 用其中於民, 其斯以爲舜乎!

14 『논어』 「子罕」 9: 子曰: 吾有知乎哉? 無知也. 有鄙夫問於我, 空空如也. 我叩其兩端而竭焉.

를 연상시키지만 연계성을 입증하지는 않는다.

『중용장구』 30장에 이르러 중니가 요순을 조종으로 삼아 전술하고 문무를 모범으로 삼았다고 주장하고 있다.[15] 순과 문·무는 앞에서 나왔지만 30장에 요가 처음으로 등장한다. 이로써 요·순에서 문·무로 이어지고 마지막에 공자에 이르는 계보가 제시되고 있다. 이렇게 보면 『중용』의 저자는 명확하지 않지만 도통의 계보를 고려하고 있다고 할 수 있다. 하지만 이 도통의 고려는 주희가 「중용장구서」에서 말하는 것처럼 명시적이지도 체계적이지도 않다.

질정(質正)은 형식상 '자왈(子曰)'과 '중니왈(仲尼曰)'로 시작하여 공자가 발언자로 나타난다. 2장은 '중니왈'로 시작하고 3장에서 11장까지는 '자왈'이 집중적으로 등장한다. 과연 이 발언이 공자의 말이라고 하더라도 자사가 과연 평소에 공자로부터 직접 들은 말이라고 어떻게 단정할 수 있을까? 또 공자의 말이 맞는다고 하더라도 꼭 자사가 아니라 다른 제자가 들을 가능성을 배제할 수도 없지 않은가?

밝혀야 할 내용이 입증되지 않았지만 주희는 『중용장구』 11장 말미에 "자사는 공자의 말을 인용하여 제1장의 의미를 밝히는데 여기에서 끝난다."라고 주장한다. 이어서 지(知)·인(仁)·용(勇)의 세 덕이 도에 들어가는 문이라는 점을 밝히고 있다.[16] 이로써 자사는 공자의 말을 인용하여 2장에서 11장까지를 "소전지의(所傳之意)"에 바탕

---

15 『중용장구』 30장: 仲尼, 祖述堯舜, 憲章文武, 上律天時, 下襲水土.

16 『中庸章句』 11장: 右, 第十一章. 子思所引夫子之言, 以明首章之義者, 止此. 蓋此篇大旨, 以知仁勇三達德, 爲入道之門.

을 둔 1장과 일맥상통하게 연결 짓고 있다. 이것만으로 자사는 성왕과 공자의 뒤를 이어 도통의 계보에 들어갈 자격을 획득하게 된다.

연역(演繹)은 형식상 발언자가 나타나지 않지만 주희가 보기에 성왕과 공자의 말씀을 바탕으로 자사가 결론을 끌어내는 경우이다. 주희는『중용장구』1장이 끝난 뒤에 "자사가 전승된 대의를 이어서 자신의 주장을 내세우는데, 먼저 도의 본원이 하늘에서 나와서 바뀔 수 없고 그 실체가 사람마다 갖추어져 잠시도 떠날 수 없다고 밝히고, 다음으로 존양(存養)과 성찰(省察)의 요점을 말하고, 마지막으로 거룩하고 신묘한 공효와 감화가 지극하다는 점을 말한다."[17]

주희의 주장이 사실이라면『중용장구』제1장에서 "소전지의(所傳之意)"가 이전에 성왕이 어떤 문헌에서 한 말인지 출처가 제시되어야 한다. 이어서 그 "소전지의(所傳之意)"가 자사가 밝히는 세 가지 입론, 즉 도의 본원, 존양과 성찰의 요점, 공효와 감화의 지극성 등과 어떻게 호응되는지 논의되어야 한다. 이것이 밝혀지지 않는다면 자사의 일방적 주장이라고 하더라도 반론을 펼치기가 쉽지 않다.

이상의 논의를 살펴보면『중용』에서는 요순에서 문무 그리고 공자로 이어지는 도통의 흐름을 어느 정도 인지하고 있다고 할 수는 있다. 하지만 그 인지는 훗날 한유와 주희의 의도적이면서 목적적인 도통론과 차이를 보인다. 특히 자사가 도통에 편입되는 문제는『중용』에서 충분히 입증되었다고 볼 수는 없다. 이는 주희처럼 자사가『중용』

---

17 『中庸章句』1장: 右, 第一章. 子思述所傳之意以立言. 首明道之本原出於天, 而不可易, 其實體備於己, 而不可離. 次言存養省察之要, 終言聖神功化之極.

의 저자이고 공자의 손자로 직접 가르침을 받았다는 가설에 크게 기대고 있다. 가설이 확고한 주장이 되려면 입증할 논점이 많다. 그렇지 않으면 자사가 『중용』의 저자라는 의견을 바탕으로 그를 도통에 편입한다면 선결문제 미해결의 오류를 범한다고 할 수 있다.

자사가 요순에서 공자로 이어지는 도학의 흐름을 이어가는 사명감을 의식하고 있었을까. 이도 실제로 있었던 역사적 사실을 반영하고 있다기보다 도통이 제시된 뒤에 자사를 그 계보에 추가하는 역사 기술에 불과하다. 이렇게 보면 도통에 따른 공자 기원론은 밝혀지지 않는 전제 위에 또 전제를 덧보탠 주장인데, 이를 넘어서려면 확실한 사실을 제시해야 한다.

아울러 『중용』에서는 『시경』을 진리의 기준으로 자주 인용하고 있다. 이는 공자와 묵자 등 제자백가에서 공통으로 나타나는 학문 방법론이다. 여기서 『중용』의 저자 문제는 전국 시대 또는 한 제국 초기 『시경』 전승의 학맥과 일정한 관련이 있을 수 있다. 이를 밝혀내지 못한다면 공자 발언의 인용만으로 『중용』의 기원을 완전히 해명할 수는 없다.

3. 중(中)과 용(庸) 개념의 기원

중과 용은 『중용』에 처음으로 쓰이지 않았다. 두 개념은 『중용』 이전의 문헌에도 많이 쓰였다. 하지만 두 개념이 특정 문헌에 쓰인다고 해서 곧바로 그 문헌이 중과 용 개념의 기원이라고 단정할 수는 없다. 중과 용은 『중용』에서 쓰이는 의미 맥락과 연관성을 가져야 한다. 지금까지 중과 용 두 개념의 기원과 관련해서 『주례』 기원설과 노장 기원설이 제기되고 있다. 이를 살펴보고자 한다.

3.1 『주례』 「춘관 대사악」의 육덕(六德) 기원설

중과 용이 각각 별도의 구문과 맥락에서 사용되는 경우는 많다. 하지만 중과 용이 하나의 맥락에서 나란히 열거되는 경우는 드물다. 『주례』 「춘관(春官) 대사악(大司樂)」에 보면 중과 용이 한꺼번에 나온다. '대사악'은 성균(成均), 즉 왕족과 귀족을 가르치는 왕립 대학의 운영을 주관하는 임무를 맡았다.[18] 그의 교육은 주로 음악에 초점을 두고 세 가지 교과 과정, 즉 악덕(樂德) · 악어(樂語) · 악무(樂舞)을 실시했다. 악덕은 음악을 통해 배양하는 6가지 덕목이고 악어는 대화를 나누는 6가지 방법이고 악무는 당시 전래되던 7가지 춤을 가리킨다.[19]

중과 용은 악덕 중에서 6가지 덕목과 함께 열거되고 있다.

"대사악은 음악을 통해 배양되는 덕목을 국자(國子)에게 가르쳤는데, 그 덕목은 중(中) · 화(和) · 지(祗) · 용(庸) · 효(孝) · 우(友)이다."[20]

우선 악덕 중에 중 · 화 · 용이 나란히 열거되고 있어서 눈에 띈

---

18 『주례』 「春官 大司樂」: 大司樂掌成均之法, 以治建國之學政, 而合國之子弟焉. 凡有道者, 有德者, 使教焉. 死則以爲樂祖, 祭于瞽宗.

19 『주례』 「春官 大司樂」: 以樂語教國子, 興 · 道 · 諷 · 誦 · 言 · 語. 以樂舞教國子, 雲門 · 大卷 · 大咸 · 大韶 · 大夏 · 大濩 · 大武.

20 『주례』 「春官 大司樂」: 以樂德教國子, 中和祗庸孝友.

다. 이는 분명 『중용』의 사상적 기원을 밝히는 데 도움을 주리라 예상되기 때문이다. 악덕으로 열거되는 육덕의 의미와 맥락을 밝히기 위해 『주례』에 나오는 다른 육덕을 살펴보자. 「춘관 대사(大師)」에 보면 육덕을 구체적으로 나열하지 않지만 "육덕을 기준으로 삼는다"라고 한다.[21] 정현은 이 육덕에 대해 "지(知)·인(仁)·성(聖)·의(義)·충(忠)·화(和)"라고 제시하고 있다.[22]

그렇다면 『주례』에 또 다른 육덕이 있는 걸까? 「지관(地官) 대사도(大司徒)」를 보면 대사도가 삼물(三物), 즉 육덕(六德)·육행(六行)·육예(六藝) 등 세 가지 방면을 기준으로 삼로 만물을 교화하고 현자를 추천하고 있다.[23] 대사악과 대사도의 육덕이 완전히 일치하지 않는다. 이와 관련해서 가공언(賈公彦)의 소(疏)는 사악이 국자를, 대사도가 만민을 대상으로 하기 때문에 조금 차이가 난다고 주장한다. 이 차이를 다음과 같이 설명한다.

"대사악의 육덕 중 중화(中和) 두 덕목은 대사도의 육덕에 있고, 효우(孝友) 두 덕목은 대사도의 육행에 있고, 지용(祗庸) 두 덕목은 대사도에 없어서 차이가 나며 추가한 것이다."[24]

---

21 『주례』 「春官 大師」: 大師掌六律·六同, 以合陰陽之聲. …… 以六德爲之本, 以六律爲之音.

22 楊天宇, 『周禮譯注』, 上海古籍出版社, 2004; 2013 8쇄, 337~338쪽.

23 『주례』 「地官 大司徒」: 以鄕三物敎萬民, 而賓興之. 一曰六德: 知仁聖義忠和. 二曰六行, 孝友睦姻任恤. 三曰六藝, 禮樂射御書數.

24 孫詒讓, 『周禮正義』, 中華書局, 1987, 1724쪽: 此是樂中之六德, 與教萬民者少別. 其

이러한 주장은 『주례』를 일관되게 해석하려는 시도로 볼 수 있다. 하지만 문제가 없는 것은 아니다. 대사악의 중화는 대사도 육덕에 그대로 일치하지 않고 충화(忠和)로 나오고, 효우는 대사도의 육덕이 아니라 육행에 나오고, 지용(祗庸)은 대사악에만 있고 대사도에는 없다. 즉 대사악의 육덕과 대사도의 육덕은 교육의 대상이 달라서 그런지 비슷한 맥락으로 볼 수 있지만 정확하게 일치하지 않는다.

여기서 다른 것은 몰라도 대사악의 중화(中和)와 대사도의 충화(忠和)가 같은지 다른지 논의할 필요가 있다. 양자가 같다면 중과 용의 개념에서 『주례』가 『중용』의 기원이라고 할 수 있지만 그렇지 않으면 결론을 다르게 내릴 수밖에 없기 때문이다. 이와 관련해서 정현의 주석을 참조하기로 하자. 그는 대사악에서 "중은 충과 같다(中猶忠也)"고 풀이하고 대사도에서 "충은 말이 중심(中心)에서 나온다(忠, 言以中心)"라고 풀이한다.[25] 또 혜동(惠棟)은 비문과 문헌에서 "중과 충이 통용된다(中與忠通)"고 해명했다.[26]

정현과 혜동의 해명을 보면 중과 충은 분명 통용되고 의미상으로 연관이 된다고 할 수 있다. 하지만 『주례』에 나타나는 이러한 의미상의 연관이 『중용』의 의미와 같은가라는 새로운 문제가 제기된다. 즉

中和二德取大司徒六德之下, 孝友二德取大司徒六行之上, 其祗庸二德與彼異, 自是樂德所加.

25 정현이 대사악의 육덕에 대한 주석은 다음과 같다. 孫詒讓, 『周禮正義』: 中猶忠也. 和, 剛柔適也. 祗, 敬. 庸, 有常也. 善父母曰孝, 善兄弟曰友.(1723쪽)

26 孫詒讓, 『周禮正義』: 漢呂君碑云: 以中勇顯名, 義作忠. 後漢王常爲漢忠將軍, 馮異傳作中. 古文孝經引詩云: 忠心藏之, 何日忘之. 今毛詩作中. 曾子大孝篇云: 仁者仁此者也. 義者宜此者也. 忠者中此者也. 知忠與中同.(1724쪽)

『주례』의 대사악의 중(中)과 대사도의 충(忠)은 마음이라는 점에서 연관성을 가지고 있지만 『중용』에서 중(中)은 마음과 관련이 된다고 하더라도 휩쓸리지 않고 치우치지 않으며(不流不倚) 넘치고 모자라지 않는(無過不及) 특별한 의미를 지녀야 한다. 그렇지 않고 중과 충이 내심 또는 속마음의 뜻만을 가진다면 다른 문헌에 나오는 경우도 모두 『중용』의 사상적 기원이라고 해야 한다.

중 이외에 용(庸)은 어떤 의미로 쓰이고 있을까? 정현은 "용은 일정하다 또는 항상됨이 있다(庸, 有常也.)"로 풀이하고 있다. 대사악이 국자를 대상으로 교육을 할 때 그 효과는 한 차례가 나타나거나 경우에 따라 나타나는 것이 아니라 지속되며 일관되게 나타나고자 할 것이다. 이런 측면에서 국자의 경우 용이 갖는 의미가 크다고 할 수 있다. 국자가 미래의 의사 결정권자, 즉 지도자(리더)로서 변덕을 부리지 않고 일관된 성향을 갖춰야 가와 국 그리고 천하가 미래 예측성을 갖는 안정성을 가질 수 있다.

반면 대사도가 만민을 교육할 때 용(庸)을 바랄 수는 있지만 반드시 목표로 삼아 요구할 수는 없다. 용(庸)은 경제적 여유와 지속적 수양을 통해 이를 수 있는 높은 수준의 목표이기 때문이다. 이 때문에 훗날 맹자는 항산(恒産)과 항심(恒心)의 관계를 고민하게 되었다고 할 수 있다.[27] 이렇게 보면 용은 교육의 효과로 쓰이고 있지만 적어도 윤

---

27 맹자에 따르면 사는 항산이 없어도 항심을 유지할 수 있지만 일반 민은 항산이 있어야 항심을 유지할 수 있다. 이렇게 보면 대사악의 庸은 맹자의 恒産과 恒心에 쓰인 恒과 비슷한 의미 맥락을 갖는다고 할 수 있다. 『맹자』 「양혜왕」 상 7: 無恒産而有恒心者, 惟士爲能. 若民, 則無恒産, 因無恒心. 苟無恒心, 放辟邪侈, 無不爲已. 及陷於

리적 덕목의 배양에서 지속성 또는 항상성을 제기했다는 점에서 『중용』으로 이어진다고 할 수 있다.

3.2 노장 기원설: 수중(守中)과 양중(養中)

『노자』『장자』는 도가에 분류되는 만큼 도(道) · 무위(無爲) · 자연(自然) 개념을 중심으로 사상을 전개하고 있다. 흥미롭게도 『노자』『장자』에서도 중(中)을 상당히 중요하게 다루고 용(庸)도 쓰이고 있다. 이런 측면에서 『중용』의 중과 용이 『노자』『장자』로부터 연원하지 않았을까 라는 생각을 가질 수 있다. 치엔무(錢穆)는 이러한 특성에 주목하여 『중용』의 사상적 기원이 『노자』『장자』에 있다는 주장을 펼쳤다. 그는 『노자』『장자』에 쓰이는 중과 용의 용례를 제시하면서 논의를 전개한다.[28]

치엔무가 들고 있는 『노자』와 『장자』의 용례를 살펴보자. 『노자』 5 장을 보면 천지는 만물에 대해, 성인은 백성에 대해 어떠한 정서적 공감을 공유하지 않는다. 그렇지만 천지에 만물이 끊임없이 생겨나는 것은 풀무에서 바람이 일어나는 것과 같은 것이다.

"천지는 풀무처럼 텅 비었지만 마르지 않고 움직일수록 더 많이 생겨난다. 반면 말(명령)이 많으면 자주 막다른 곳에 이르니 중을 지키는

罪, 然後從而刑之, 是罔民也.

28 錢穆은 『老莊通辨』과 『莊子纂箋』에 이러한 주장을 펼쳤다. 이와 관련해서 楊朝漢, 황갑연 옮김, 『중용철학』, 서광사, 1999, 44~45쪽 참조.

것만 못하다."²⁹

수중(守中)은 분명 중을 지켜야 할 대상으로 간주하고 있다. 이대로
라면 수중은『중용』의 중과 비슷한 맥락으로 볼 수 있을 듯하다. 하지
만 이러한 생각은 글자에만 주목한 성급한 결론이다. 천구잉(陳鼓應)
은 중(中)자는 원래 충(沖)자인데 氵 부분이 탈락되었다고 보는 엄령봉
(嚴靈峰)의 주장을 받아들인다. 아울러 자서(字書)에서 충(沖)과 중(中)
이 통용되곤 한다.³⁰ 이에 따르면 수중은 수충(守沖)이 되어 비어있는
상태를 지킨다는 맥락이 된다.

다음으로 글자 그대로 본다면 수중(守中)은 어떤 의미일까? 장석창
(蔣錫昌)은 중을 중정(中正)의 도(道)이자 무위(無爲)의 도로 보고 청정
(淸靜)의 도를 지키는 맥락으로 풀이한다. 장묵생(張默生)은 유가의 중
이 극단으로 나아가지 않는 맥락이지만 노자의 중은 중공(中空)의 뜻
으로 허정무위(虛靜無爲)의 도를 상징한다고 본다.(陳鼓應, 81~82) 이렇
게 보면 수충(守沖)이든 수중(守中)이든 모두 텅 비어 있고 고요하며
일을 벌이지 않는 상태와 관련이 있다. 이러한 중(中)은『중용』의 중
이 극단으로 치닫지 않은 성향을 기르는 특성과 정면으로 반대된다.

『노자』에는 5장에 나오는 수중(守中) 또는 수충(守沖) 이외에도 중
(中)이 또 쓰이고 있다. 하지만 5장의 용례를 제외하고 나머지는 대부

29『노자』5장: 天地不仁, 以萬物爲芻狗. 聖人不仁, 以百姓爲芻狗. 天地之間, 其猶橐籥
乎! 虛而不屈, 動而愈出. 多言數窮, 不如守中.

30 陳鼓應,『老子註譯及評介』, 中華書局, 1987, 81~82쪽.

분 '기중(其中)'과 '지중(地中)'처럼 '가운데'의 뜻으로 쓰인다. 이는 특별한 의미를 전달하는 개념이 아니라 문법적 기능을 하고 있을 뿐이다. 이렇게 보면『노자』에서 중은 중요한 개념으로 자주 쓰이지 않는다고 할 수 있다. 아울러 수중도『중용』의 중과 의미 맥락이 다르다고 할 수 있다.

다음으로『장자』의 용례를 살펴보기로 하자.『장자』에는『노자』의 수중 또는 수충처럼 양중·환중과 중덕(中德)의 용례가 있다.

"사태의 변화를 타며 마음을 유유히 거닐게 하며 어찌 할 수 없음에 맡겨 중을 기르다."[31]

양중(養中)의 중은 수중(守中)과 마찬가지로 지켜야 할 맥락으로 쓰이고 있다. 실제로 곽상(郭象)은 "이치의 반드시 그러한 이치에 따르는 것은 중용과 온전히 들어맞는데 사물(사태)을 맞이하는 것이 지극하다."[32]라고 풀이하면 중용의 맥락으로 본다. 성현영(成玄英)은 양중을 "중화의 마음을 기른다"고 풀이했다.[33]

하지만 선영(宣穎)은『장자경해(莊子經解)』에서 "어찌 할 수 없음에 맡겨서 호응하며 조금도 사단을 일으키지 않아 내 마음이 흔들리지

---

31 『莊子』「人間世」: 且夫乘物以遊心, 託不得已以養中, 至矣.

32 郭慶藩,『莊子集釋』, 中華書局, 1961; 1978 2쇄, 163쪽: 任理之必然者, 中庸之符全矣, 斯接物之至也.

33 郭慶藩,『莊子集釋』: 不得已者, 理之必然也. 寄必然之事, 養中和之心, 斯眞理之造極, 應物之至妙者乎!

않는 중을 기른다"로 풀이한다. 진수창(陳壽昌)은 『장자정의(莊子正義)』에서 선영과 비슷하게 "어찌 할 수 없는 운명에 맡겨 몫에 따라 스스로 다하며 내 마음이 흔들리지 않는 중을 기른다"고 풀이했다.[34] 선영과 진수창은 양중을 마음이 모두 어떤 상황에서도 흔들리지 않는 확고한 중심을 잡도록 한다는 맥락으로 본다.

곽상과 성현영의 풀이가 선영과 진수창의 풀이에 비해 양중은 『중용』의 중에 대한 사상적 기원으로 볼 수 있는 이유를 제시한다고 할 수 있다. 「인간세」의 인용문은 "명령을 옮기지(바꾸지) 말고 결실(성공)을 보채지 말라"는 당시의 격언을 소개하고 "한도를 넘는 것은 덧보태는 것이고, 명령을 옮기고 결실을 보채는 것은 위험한 일이다"라고 풀이하고 있는 맥락이다.[35]

여기서 명령과 결실(성공)에 대해 사물(사태)의 흐름에 따라가며 어찌 할 수 없음을 받아들여야지 개인의 감정과 의도에 따라 바꾸거나 앞당기려고 무리를 해서는 안 된다. 명령과 결실에 대해 사람이 천(遷)과 권(勸)의 움직임으로 나아가지 않으려면 어떻게 해야 할까? 그것이 바로 유심(遊心)과 양중(養中)이다.

이 때문에 양중을 곽상과 성현영은 각각 중용과 중화로 연결하고, 선영과 진수창은 흔들리지 않는 마음의 중심을 기르자고 풀이하고 있다. 완전히 불가능한 풀이라고 할 수 없다. 다만 『장자』 「인간세」와

---

34 崔大華, 『莊子歧解』, 中州古籍出版社, 1988, 160쪽: 宣穎: 托于不得已而應而毫無造端, 以養吾心不動之中. 陳壽昌: 托于義命之不得已, 而隨分子盡, 以養吾心不動之中.

35 『莊子』 「人間世」: 法言曰: 無遷令, 無勸成. 過度益也, 遷令勸成殆事.

『중용』이 천명(天命)에서 상통한다고 하더라도 전자의 승물(乘物)과 유심(遊心)은 후자의 솔성(率性)과 다르고 전자의 부득이(不得已)와 양중(養中)은 후자의 수도(修道)와 다르다.[36]

『중용』에서는 천명이 심의 중에 성(性)으로 자리하고 다시 『맹자』의 인의예지라는 사덕(四德)의 방향으로 드러나므로 진성(盡性)의 요구가 제기된다.[37] 반면 『장자』에서는 명이 사람에게 다가올 때 승물(乘物)과 탁부득이(托不得已)로 대응할 뿐이지 심에 자리하지 않기 때문에 진성의 요구가 제기될 수가 없다. 따라서 「인간세」의 양중은 마음에 내재한 천명을 질적으로 보존하고 양적으로 증대시키는 대상이 될 수가 없다.

이렇게 보면 장자의 양중은 법언(法言)과 반대, 즉 "천령(遷令), 권성(勸成)"의 대응을 하지 않고 승물유심(乘物遊心)과 탁부득이(托不得已)의 대응을 하도록 하는 것이다. 여기서 양중은 학파의 차이를 따지지 않는다고 하더라도 선영과 진수창의 풀이처럼 "무천령(無遷令), 무권성(無勸成)"과 "천령(遷令), 권성(勸成)"의 대응 중에 이리저리 흔들리지 마라는 맥락과 호응이 가능하지만 곽상과 성현령처럼 아예 중용과 중화의 품성을 기르기를 요구하는 맥락으로 보기는 어렵다. 장자의 양중은 맹자의 부동심(不動心)처럼 중이 중심의 이미지를 잡도록 강조하는 의미 맥락에 이어진다고 할 수 있다.

---

36 『중용장구』 1장: 天命之謂性, 率性之謂道. 修道之謂敎.

37 『중용장구』 22장: 惟天下至誠, 爲能盡其性. 能盡其性, 則能盡人之性. 能盡人之性, 則能盡物之性. 能盡物之性, 則可以贊天地之化育. 可以贊天地之化育, 則可以與天地參矣.

앞서 언급했듯이 『장자』에는 양중(養中) 이외에도 환중(環中)과 중덕(中德)이 있다. 환중은 「제물론」과 「즉양」에 두 차례 쓰인다. 환중은 사람이 시비(是非) 중 어느 한쪽에 이해관계로 결부되어 있으면 자기 입장을 대변할 수밖에 없으므로 시비를 초월한 제3의 입장으로 제시된다. 이는 문의 지도리를 이미지로 하는 도추(道樞)이고 원의 중심을 이미지로 하는 환중으로 나타난다.[38] 지도리는 텅 비어 있어 선입견을 가지지 않고 사태를 있는 그대로 볼 수 있고 원은 모든 입장으로부터 동일한 거리를 유지하고 있다. 이렇게 보면 환중은 비어 있는 중심이지 흔들리지 않거나 치우치지도 휩쓸리지도 않은 중심과 다르다.[39]

『장자』에서 용(庸)은 우용(寓庸)으로 두 차례 쓰인다. 흥미롭게도 우용도 양중과 맥락이 상통할 수 있다. 사람은 환자와 서시를 비교하며 후자가 예쁘다고 생각한다. 이는 어울리지 않는 비교로 여기지만 도의 입장에서 보면 그 차이는 사소하고 하나로 귀결된다. 이렇게 우리는 한때의 현상이나 한 국면의 특징이나 개인의 이해관계를 벗어나서, 즉 자신을 기준으로 하지 않고 늘 통할 수 있는 도에 맡기는 것이

---

38 『장자』「齊物論」: 彼是莫得其偶, 謂之道樞. 樞始得其環中, 以應无窮. 是亦一无窮, 非亦一无窮也. 故曰莫若以明. 「則陽」: 冉相氏得其環中以隨成, 與物无終无始, 无幾无時. 日與物化者, 一不化者也, 闔嘗舍之.

39 中德은 凶德의 일종으로 "자신이 좋아하는 것을 옳게 여기고 자신이 하지 않으려는 것을 그르게 여기는" 특성을 가리킨다. 『장자』「列禦寇」: 凶德有五, 中德爲首. 何謂中德? 中德也者, 有以自好也, 而吡其所不爲者也. 그밖에도 『노자』처럼 '가운데' 등의 맥락으로 많이 쓰이지만 여기서 다루지 않는다.

다.[40] 이러한 맥락에서 우용의 용은 상(常)과 항(恒)의 의미에 통한다고 할 수 있다.

지금까지 『중용』이 노장에 사상적 기원을 두고 있는지 수중·양중·우용 등의 개념으로 통해 논의를 해왔다. 치엔무는 『노자』와 『장자』에 중과 용이 자주 쓰인다는 점에서 『중용』의 사상적 기원을 노장에서 찾았다. 이에 대해 양조한은 중과 용이 쓰이는 옛 문헌이 많은데 노장에서 꼭 사상적 유래를 찾을 필요가 없다고 본다.[41]

치엔무의 용례 빈도는 노장 사상을 『중용』의 기원으로 보기에 근거가 약하다. 양조한의 지적은 타당하지만 중과 용에 대해 『중용』과 『노자』 『장자』의 동이를 검토하지 않아 아쉽다. 『노자』와 『장자』는 분명 중과 용을 중요하게 사용했다는 점에서 그 기여를 인정하지 않을 수가 없다. 하지만 『노자』와 『장자』는 중에서 『중용』과 다르지만 용에서 『중용』과 상통할 수 있다.

4. 중용의 윤리적 정식화의 기원

이제 윤리적으로 중용대로 산다는 것이 사람을 어떻게 이끌어 가는지 살펴볼 단계에 이르렀다. 사실 사람이 윤리적 상황에서 적합한 윤리적 덕목을 찾아내서 끊임없이 실천으로 옮기면서 일회적이 아니

---

40 『장자』「齊物論」: 厲與西施, 恢恑憰怪, 道通爲一. …… 唯達者, 知通爲一, 爲是不用而寓諸庸. 庸也者, 用也. 用也者, 通也. 通也者, 得也. 因是已. 已而不知其然, 謂之道. …… 爲是不用而寓諸庸, 此之謂以明.

41 楊祖漢, 황갑연 옮김, 『중용철학』, 서광사, 1999, 44~45쪽.

라 영속적인 성향 또는 윤리적 습관을 길러내야 한다. 이런 측면에서 보면 『중용』의 기원은 중과 용 개념의 차원만이 아니라 중용대로 사는 삶의 형식이 무엇이고 또 그것이 어디에서 시작되었는지 살피는 것도 중요하다. 4장에서는 이 문제를 다루고자 한다.

4.1 『서경』, 고요의 구덕(九德)

중용대로 살기는 일상적 행위와 도덕적 요구에 비해 명시성이 떨어진다. 예컨대 "푸른 신호등에 횡단보도를 건너시오" "살인을 하지 말라"는 요구를 지키기 위해 심사숙고와 정교한 추론을 통해 행위자가 무엇을 어떻게 해야 하는지 판단해서 실천하도록 요구하지 않는다. 반면 "중용대로 살아라"는 요구는 사람이 윤리적 상황에서 도대체 무엇을 어떻게 하라고 하는지 구체적이지 않다. 이것이 바로 중용대로 사는 삶의 형식을 논의해야 하는 이유가 된다.

아리스토텔레스도 『니코마코스 윤리학』에서 지나치지도 않고 모자라지도 않은 중간에 따라 실천하는 중용의 탁월성을 길러야 한다고 요구한다. 예컨대 용기는 지나치는 무모함과 모자라는 비겁의 중용이다.[42] 『중용』에서 말하는 '중용'은 아리스토텔레스의 주장만큼 분명하지도 않으니 그만큼 "중용대로 사는 것이 어떻게 사는 것인가?"

---

[42] 아리스토텔레스, 이창우 · 김재홍 · 강상진 옮김, 『니코마코스 윤리학』, 이제이북스, 2006; 2008 3쇄 참조. 구체적인 논의로는 박철홍, 「총체적 지식의 관점에서 본 중용의 의미」, 『도덕교육연구』 21권 2호, 한국도덕교육학회, 2010, 133~157쪽; 김도형, 「아리스토텔레스의 중용론에 관하여: 중도론적 해석에 대한 비판」, 『윤리연구』 1권 124호, 한국윤리학회, 2019, 37~55쪽 참조.

라는 의문을 품게 만든다. 이와 관련해서 정약용은 실로 탁월한 통찰력을 발휘한다. 중용대로 살기의 형식이 바로 『시경』 「고요모」에서 고요(皐陶)가 말하는 구덕(九德)에서 연원하고 있다고 주장하고 있다. 먼저 구덕을 살펴보고 정약용이 구덕이 중용대로 사는 삶의 형식으로 보는지 논의해보자.

고요가 우(禹)에게 사람이 하는 "행동 또는 처신에는 구덕을 실현해야 한다"(行有九德)고 주장했다. 우가 구체적인 내용을 묻자 고요가 다음처럼 풀이했다.

"너그러우면서 엄격하고, 부드러우면서 꿋꿋하고, 신중하면서 공손하고, 안정되면서도 잡도리하고, 온순하면서도 굳세고, 곧으면서도 따뜻하고, 간단하면서도 세심하고, 단단하면서 착실하고, 용맹하면서도 올바르다. 구덕을 빛나게 하며 항상 그렇게 한다면 길할 것이다."[43]

정약용은 구덕이 왜 중용대로 사는 삶의 형식이 될 수 있는지 다음처럼 풀이하고 있다.

"첫 번째 '관이율'은 관으로 치우치지 않도록 율로 맞추어 중이 되고, 두 번째 '유이립'은 유로 기울어지지 않도록 립으로 맞추어 중이 되

---

43 『서경』 「皐陶謨」: 皐陶曰: 都! 亦行有九德. …… 禹曰: 何? 皐陶曰: 寬而栗, 柔而立, 愿而恭, 亂而敬, 擾而毅, 直而溫, 簡而廉, 剛而塞, 彊而義. 彰厥有常, 吉哉.

고, 다섯 번째 '요이의'는 요로 지나치지 않도록 의로 맞추어 중이 되고, 여섯 번째 '직이온'은 직으로 지나치지 않도록 온으로 맞추어 중이 된다. 나머지 세 번째 '원이공', 네 번째 '난이경', 일곱 번째 '간이렴', 여덟 번째 '강이색', 아홉 번째 '강이의'의 경우 글자의 의미가 오늘날 대부분 분명하지 않다. 하지만 요컨대 모두 이것으로 치우치지 않도록 아울러서 저것으로 맞춘다는 뜻이다."**44**

정약용은 중용대로 사는 삶의 형식에 대한 중요한 특징을 짚어내고 있다. 예컨대 '관이율'은 사람의 리더십이 기본적으로 관의 특징을 보여주지만 그 관이 지나치게 되면 제도의 안정성이 무너질 수가 있다. 이것이 바로 정약용이 지적하는 '편어관(偏於寬)'의 현상이고 이러한 현상으로 진행되지 않아야 한다. 이를 위해 관(寬)의 반대되는 율(栗)을 통해 '편어관(偏於寬)'을 '불편어관(不偏於寬)'으로 되돌아가서 편(寬)과 율(栗)의 균형을 잡게 된다. 이렇게 보면 정약용은 "a하지만 a의 폐해가 드러나지 않도록 반대되는 b로 균형을 잡는다"는 중용의 형식을 제시하고 있다.

이러한 중용의 형식은 양극단에 거리를 두는 올바른 기준으로서 중간이 아니라 양극단이 상황에 들어맞는 균형의 발견이라고 할 수

---

44 『中庸自箴』1: 今案皐陶謨, 皐陶陳九德之目. 其一曰寬而栗, 夫不偏於寬, 而濟之以栗, 則中也. 其二曰柔而立, 夫不倚於柔, 而濟之以立, 則中也. 其五曰擾而毅, 夫不過於擾, 而濟之以毅, 則中也. 其六曰直而溫, 夫不過於直, 而濟之以溫, 則中也. 餘所謂愿而恭, 亂而敬, 簡而廉, 剛而塞, 彊而義, 雖其字意, 今多不明, 要皆不偏於此, 而兼之如彼之意.

있다. 아리스토텔레스가 무모와 비겁의 양극단에 빠지지 않는 용기라는 중간의 중용을 말하고 있는데, 이때 무와 비겁은 배제해야 할 극단이다.

반면 고요는 관과 율이 배제할 양극단이 아니라 사람이 취할 수 있는 행위의 최대 범위를 나타내는데, 이때 관과 율의 끝은 더 이상 나아갈 수 없는 한계이고 그 안에서 상황에 맞는 균형을 찾아야 한다. 이것은 첫 번째 '관이율'만이 아니라 두 번째의 '유이립', 다섯 번째의 '요이의', 여섯 번째의 '직이온'에도 그대로 적용된다.

정약용은 『서경』에서 고요가 말하는 구덕이 중용대로 살아가야 하는 삶의 형식을 전형적으로 보여준다고 보고 있다. 이를 바탕으로 그는 고요가 구덕을 말하고 이어서 "창궐유상(彰厥有常)"이 중의 형식을 삶에 일관되면서고 지속적으로 실천하는 항상성을 주문하는 맥락으로 읽어낸다.[45] 이때 상은 바로 중용의 용(庸)이 갖는 의미를 완전하게 밝혀준다고 본다. 이렇게 되면 고요의 구덕론은 중의 형식과 용의 의미를 완전하게 대변하고 있는 것이다.

이에 그치지 않고 정약용은 『서경』「요전」[46]에 나오는 다음의 내용도 고요의 구덕과 일치한다고 본다. 순이 기(夔)를 전악(典樂)에 임명하고서 주자(冑子), 즉 왕자와 귀족 자제들을 교육시키며 "곧으면서도 따뜻하고, 너그러우면서 엄격하고, 단단하면서 포학하지 않고, 간단

---

45 『中庸自箴』1: 末乃結之曰彰厥有常吉哉, 則九德者, 中也. 有常者, 庸也.

46 이 구절은 『금문상서』에서 「堯典」에 들어 있지만 『고문상서』에서 「舜典」에 들어 있다. 참고로 『금문상서』는 「순전」이 별도로 있지 않고 「요전」과 통합되어 있다.

하면서도 오만하지 않다"[47]라는 품성을 기르도록 주문했다.

순이 말한 사덕은 고요의 구덕 중 이덕과 완전히 일치하고 나머지 두 덕도 크게 다르지 않다. 이 때문에 정약용은 중용이 요순 이래 성왕들이 서로 대대로 전승한 비밀스러운 뜻이자 중요한 말씀이라고 주장한다.[48] 이 주장대로 하면 중용의 형식은 요순에서부터 그 기원을 찾을 수 있다.

나는 정약용의 주장 중에 고요의 구덕이 중용대로 사는 삶의 형식을 극명하게 보여주고 있다는 점을 수용하지만 구덕이 요순시대부터 있어서 대대로 상전되었다는 주장을 받아들일 수가 없다. 현대의 문헌 비판에 따르면 『서경』 「요전」이 요순 시절의 사상을 대변한다고 볼 수도 없고 요순이 역사 시대의 인물로 단정할 수도 없기 때문이다.

4.2 『논어』, 공자의 고기양단(叩其兩端)과 오미(五美)

지금까지 『중용』의 사상적 기원을 다각도로 살펴보았다. 이전의 논의는 부분적으로 『중용』의 사상적 기원을 설명해준다. 도통론을 제외하면 장자는 용(庸)이 중요한 개념으로 발전할 수 있는 바탕을, 고요의 구덕은 중용대로 사는 삶의 형식의 실마리를 풀어준다.

『논어』를 보면 『중용』의 사상적 기원을 보다 선명하게 찾을 수가 있다. 아울러 『서경』의 구덕이 우와 고요의 대화에서 드러나듯이 『논

---

47 『서경』 「堯典」: 帝曰: 夔, 命汝典樂, 教胄子. 直而溫, 寬而栗, 剛而無虐, 簡而無傲. 詩言志, 歌永言, 聲依永, 律和聲. 八音克諧, 無相奪倫. 神人以和. 夔曰: 於! 予擊石拊石, 百獸率舞.

48 『中庸自箴』 1: 中庸二字, 其非堯舜以來聖聖相傳之密旨要言乎?

어』의 오미가 공자와 자장의 대화에 드러나고 있는데, 이는 묘한 평행 현상을 보여주고 있다.

먼저 공자는 '중용'에 대해 인지했을까? 그것은 『중용』 3장에 나오는 내용이 거의 유사한 구절에서 확인할 수 있다.[49] 둘 다 『중용』의 덕목이 삶에서 갖는 의미가 중요하다는 점을 강조하고 있다. 차이라면 공자는 『논어』에서 중용이 덕목이라는 점을 명시하고 있는 반면 『중용』에서 그 점을 암시하고 있을 뿐이다.

두 번째로 『논어』와 『중용』이 일치하는 점은 중용이 양단과 관련이 있다는 점을 명시적으로 밝히고 있다. 『중용』 6장에 순이 지혜로운 사람이라는 점을 밝히면서 민을 이끌어 가는 방식으로 양단을 고려하고 있다. 즉 "집기양단(執其兩端), 용기중어민(用其中於民)"이다. 『논어』에는 공자가 자신을 지자로 보는 평가를 부정하고 무지하다고 말하지만 사람이 방향을 찾도록 하는 방식으로 "고기양단이갈(叩其兩端而竭)"을 제시하고 있다.[50] 이것은 아주 중요한 발견이자 일치이다.[51]

중용대로 사는 삶의 정식화를 밝히려면 중용이 양단과 관련이 있

---

49 『논어』 「雍也」 29: 子曰: 中庸之爲德也, 其至矣乎! 民鮮久矣. 『중용장구』 3장: 子曰: 中庸, 其至矣乎! 民鮮能久矣.

50 『논어』 「子罕」 9: 子曰: 吾有知乎哉? 無知也. 有鄙夫問於我, 空空如也. 我叩其兩端而竭焉. 『중용장구』 6장: 子曰: 舜其大知也與! …… 執其兩端, 用其中於民, 其斯以爲舜乎!

51 焦循은 『論語補疏』에서 『논어』와 『중용』의 양단이 상통한다고 주장한다. 程樹德, 『論語集釋』 2, 中華書局, 1990 ; 1992 2쇄, 585쪽: 此兩端則中庸'舜執其兩端, 用其中於民'之兩端也. 鄙夫來問, 必有所疑, 惟有兩端, 斯有疑也. 故先叩發其兩端, 謂先還問其所疑, 而後卽其所疑之兩端, 而窮盡其意, 使知所向焉. 蓋凡事皆有兩端.

다는 점을 전제로 해야 한다. 집(執)과 고(叩)는 양단을 극단으로 배제하는 것이 아니라 고요의 구덕에서 보이는 것처럼 행위를 할 수 있는 최대 범위를 나타내고 있다. 이러한 측면에서 『중용』의 '자왈(子曰)'을 공자의 말로 보더라도 큰 무리가 없다고 할 수 있다.

세 번째로 공자와 '중용'의 연관성은 「요왈」에서 잘 나타난다. 「요왈」의 첫 구절은 요가 순에게 제위를 물려주면서 당부하는 말을 남기고 있다. 그중에 "윤집궐중(允執厥中)"의 구절이 있다. 이는 집중(執中)을 강조하는 말로 '중용'의 사상적 기원으로 볼 만하다. 이어서 순은 다시 우에게 제위를 물려주면서 중용과 직접적으로 관련되는 말은 하지 않지만 "여러 사람들에게 죄가 있으면 그 죄는 자기 자신에게 책임이 있다"는 말을 전하고 있다.[52]

훗날 주희는 순에게서 우로 전하는 '중용'의 부족을 보충하기 위해 「중용장구서」에서 다음의 말을 남겼다. "윤집궐중(允執厥中)"이 요가 순에게 남긴 말이라면 『고문상서』「대우모(大禹謨)」에 나오는 "인심유위(人心惟危), 도심유미(道心惟微), 유정유일(惟精惟一), 윤집궐중(允執厥中)"을 순이 우에게 남긴 말로 본다.[53] 이렇게 되면 집중이 요에서 순으로, 순에서 다시 우로 전해지는 도의 계보가 형성된다.

---

52 『논어』「堯曰」1: 堯曰: 咨! 爾舜! 天之曆數在爾躬, 允執其中. 四海困窮, 天祿永終. 舜亦以命禹. 曰: 予小子履敢用玄牡, 敢昭告于皇皇后帝, 有罪不敢赦. 帝臣不蔽, 簡在帝心. 朕躬有罪, 無以萬方, 萬方有罪, 罪在朕躬.

53 「中庸章句序」: 蓋自上古聖神繼天立極, 而道統之傳, 有自來矣. 其見於經, 則允執厥中者, 堯之所以授舜也. 人心惟危, 道心惟微, 惟精惟一, 允執厥中者, 舜之所以授禹也. 堯之一言, 至矣盡矣. 而舜復益之以三言者, 則所以明夫堯之一言, 必如是, 而後可庶幾也.

아울러 「요왈」 두 번째 문장에 보면 자장이 묻고 공자가 대답하면서 종정(從政)의 기준으로 오미(五美)와 사악(四惡)을 이야기하고 있다. 이 중 오미는 놀라우리만치 「고요모」에서 우와 고요가 나누는 이야기와 형식이 닮아 있다. "도와주지만 헤프지 않고, 힘들게 하지만 원만하지 않게 하고, 바라지만 탐욕 부리지 않고, 느긋하지만 교만하지 않고, 위엄 부리지만 사납게 굴지 않는다."[54]

「고요모」의 구덕 중 첫 번째 '관이율(寬而栗)'은 관이 모든 것의 책임을 따지지 않는 상황으로 가지 않도록 율을 통해 균형을 잡는다. 이때 관이 문제를 드러내는 상황에 대해 이름은 없다. 그것이 생략되어 있다고 할 수 있다. 이를 물러터져서 약하다는 '나(懦)'라고 해보자. 그러면 '관'이 '나'로 되지 않도록 '율'로 균형을 잡는다.

오미 중 첫 번째 '혜이불비(惠而不費)'는 혜가 아무런 제한을 달지 않아 생길 수 있는 문제 상황을 '비'로 보고 그렇게 되지 않아야 한다고 주문한다. 「고요모」에 비교하면 문제 상황에 대한 '비'의 이름은 있지만 혜가 비로 되지 않도록 균형을 잡을 수 있는 양단 중 일단은 없다. 이것이 생략되었다고 할 수 있다. 이를 원리원칙을 따지며 모질게 느껴지는 '박(薄)'이라고 해보자. 그러면 '혜'가 '비'로 되지 않도록 '박'으로 균형을 잡는다. 이렇게 보면 고요의 구덕과 공자의 오미는 표현이 다르지만 결국 같은 형식을 나타낸다고 할 수 있다.

---

54 『논어』 「堯曰」 2: 子張問於孔子曰: 何如斯可以從政矣? 子曰: 尊五美, 屏四惡, 斯可以從政矣. 子張曰: 何謂五美? 子曰: 君子惠而不費, 勞而不怨, 欲而不貪, 泰而不驕, 威而不猛. 子張曰: 何謂惠而不費?

이처럼 「요왈」의 오미는 「고요모」의 구덕과 마찬가지로 중용대로 사는 삶의 형식을 제대로 구현하고 있다. 하지만 『논어』에서 「요왈」은 자료의 신빙성이 다소 떨어진다. 도통이 나타나고 있듯이 후대 사상의 영향으로 볼 수 있는 내용을 담고 있다.

따라서 이를 바탕으로 공자와 중용대로 사는 삶의 형식 사이의 연관성에 대해 합리적 의심을 제기할 수 있다. 이를 극복하려면 『논어』의 다른 편에서 『서경』에 나오는 고요의 구덕(九德)이나 「요왈」에 나오는 오미와 같은 형식을 찾아야 한다.

우리는 공자가 『시경』을 좋아하고 또 수업에서 활용한 것으로 알고 있다. 이런 측면에서 「팔일」 20의 구절에 주목할 만하다.

"관저는 즐겁지만 넘치지 않고 슬프지만 아프지 않는다."[55]

「관저」에 대해 '낙이불음(樂而不淫)'은 「요왈」의 오미에 나오는 '혜이불비(惠而不費)'와 형식에서 완전히 닮음꼴을 보인다. 낙이 음의 상황으로 진행되지 않도록 생략된 '냉(冷)'의 균형을 잡는다고 할 수 있다. 이것은 정약용이 고요의 구덕을 중용의 형식으로 설명하면서 풀이했던 방식과 완전히 일치한다고 할 수 있다.

이러한 '중용'의 형식은 『중용』 33장에서 여실히 드러나고 있다.

"담담하지만 물리지 않고, 간결하지만 문채가 있고, 따뜻하지만 조리

---

55 『논어』「八佾」 20: 子曰: 關雎, 樂而不淫, 哀而不傷.

가 있다."[56]

이렇게 보면 『논어』 「요왈」의 오미와 「팔일」의 '관저' 시 비평은 『중용』 33장과 형식면에서 완전히 일치한다. 특히 『중용』은 『서경』을 한 차례도 인용하지 않고 『시경』을 인용하면서 중용의 형식을 제시하고 있다는 점에서 공자의 '관저' 시 비평과 밀접한 관련성이 있다고 할 수 있다.[57] 즉 중용 형식은 고요의 구덕에서 단초가 있다고 하더라도 문헌 신뢰성의 문제가 있으므로 공자야말로 문헌상의 문제를 가지지 않은 사상적 기원으로 볼 수 있다.

이제 마지막으로 『논어』의 중용 정식화에서 자장이 차지하는 위치를 살펴보고자 한다. 『공자성적도』를 보면 공자는 안연에게 인(仁)의 가르침을 전하고 증자에게 효(孝)의 가르침을 전했다고 한다.[58] 자장(子張)은 특별한 주목을 받지 못하지만 『논어』 19편에서 자하(子夏)와 경쟁하는 모습을 보일 정도로 세력을 가진 것으로 보인다. 그는 자하 문인에게 사람을 사귀는 교제에 대해 질문을 받은 적이 있다.

이때 그는 자하의 교제법에 대해 반론을 제기하면서 "자하의 말은 내가 들은 바와 다르다. 군자라면 현자를 우러러보고 대중을 끌어안고 잘하는 이를 가상히 여기면서 뒤처지는 이를 안타깝게 여긴다."고

---

56 『중용장구』 33장: 君子之道, 淡而不厭, 簡而文, 溫而理.

57 황인옥, 「「中庸」에 인용된 『詩經』 시에 대한 연구」, 『대동철학』 88, 대동철학회, 2019, 235~259쪽 참조.

58 김기주 · 황지원 · 이기훈 옮김, 『공자성적도: 고판화로 보는 공자의 일생』, 예문서원, 2003 참조.

말한 적이 있다.[59] 그의 말에서 "존현이용중(尊賢而容衆), 가선이긍불능(嘉善而矜不能)"은 한쪽으로 치우치지 않고 다른 한쪽으로 한꺼번에 고려하는 중용의 특성을 반영하고 있다.

이렇게 보면 공자 문하에서 '중용'의 형식은 자하와 깊은 연관성을 갖는다고 할 수 있다. 이는 공자 사후에 자장의 문하가 세력을 얻어서 공자와 자장의 관계를 『서경』「고요모」에 나오는 우와 고요의 관계에 필적시키려는 노력을 했으리라고 추정해본다.

5. 맺음말

『중용』은 유학만이 아니라 동아시아 사상사에서 커다란 비중을 갖는 문헌이다. 그 비중에 비해 『중용』의 문헌이 어떤 사상적 연원을 가지는지 분명하게 밝혀지지 않았다. 이는 사실 『중용』의 사상을 이해하는 출발점이라고 할 수 있다.

우리는 정약용의 탁월한 통찰 덕분에 『서경』「고요모」에 나오는 고요와 우의 대화에 나오는 구덕이 중과 용 개념의 기원만이 아니라 중용대로 사는 삶의 형식이라는 점을 확인할 수 있었다. 고금문 논쟁을 치열하게 치른 『서경』을 고려할 때 텍스트의 신빙성은 합리적 의심의 대상이 될 만하다. 그 기원을 완전히 신뢰하지는 못하더라도 중용의

---

59 『논어』「子張」3: 子夏之門人問交於子張. 子張曰: 子夏云何? 對曰: 子夏曰: 可者與之, 其不可者拒之. 子張曰: 異乎吾所聞, 君子尊賢而容衆, 嘉善而矜不能. 我之大賢與, 於人何所不容? 我之不賢與, 人將拒我, 如之何其拒人也?

의미와 정식화에 대한 실마리를 찾을 수 있다.

우리는 『논어』의 중용과 『중용』의 중용 사이에 많은 일치점을 확인할 수 있었다. 특히 『시경』을 인용하면서 중용대로 사는 삶의 형식을 찾아내고 있는데, 이는 우연의 일치라고 볼 수는 없다. 중용대로 사는 삶의 형식은 "a의 덕목을 실천하다보면 언젠가 b의 문제를 낳게 되는데, 이때 a와 반대되는 c로 균형을 찾는다"는 꼴이다.

a, b, c에 각각 혜(惠), 비(費), 박(薄)을 집어넣으면 도움을 주어야지만 자꾸 도움을 주면 자립성을 잃어 자원을 낭비하게 되므로 원리원칙을 따지는 각박함으로 균형을 잡는다는 것이다.[60] 이는 아리스토텔레스가 『니코마코스 윤리학』에서 말하는 중용과 다르지만 좋은 윤리적 품성을 기른다는 점에서 비슷하다고 할 수 있다.

여기서 우리는 『논어』에서 중용의 의미와 형식을 발굴하여 발전시키는데, 여러 제자 중에서 자장(子張)이 돋보인다는 점을 발견할 수 있었다. 이와 관련해서 앞으로 더 세밀한 연구가 필요하다고 할 수 있다.

---

60 曾國藩은 剛柔를 대상으로 太剛과 太柔의 말을 만들어서 강와 유의 중용에 대해 논의를 흥미롭게 진행하고 있다. 曾國藩, 『挺經』 卷六: 剛柔近來見得天地之道, 剛柔互用, 不可偏廢, 太柔則靡, 太剛則折. 剛非暴虐之謂也, 強矯而已. 柔非卑弱之謂也, 謙退而已. 趨事赴公, 則當強矯, 爭名逐利, 則當謙退. 開創家業, 則當強矯, 守成安樂, 則當謙退. 出與人物應接, 則當強矯, 入與妻孥享受, 則當謙退. 曾國藩, 「修身言論十則」: 剛非暴戾之謂也, 強矯而已. 柔非卑弱之謂也, 謙退而已. 意思是: 剛不是暴戾的意思, 強行矯正罷了. 柔不是卑下軟弱的意思, 謙虛退讓罷了. 強行矯正的意思

제3장

03

『중용』은 '중용'을 논의하는가?

1. 문제 제기

『중용』은『대학』과 마찬가지로 원래『예기』라는 책의 한 편이었다. 주희가 이미 독립된 책으로 통용되던『논어』『맹자』에다『예기』중의 「대학」「중용」 두 편을 책으로 독립시켜 네 권의 책으로 합치면서 사서(四書)의 이름이 쓰이게 되었다.[1]

이후로『중용』과『대학』은 각각 3,500여 자, 1,700여 자로 된 작은 분량으로 책으로 10,000자가 넘는『논어』나『맹자』와 함께 유학의 가치와 이상을 설파하는 가장 중요한 문헌으로 간주되었다. 아울러 '사서(四書)'도 한편으로 보통 명사로도 쓰일 수 있지만 주희의 명명 이후에 고유 명사로 변하여 유학의 사상과 가치를 알리려면 반드시 읽어야 할 책의 지위로 상승하게 되었다.

이처럼 유학에서 사서(四書)의 지위가 부상하면서 그간 절대적 지

---

1   이는 경학사에서 커다란 사건이라고 할 수 있다. 四書는 유학의 이론적 체계가 더욱 완성도를 지닐 수 있게 만들었다. 훗날 사서는 원래 經보다 존중받지 못했지만 성리학 이후 유학의 핵심 텍스트로 중시되면서 經의 반열로 간주되었다.

위를 누리던 오경(五經)에 맞서기에 이르렀다. 때로는 여전히 사서보다 오경의 우위를 주장하지만 때로는 사서가 오경과 비등하거나 그것을 넘어선다고 주장하기도 했다.[2] 오경은 성왕(聖王)의 서사를 다루므로 일반 사람의 역할 모델이 되기 어렵지만 사서는 소인(小人)을 군자로 바꾸는 도덕적 기획을 말하므로 일반 사람의 역할 모델이 될 수 있다.

주희는 인간이 자각과 수양을 통해 스스로 구원하는 윤리적 체계를 세운 만큼 오경보다 사서에서 이론의 근거를 찾았다. 반면 정약용은 윤리 체계에서 신적 존재가 필수적이라고 생각하므로 사서보다 오경에 더 집중했다. 사람은 자신의 일거수일투족을 바라보고 있는 신을 의식할 때 윤리적 존재가 될 수 있다. 이렇게 보면 주희가 오경보다 사서에서 사대부의 참조 체계를 찾았다면 정약용은 사서보다 오경에서 현실 구원의 근거를 찾았다고 할 수 있다.

이처럼 『중용』이 사서의 하나가 되면서 누구도 부정할 수 없는 학문적 권위를 가지게 되었다. 하지만 『중용』 텍스트와 관련된 기본적인 사실이 아직 제대로 밝혀지지 않고 있다. 대표적인 사례가 바로 『중용』의 저자, 성서(成書) 시기, 중용의 의미, 사상적 기원[3] 등이다. 과

---

2 四書와 五經이 사상사에서 차지하는 위상과 관련해서 이용주, 『주희의 문화 이데올로기』, 이학사, 2003 참조.

3 중용의 의미와 도덕적 형식이 어디에 연원하고 있는지도 아직 밝혀지지 않고 있다. 이 문제는 유학사의 서술만이 아니라 『중용』의 의미 분석 등에서 아주 중요하다. 분량의 제한으로 여기서 다루지 못하고 별도의 글에서 '중용' 용어와 형식이 『주례』「春官 大司樂」과 『서경』「皐陶謨」의 九德 등에 기원하고 있다는 점을 밝히려고 한다.

거에 자사(子思)를 『중용』의 저자로 당연시하는 흐름이 있었다.[4] 하지만 이 흐름은 명백한 증거를 가지고 있다기보다 구전이 장기화되면서 당연시된 결과일 뿐이다. 이와 달리 자사가 『중용』의 저자가 될 수 없다는 반론도 만만치 않다.[5]

이에 덧붙여 『중용』이 책으로 쓰인 시대도 전국 시대 초기에서 한 제국의 초기까지 유동적이다.[6] 저자와 성서 연대는 『중용』을 이해하는 두 가지 기본 자료이지만 그 자체가 여전히 오리무중의 상태에 놓여 있다. 이는 『중용』의 사상사적 위상에 비해 참으로 역설적 상황이라고 하지 않을 수가 없다.

『중용』에서는 '중용'의 의미를 명시적으로 풀이하지 않는다. 이 때문인지 주희가 "중이란 치우치지도 기울어지지도 않고 지나치지도 미치지 않음이 없는 이름이고 용자는 평상(평범)이다."[7]라는 의미 풀이가 움직일 수 없는 정설로 수용되고 있다.[8]

---

4 『사기』 「孔子世家」: 伯魚生伋, 字子思, 年六十二, 嘗困於宋, 子思作中庸. 공영달은 『예기정의 중용』 권52에서 陸德明의 말을 인용하여 정현이 중용의 저자를 자사로 보는 주장을 소개하고 있다. "鄭目錄云: 名曰中庸者, 以其記中和之爲用也. 庸, 用也. 孔子之孫子思作之, 以昭聖祖之德也."

5 楊祖漢은 자사가 중용의 저자로 볼 수 없다고 주장하는 인물로 歐陽脩 · 葉適 · 陳善 · 王柏 · 袁枚 · 崔述 등의 주장을 소개하고 있다. 楊祖漢, 황갑연 옮김, 『중용철학』, 1999, 15~19쪽. 신정근, 『중용, 극단의 시대에서 균형의 시대로』, 사계절, 2010; 2018 4쇄, 31~37쪽 참조.

6 楊祖漢, 황갑연 옮김, 『중용철학』, 서광사, 1999, 19~26쪽 참조.

7 『중용장구』: 中者, 不偏不倚, 無過不及之名. 庸, 平常也.

8 정조는 일찍이 『중용』에 "過不及" 세 글자가 있지만 "不偏不倚" 중 "不倚"만 있고 "不偏"이 없는데 주자가 왜 썼느냐고 질문했다. 정약용은 "不偏"이 『서경』 「洪範」에

주희가 한 정의는 정오의 문제를 차지하더라도 『중용』에서 그 근거를 찾을 수 있을까? 이 물음에 답하려면 『중용』에서 '중용' 및 '중'과 '용' 그리고 관련 용어의 의미를 어떻게 규정하고 있는지 살펴볼 필요가 있다. 특히 중용이 유학에서 사람이 실천해야 할 핵심 덕목으로 간주되고 있다. 따라서 그 의미가 『중용』을 통해 밝혀지지 않는다면 주희의 정의가 아무리 훌륭하고 완정하다고 하더라도 이 또한 역설이라고 할 수 있다.[9]

이렇게 보면 『중용』이란 텍스트를 이해하는 가장 기본적인 요소와 구조적 측면[10]에서 아직 신빙성을 완전히 입증했다고 보기 어렵

"無偏無黨"으로 나오고 있다는 점을 제시하면 주희의 "不偏不倚"가 근거가 없다고 할 수 없다고 주장했다. 『中庸講義補』: 御問曰: '過不及'三字, 固是『中庸』本文, 而至於'不偏不倚'四字, 『中庸』但有'不倚'二字, 原無'不偏'二字. 朱子之必以此四字, 合而言之, 何也? …… 臣對曰: '不偏'二字, 雖於本經無文, 「洪範」之建極, 原是堯舜之執中而無偏無黨, 爲建極之要, 則朱子之增言'不偏', 不可曰無所據矣.

9 신정근, 『중용, 극단의 시대에서 균형의 시대로』, 사계절, 2010; 2018 4쇄, 37~39쪽. 나중에 밝혀지겠지만 이러한 주장은 『중용』 텍스트를 통합적이며 유기적으로 읽지 못하여 '역설'을 주장한 것이다.

10 여기서 『중용』의 구조적 측면은 분절과 분장을 둘러싼 『중용』의 편제를 말한다. 오늘날 한국에서 주희의 『중용장구』 33장 편제가 가장 널리 수용되고 있다. 하지만 역사적으로 보면 공영달은 『예기정의』에서 2권 33절 편제를 주장한다. 이토 진사이伊藤仁齋는 상하 2편 37장, 오규 소라이荻生徂徠는 31장, 정약용은 59절 등으로 다양하게 나눈다. 사실 주희의 『중용장구』는 20장의 분량이 너무나도 많을 뿐만 아니라 주희는 33장을 육대절로 보기도 하고 사대절로 보기도 한다. 텍스트를 파악하는 중요한 편제가 유동적이라고 할 수 있다. 이와 관련해서 별도의 원고를 작성하려고 하는데 지금으로서는 금장태, 「'중용'의 체제와 도의 기본구조-다산과 荻生徂徠의 '중용' 해석」, 『동아문화』 제40호, 서울대학교 동아문화연구소, 2002, 3~43쪽; 엄연석, 「『韓國經學資料集成』 所載 『中庸』 註釋의 특징과 그 연구방향」, 『대동문화연구』 제49집, 2005, 125~168쪽; 정현 주, 공영달 소, 이광호 책임 번역, 『역주 예기정의 중용·대

다. 『중용』이 사서의 하나로서 유학사에서 지속적으로 연구되어왔던 역사를 밝히는 것만큼이나 하나의 텍스트로서 해명되어야 할 사항도 분명하게 밝혀져야 한다. 그렇지 않으면 『중용』의 원의에 다가갈 수 있는 길이 없어질 수 있다. 이 글에서는 지금까지 논의를 바탕으로 하면서 내재적인 의미 맥락에서 '중용'의 의미의 문제를 논의하고자 한다. 중용의 의미가 『중용』 텍스트의 맥락에서 해명된다면 그 원의에 한층 더 다가갈 수 있을 것이다.

2. 중용(中庸)과 관련 어휘의 빈도

『중용』이 책 제목인 만큼 본문에서 '중용'의 의미와 윤리적 함의가 충실하게 다루어지리라 예상할 수 있다. 하지만 흔히 『중용』에 '중용'이 체계적으로나 집중적으로도 다루어지지 않는다고 한다. 이것이 사실이라면 명실이 상부하지 않는다고 할 수 있다. '중용'의 의미와 도덕적 형식을 알고자 『중용』 책을 들추었지만 오히려 중용을 확인할 수 없다는 말이다. 이 때문에 "『중용』에 중용이 없다"는 역설적 상황에 처하게 된다. 이를 중용의 역설이라고 할 만하다.

얼핏 보면 이 주장은 일리가 있다. 『중용』 원문을 꼼꼼하게 읽는다고 하더라도 실제로 '중용'이 눈에 잘 띄지 않기 때문이다. 하지만 필자는 『중용』에 '중용'이 결코 숨어 있지도 않을 뿐만 아니라 제대로

학』, 전통문화연구회, 2014; 2015 3쇄; 이토 진사이伊藤仁齋, 최경열 옮김, 『大學定本 中庸發揮』, 그린비, 2017 참조.

논의되고 있다고 본다. 왜 이러한 불일치가 나타나게 되었을까?

이는 '중용'의 의미가 명료하지 않으니까 『중용』에 중용이 논의되고 있지만 중용을 찾을 수 없는 것이다. 아울러 『중용』의 해석에서 주희의 주장을 수용하든 비판하든 유학사에 드리운 그의 그림자가 워낙 짙기 때문이다. 주희의 『중용』 풀이와 해석에만 따르면 『중용』에 중용이 잘 드러나지 않을 수 있다.

일단 주희의 정의를 괄호치고 내재적 분석에 따르면 중용은 『중용』에 잘 드러나고 그 의미를 명확하게 파악할 수 있다. 이렇게 하려면 먼저 『중용』에 '중용', '중' '용', '중화' 그리고 '중'이 들어가는 합성어, 즉 '시중', '중립', '중정' 등의 용례가 얼마 있는지 살펴볼 필요가 있다. 『중용』에 '중용'이 논의되고 있다면 분명 '중용' 또는 그와 관련된 용어가 있어야 하기 때문이다.

먼저 『중용장구』 2장에서 11장[11]까지 모든 장이 중용과 의미 연관을 갖는다. 『중용』에는 '중용'이 모두 10차례나 쓰이고 있는데, 2장에서 11장 사이에 집중되어 있다. 특히 '중용'은 『중용장구』 27장을 제외하면 2장에서 11장 사이에서 9차례나 쓰인다. 『중용』에서 '중용'의 10차례의 빈도가 많지 않다고 생각할 수도 있겠지만 사실 그렇지 않다. 『맹자』에 성선(性善)이 3차례 쓰이고도 맹자의 대표 사상이 된 것을 감안하면[12] 10번의 빈도가 결코 적다고 할 수 없다.

---

11 『중용』을 인용하고 언급할 때 주희의 『중용장구』 편제에 따른다. 주희 이외에도 다양한 편제가 있지만 『중용장구』의 33장 편제가 한국에서 가장 널리 알려져 있기 때문이다.

12 『맹자』「등문공」상 1: 孟子道性善, 言必稱堯舜.「고자」상 6: 或曰: 有性善, 有性不

'중용' 이외에 중용과 관련된 용어가 많다. 『중용장구』 1장에 중화(中和)가 1차례 쓰이고, 같은 곳에 중(中)과 화(和)가 각각 2차례씩 쓰인다. 그리고 '중'이 들어가는 합성어로 『중용장구』 2장에 시중(時中)이 1차례, 『중용장구』 6장에 용중(用中)이 1차례, 『중용장구』 10장에 중립(中立)이 1차례, 『중용장구』 31장에 중정(中正)이 1차례 쓰인다. 중(中)은 중용(中庸)과 중화(中和)를 제외하고서 4가지의 합성어로 쓰일 정도로 다양하게 활용되고 있다. 흥미로운 것은 『중용장구』 25장에 시중(時中)과 비슷한 시조지의(時措之宜)도 1차례 쓰이고 있다.[13]

'중용'을 제외하면 '용(庸)'은 『중용』에서 빈번하게 쓰이지 않는다. 『중용장구』 13장에 용덕(庸德)과 용언(庸言)이 각각 1차례 쓰일 뿐이다. 이렇게 보면 '용'은 『중용』에서 단독으로 쓰이지 않는다고 할 수 있다. 이는 용이 중의 용례와 차이를 보이는 점이라고 할 수 있다. 하지만 용(庸)은 『중용』에서 의미상으로 내재적 연관성을 지닌 다양한 용어와 함께 쓰인다. 예를 들면 구(久)·불변(不變)·강교(强矯)·성(誠)·불식(不息) 등이 있다.

이 밖에도 '중용'의 의미 분석과 관련해서 주목할 만한 용례가 있다. 『중용장구』 4장에 과(過)와 불급(不及)이 각각 2차례 쓰이고 있다. 과(過)와 불급(不及)은 주희가 중(中)을 정의했던 표현 중 "무과불급(無

善. 是故以堯爲君而有象, 以瞽瞍爲父而有舜, 以紂爲兄之子, 且以爲君, 而有微子啓, 王子比干. 今曰性善, 然則彼皆非與? 『맹자』에 '성선'이 모두 세 차례 쓰이지만 실제로 "맹자가 성선을 말했다"는 것은 한 차례에 불과하다.

13 『중용장구』 25장: 誠者, 非自成己而已也, 所以成物也. 成己, 仁也. 成物, 知也, 性之德也, 合內外之道也. 故時措之宜也.

過不及)"과 똑같은 형태는 아니지만 비슷한 용례로 볼 수 있다. 또『중용』에는 '과'와 '불급'의 관계에 대응할 만한 용례가 있다.『중용장구』 13장에 여(餘)와 부족(不足)이 각각 1차례 쓰인다. 여와 부족의 의미는 과와 불급의 의미와 차이가 거의 없어 서로 바꾸어 쓸 수 있을 정도이다.

이렇게 보면『중용』은 모두 3,500여 자로 된 텍스트로서 중용과 합성어 그리고 그와 관련된 다양한 용어를 포함하고 있다. 이는『중용』에서 '중용'이 충분히 논의되고 있지 않다는 주장을 비판할 수 있는 유력한 증거라고 할 수 있다.

3.『중용』의 '중용' 논의

이제『중용』에서 '중용'·'중화'·'중'·'용' 등과 관련된 어휘의 용례를 살펴보기로 하자. 이를 통해 '중용'이 어떤 맥락에서 무엇을 의미하는지 파악해보자. 먼저 '중용'이 쓰이는 맥락을 살펴보자. 이때 '중용'은 의미를 정의하는 방식으로 쓰인다면 그 의미를 파악하기가 상대적으로 쉽다. 하지만 '중용'은 의미를 전제하고 사용되고 있기 때문에 그 의미를 확정하기가 쉽지 않다. 다만 '중용'이 사용되는 맥락을 보면 나름의 특성과 그 의미를 포착할 수밖에 없다.

3.1 '중용'의 용례 분석: 군자(君子)의 시중(時中) 대 자전(自專)의 은괴 (隱怪)

1)『중용장구』2장: 중용의 중

『중용장구』2장[14]에 '중용'은 모두 4차례나 쓰이고 있으므로 용례가 상당히 집중된다고 할 수 있다. 이때 중용은 "君子中庸, 小人反中庸"이라는 구절에서 보이듯 모두 춘추전국 시대에 등장한 두 가지 인간 또는 인격 유형을 대표하는 군자·소인과 결부되어 쓰이고 있다.[15] 여기서 공자의 분류를 수용하여 '중용'을 군자의 삶 또는 태도와 관련이 되고 소인의 그것과 반대되는 특징을 규정한다. 이 점은 위에서 소개한 원문을 보기만 하더라도 바로 식별할 수 있다.

그렇다면 어떤 맥락에서 중용이 군자와 관련이 되고 소인과 반대되는 것일까? 이는 2장의 나머지 부분 "군자이시중(君子而時中), 소인지반중용(小人之反[16]中庸), 소인이무기탄야(小人而無忌憚也)"에서 시사점을 찾을 수 있다. 군자는 시중(時中)의 삶을 살기에 중용과 관련이 되

---

14 『중용장구』2장: 君子中庸, 小人反中庸. 君子之中庸, 君子而時中. 小人之反中庸, 小人而無忌憚也.

15 이로 인해 군자와 소인은 사회학과 도덕의 두 가지 의미를 갖게 되었다. 이 공로는 공자에게 빚지고 있다고 할 수 있다. 신정근,『사람다움의 발견』, 이학사, 2005; 김권환, 「『논어』의 군자와 소인: 성장과 쇠퇴의 정향을 가진 과정적 인간상」,『동양철학연구』 78, 2014, 37~68쪽; 이장희, 「유가적 덕 윤리: 군자와 소인은 누구인가?」,『교육논총』 37권 3호, 2017, 109~121쪽 참조.

16 反 자가 鄭玄本에는 없지만 王肅본에 있다. 훗날 정조는 정약용에서 反자의 유무에 대해 질문을 했고 정약용은 王肅本이 타당하다고 주장했다.『中庸講義補』: 臣以爲小人必不能致中, 亦不能有常, 則自立中庸之名, 亦無是理. 必有反字, 然後上下相承, 語不中折, 王肅本恐不可不從也.

지만 소인은 기탄(忌憚)이 없는 삶을 살기에 중용에 어긋난다. 시중과 기탄은 군자와 소인의 삶을 특징짓기 때문에 그 의미가 상반될 수밖에 없다.

시중과 기탄의 의미를 살펴보자. '시중'에 대해 정현은 군자의 용모와 연결시키고 또 중을 때에 맞게 조절한다고 풀이하지만 주희는 군자의 덕과 연결시키고 시중을 수시처중(隨時處中)으로 풀이한다.[17] 두 사람이 시중을 각각 용모와 군자의 덕에 연결시키는 점에 주목할 만하지만 그 의미의 해명에 별다른 시사점을 주지 않는다.

정약용은 시중이 가능하려면 군자는 늘 1장에 나오는 계신(戒愼)과 공구(恐懼) 그리고 신독(愼獨) 공부를 통해 마음가짐이 중정(中正)을 유지하고 일처리가 화평(和平)하므로 수시득중(隨時得中)을 할 수 있다.[18] 간단히 말하면 사람이 자기 중심을 유지한다는 뜻이다. 여기서 시중은 공부의 결과이고 처심의 중정, 처사의 화평과 관련이 있다는 점에 주목할 만하다. 중정(中正)과 화평(和平)은 시중 또는 중용의 의미를 해명하는 데 중요한 요소이기 때문이다. 나중에 보겠지만 실제로『중용』에서 중정과 화(평)을 사용하고 있다.

이제 '기탄'의 의미를 살펴보자. 정현은 소인의 용모와 연결시키고

17『예기정의 중용』권52: 君子而時中者, 其容貌君子, 而又時節其中也.『중용장구』2
장: 君子之所以爲中庸者, 而其有君子之德, 而又能隨時以處中也. 용모는 생김새에
한정되지 않고 넓게 기품과 품위의 맥락으로 쓰이고 있다.『논어』「泰伯」4: 君子所
貴乎道者三: 動容貌, 斯遠暴慢矣. 正顔色, 斯近信矣. 出辭气, 斯遠鄙倍矣.

18『중용자잠』1: 時中者, 道不可須臾離也. 君子戒愼恐懼, 常行愼獨之工. 故處心不敢
不中正, 處事不敢不和平, 隨時得中, 無時不中.

무외탄(無畏難)을 그 특징으로 보는 반면, 주희는 소인의 마음과 연결시키고 사욕(肆欲)과 망행(妄行)을 그 특징으로 본다.[19] 두 사람은 기탄을 용모와 소인의 마음에 연결시키고 그 의미를 풀이하고 있지만 『중용』과 연계되는 점에 별다른 시사점을 주지 않는다.

정약용은 소인이 천명을 모르고 아무것도 두려워하지 않아 마음가짐에 편피(偏陂)가 있고 일처리에 과차(過差)가 있으므로 횡자방사(橫恣放肆)의 언행을 한다고 풀이한다.[20] 여기서 기탄이 천명을 모르는 결과이고 처심의 편피, 처사의 과차와 관련이 있다는 점에 주목할 만하다.

편피와 과차는 소인이 중용과 어긋나는지 그 원인을 해명하는 데 중요한 요소이기 때문이다. 실제로 『중용』에서 불의불류(不倚不流), 과부족(過不及)과 여부족(餘 · 不足)처럼 정약용이 풀이에 사용한 '편피'와 '과차'에 연결될 수 있는 용어를 사용하고 있다.

앞에서 살펴보았듯이 기탄이 소인의 특성이자 중용에 반대되는 특징을 지니고 있다면 『중용』에 나타는 그와 비슷한 맥락을 찾아보자. 실례로 『중용장구』 11장의 "소은행괴(素隱行怪)"[21], 14장의 "행험이요

---

19 『예기정의 중용』 권52: 小人而無忌憚, 其容貌小人, 又以無畏難爲常行. 『중용장구』 2장: 小人之所以反中庸者, 以其有小人之心, 而又無所忌憚也. …… 肆欲妄行, 而無所忌憚矣.

20 『중용자잠』 1: 小人不知天命而不畏也. 故處心或偏或陂, 處事或過或差, 橫恣放肆, 無所不爲, 斯之謂無忌憚也.

21 주희는 "素隱行怪"의 素를 索 자로 바꾸어 풀이한다. 『중용장구』 11장: 素, 按漢書, 當作索, 蓋字之誤也. 索隱行怪, 言探究隱僻之理, 而過爲詭異之行也. 『중용자잠』 2: 作詭異之行, 立奇怪之論, 當世目之爲異人, 後世稱之爲神人, 雖使流名不朽, 吾不爲

행(行險以徼幸)", 28장의 "우이호자용(愚而好自用), 천이호자전(賤而好自專)" 등을 실례로 들 수가 있다.

소은행괴는 듣도 보도 못한 이상야릇한 주장을 펼치고 괴이한 행동을 아무렇지 않게 한다는 맥락이고, 행험요행(行險徼幸)은 군자의 거이사명(居易俟命)과 달리 모험을 일삼고 요행을 바라는 맥락이고, 자용(自用)과 자전(自專)은 식견이 부족하고 지위가 낮으면서도 다른 사람의 주장을 고려하지 않고 뭐든 자기 방식으로 처리하려고 고집을 피우는 맥락이다. 이것은 분명 한쪽의 극단으로 나아가는 만큼 중용과 상반되는 삶을 분명하게 보여준다.

공자는 소은행괴에 대해 후세에 좋게 말하는 평가가 있을 수 있겠지만 자신은 결코 하지 않겠다며 단호하게 선을 긋고 있다.[22] 행험요행에 대해 군자는 지금 자신의 자리에서 할 일을 하지 그 밖의 다른 일을 바라지 않는다.[23] 자용과 자전에 대해 그런 사람에게 재앙이 닥치리라고 혹독한 평가를 하고 있다.[24] 의미상으로 보면 소은행괴가 처심과 처사 또는 이론과 행위를 포괄하므로 기탄·행험요행·자용과 자전을 아우를 수 있다.

이렇게 보면 소은행괴는 소인의 특성을 압축적으로 나타내고 있는

之矣.

22 『중용장구』11장: 子曰: 素隱行怪, 後世, 有述焉. 吾弗爲之矣.

23 『중용장구』14장: 君子, 素其位而行, 不願乎其外. …… 在上位, 不陵下. 在下位, 不援上. 正己而不求於人, 則無怨. …… 故君子, 居易以俟命, 行險以徼幸.

24 『중용장구』28장: 子曰: 愚而好自用, 賤而好自專. 生乎今之世, 反古之道, 如此者, 災及其身者也.

데 『중용』에서는 구체적으로 무엇을 가리키는지 분명하지 않다. 다만 『중용장구』 10장에서 자로가 공자에게 강(强)에 대해 질문하고 있다. 이때 공자는 강을 남방지강(南方之强), 북방지강(北方之强), 이강(而强)[25] 등 세 가지로 나누고 그 특성을 설명했다.

남방지강은 관용을 강조하여 군자가 실행할 만하고 북방지강은 풍찬노숙하며 죽음을 불사하여 용맹한 자가 할 수 있고 이강은 휩쓸리지 않고 치우치지 않은 중립의 특성을 지니고 있다.[26] 북방지강이 소은행괴 중 행괴에 해당한다고 할 수 있다.

『중용』을 춘추전국 시대와 한 제국 초기의 시대적 맥락에서 살펴보면 소은행괴에 해당되는 인물을 찾을 수 있다. 행괴는 사마천의 『사기』「자객열전」에 나오는 여러 자객에 해당된다. 일례를 들면 예양(豫讓)은 진(晉)나라의 내분에서 자신이 모시던 지백(智伯) 가문이 몰락하자 숯을 삼켜 목소리를 바꾸고 변장하여 조양자(趙襄子)를 살해하려고 했다. 형가(荊軻)는 연(燕)나라를 위해 전국시대를 종식시키고자 했던 진(秦)나라 왕 영정(嬴政)을 살해하려다 실패하고 처참하게 죽임을 당했다.[27]

소은행괴 중 소은에 해당되는 인물로 양가지설(兩可之說)을 주장했

---

25 정현은 '而'자를 북방과 남방이 아닌 중원을 의미하는 '中國'으로 본다.『예기정의 중용』권52: 而之言, 如也, 謂中國也. 주희는 而를 汝로 보고 子路를 가리킨다고 본다. 『중용장구』 10장: 而, 汝也. …… 此四者, 汝之所當强也.

26 『중용장구』 10장: 寬柔以敎, 不報無道, 南方之强也, 君子居之. 袵金革, 死而不厭, 北方之强也, 而强者居之. 故君子, 和而不流, 强哉矯. 中立而不倚, 强哉矯, 國有道, 不變塞焉, 强哉矯. 國無道, 至死不變, 强哉矯.

27 사마천, 정범진 외 옮김,『사기』「자객열전」, 까치, 1995 참조.

던 등석(鄧析), 백마비마(白馬非馬)론을 주장했던 공손룡(公孫龍)을 들 수 있다.[28] 등석의 일화는 『열자』「역명(力命)」과 『여씨춘추』「리위(離謂)」에 나온다. 『열자』에는 등석이 양가지설을 펼쳐서 정나라 자산(子産)이 추진했던 '죽형(竹刑)' 정책을 좌초시켰다.[29]

『여씨춘추』에 보면 등석이 양가지설을 발휘한 사례가 소개되고 있다. 유수(洧水)에 홍수가 나서 사람이 익사했다. 어떤 사람이 시신을 수습했다. 부자인 유족이 시신을 인수하려고 하자 수습자가 많은 돈을 요구했다. 자신 이외에 시신을 건넬 사람이 없기 때문이다. 이에 유족이 등석을 찾아가자 아무 걱정하지 말라고 안심시켰다. 시신을 찾을 사람은 유족밖에 없기 때문이다.[30]

결국 등석은 양가지설을 펼쳐서 국정을 혼란하게 하고 민심을 동요케 한 죄로 벌을 받았다. 그가 주장한 양가지설은 옳고 그름에 아무런 기준이 없고 이해나 논리에 따라 얼마든지 바뀔 수 있기 때문이다.[31]

---

28 손영식, 『혜시와 공손룡의 명가 철학』, UUP, 2005; 신정근, 『동양고전이 뭐길래』, 동아시아, 2012, 참조.

29 『列子』「力命」: 鄧析操兩可之說, 設無窮之辭, 當子産執政, 作「竹刑」. 鄭國用之, 數難子産之治. 子産屈之.

30 『呂氏春秋』「離謂」: 洧水甚大, 鄭之富人有溺者, 人得其死者. 富人請贖之, 其人求金甚多, 以告鄧析. 鄧析曰: 安之. 人必莫之賣矣. 得死者患之, 以告鄧析. 鄧析又答之曰: 安之. 此必無所更買矣.

31 『여씨춘추』「離謂」: 以非爲是, 以是爲非, 是非無度, 而可與不可日變. 所欲勝因勝, 所欲罪因罪. 鄭國大亂, 民口讙譁. 『장자』「제물론」에 보면 객관적 시비는 없고 주관적 시비만 있다고 한다. 장자가 등석을 염두에 두고 논지를 펼쳤을 수 있다.

이렇게 보면 『중용장구』 2장의 '중용'은 소은행괴 중 은괴(隱怪)의 자용(自用)과 자전(自專), 즉 한쪽 극단으로 치우쳐서 숨어 있지 않고 괴이하지 않으며 상황에 맞게 중(규범, 기준 등)을 실행하는 군자의 특성이자 덕목이다. 정약용의 언어로 말하면 처심(處心)에 혹편혹피(或偏或陂), 처사(處事)에 혹과혹차(或過或差)의 문제가 없어서 각각 중정(中正)하고 화평(和平)한 덕목이라고 할 수 있다. 이것은 주희의 유명한 정의를 원용하면 중용(中庸) 중 중(中)의 뜻에 가깝다고 할 수 있다.

2) 『중용장구』 3, 7, 8, 9, 11장: 중용의 용

다음으로 『중용장구』 3, 7, 8, 9, 11장에 쓰이는 '중용'을 살펴보고자 한다. 다섯 차례의 '중용'은 의미를 밝히는 맥락으로 보기가 어렵지만 한 가지 공통점을 지니고 있다. 5차례의 '중용'은 모두 사람이 지속적으로 중용대로 살기가 얼마나 어려운가를 보여주고 있다.

예컨대 3장에서는 중용의 덕목이 가장 귀중하다고 해놓고서 곧바로 "민선능구(民鮮能久)"라고 말한다.[32] 정현과 정약용은 민이 중용을 오래 지속하기가 드물다고 보는 반면에 주희는 민이 중용을 탁월하게 수행하지 못한 지가 오래되었다고 본다.[33]

여기서 정현의 구행(久行), 정약용의 지구(持久)가 주희의 풀이보다

---

32 『중용장구』 3장: 中庸, 其至矣乎! 民鮮能久矣.

33 『예기정의 중용』 권52: 言中庸爲道至美, 故人罕能久行. 『중용자잠』 1: 庸之爲字, 原是有常之意, 故君子進德修業, 以能久爲貴. 『중용장구』 3장: 但世敎衰, 民不興行, 故鮮能之, 今已久矣.

더 타당하다. 3장 이하 7, 8, 9, 11장이 모두 능구(能久)의 어려움을 말하고 있어서 다섯 장의 의미가 일맥상통하게 연결될 수 있기 때문이다. 이렇게 보면 3장에서는 민이 중용의 덕목을 능구(能久)하기 어렵다고 밝히고 있다.

7장의 내용은 일견 당혹감을 느끼게 만든다. 뜻밖에도 공자가 스스로 중용의 능구(能久)가 어렵다고 밝히고 있기 때문이다.[34] 7장에 나오는 "택호중용(擇乎中庸)"의 표현은 8장에도 그대로 나오고 11장에서 "의호중용(依乎中庸)"으로 비슷하게 반복된다.

"택호중용(擇乎中庸)"은 사람이 특정 상황에서 무엇이 중용에 맞는 행위인지를 판단하는 일회적인 일이 아니라 도덕적 상황에 놓일 때마다 다양한 가능성을 심사숙고하여 중용에 부합되는 방안을 찾아내서 그대로 실천하는 삶을 가리킨다. 즉 "중용대로 살기" 또는 "중용에 따라 살기"라는 뜻에 어울리는 조어로 보인다.[35] 중용을 지속적으

---

34 『중용장구』 7장: 子曰: 人皆曰予知, 驅而納諸罟擭陷阱之中, 而莫之知辟也. 人皆曰予知, 擇乎中庸, 而不能期月守也. 『예기정의 중용』 권52의 "言凡人自爲有知"에 보이듯이 보통 予는 鄭玄처럼 일반 사람을 가리킨다고 본다. 『논어』 「옹야」 26의 宰我問曰: 仁者, 雖告之曰: '井有仁焉.' 其從之也? 子曰: 何爲其然也? 君子可逝也, 不可陷也, 可欺也, 不可罔也.를 보면 予를 孔子로 볼 수도 있다. 아카쯔카 기요시赤塚忠도 《新釋漢文大系》 제2권 『大學‧中庸』, 明治書院, 1967에서 予를 공자로 보고 있다.

35 주희와 정약용은 모두 이 표현에 주목한다. 『중용장구』 7장: 擇乎中庸, 辨別衆理, 以求所謂中庸. 주희는 다양한 이치 중에 중용을 도출하는 측면을 강조한다. 『중용자잠』 1: 擇乎中庸者, 非就中庸之內, 擇執其一善也. 每遇一事, 商度義理, 陳列衆善, 擇取其合於中庸者, 以自守也. 정약용은 일회적 상황에서 중용을 지키는 것이 아니라 매 상황에서 심사숙고하여 중용을 선택하여 실천하는 삶을 가리킨다.

로 실천하여 하나의 덕을 형성하는 것이다. 이것은 현대에 논의되고 있는 덕의 윤리 맥락이라고 할 수 있다.

7장에서 공자는 "택호중용"을 한 달간 지속하기가 어렵다고 술회하고 있다. 8장에서는 안연의 "택호중용"을 말하고 있다.[36] 그는 중용을 찾으면 가슴에 담아서(품고서) 잃지 않으려고 끊임없이 노력했다. "권권복응(拳拳服膺)"은 중용의 삶을 지속하려는 안연의 의지를 상징적으로 보여주고 있다. 이는『논어』에서 안연이 화를 다른 곳으로 옮기지 않고 어려운 환경에서도 공부의 즐거움을 그만두지 않으려고 했던 것과 부합한다.[37]

순서로 보면 9장을 먼저 다루고 11장을 이야기해야 하지만 맥락상으로 11장을 먼저 살펴보는 쪽이 낫다.[38] 11장의 "의호중용(依乎中庸)"은 "택호중용(擇乎中庸)"처럼 중용대로 살아가는 삶을 가리킨다. 군자가 "의호중용"을 하다 보니 은거해야 할 때 은거하게 된다. 군자가 중용에 따라 은거의 삶을 살지만 다른 사람들이 알아주지 않으면 어떻게 될까?

후회할 수도 있고 그렇지 않을 수도 있다. 이때 후회하지 않는 것이 "의호중용(依乎中庸)", 즉 중용대로 살아가는 삶을 그만두지 않고 지속하는 것이다. 하지만 사람은 이러한 삶을 후회하기가 쉽다.[39] 오

---

36 『중용장구』 8장: 子曰: 回之爲人也, 擇乎中庸7, 擧一善, 則拳拳服膺, 而弗失之矣.

37 『중용자잠』 1: 顔子每遇一事, 商度義理, 陳列衆善, 擇執其第一等義理, 堅守不失, 如不遷怒不改樂, 皆中和之有常者也.

38 『중용장구』 11장: 君子依乎中庸9, 遯世不見知而不悔, 唯聖者能之.

39 『중용자잠』 2에서 이를 "當隱而隱"의 伯夷와 虞仲의 사례에 연결시키고 있다.

직 성인이라야 후회하지 않을 수 있는 것이다.

11장의 "의호중용"은 사람이 '중용'대로 살겠다고 했다가 도중에 그만두지 않고 지속하기가 어렵다는 점을 말하고 있다. 11장이 앞 장의 용례와 비슷하지만 둘 사이의 미묘한 차이를 구분한다면 다음과 같다. 3, 7, 8장이 능구(能久) 또는 구행(久行)과 지구(持久)라는 지속 자체의 어려움을 말하는 반면 11장은 중단 없는 지속의 어려움을 말하고 있다.

이제 9장을 살펴보자. 9장에서는 중용대로 살기가 얼마나 어려운지를 다른 삶과 비교하고 있다.[40] 예컨대 천하 · 나라 · 가문의 경영, 작록의 사양, 칼날 위의 걷기를 중용의 실천에 견주고 있다. 천하 · 나라 · 가문을 소수 위주가 아니라 공평하게 다스리고 작록은 누구나 선호하지만 사양할 수 있고 시퍼런 칼날은 위험하지만 밟을 수 있다. 중용은 탁월하게 실천할 수 없다는 것이다. 세 가지가 어렵지만 중용에 비교할 정도가 아니라는 것이다.

그렇다면 도대체 중용대로 사는 삶이 그토록 어렵다는 것인가?[41] 평천하 · 치국 · 제가, 작록과 칼날의 문제 상황은 주희가 말하듯이 각각 특정한 영역에 한정되기도 하고 이토 진사이가 말하듯이 특수한 재능을 발휘하여 해결할 수 있다. 중용은 주희처럼 인의에 완전하여 한 점 사욕도 없어야 하거나 이토 진사이처럼 지성(至誠)하고 인지(仁

---

40 『중용장구』 9장: 子曰: 天下國家可均也. 爵祿可辭也. 白刃可蹈也. 中庸不可能也.

41 『예기정의 중용』 권52: 言中庸難爲之難.

智)가 완전하여 지식으로 풀 수 없기 때문이다.[42] 이외에도 세 가지가 이해를 공평하게 조정하는 문제라면 중용은 이해를 초월하는 문제라고 할 수 있다. 또 세 가지는 다른 사람과 나누어서 함께 할 수 있지만 중용은 오로지 혼자의 힘으로 지켜야 한다.

여기에 이르면 의문이 생긴다. '중용'이 사람이 실천해야 할 가장 고귀한 덕목으로 말해놓고 정작 중용대로 살기가 다른 무엇보다도 가장 어렵다고 말하는가? 일종의 역설이 아닌가? 중요하다고 해놓고 어렵다고 하니까. 도대체 하라는 말인가? 하지 말란 말인가?

이러한 의문은 지금까지 논의해온 대로 능구(能久) 또는 구향(久行)과 지구(持久)의 맥락에서 바라볼 때 실마리를 찾을 수 있다. 상황에 들어맞는 중용을 찾아내서 그것을 끊임없이 실천해야 한다. 이처럼 중용은 이론과 실천의 두 영역을 아우르는 만큼 지속하기가 어렵다고 할 수밖에 없다.

지금까지 '중용' 용례를 통해 한두 차례의 일로 끝나지도 않고 했다가 그만두었다가 단속(斷續)을 보이지도 않고 지속적이며 일관된 흐름을 중시하고 있다. 이것은 주희의 유명한 정의를 원용하면 중용(中庸) 중 용(庸)의 뜻에 가깝다고 할 수 있다.

---

42 『중용장구』 9장: 皆倚於一偏, 資之近而力能勉者, 皆足以能之. 至於中庸, 雖若易能, 然非義精仁熟, 而無一毫人欲之私者, 不能及也.『中庸發揮』: 此章言三者, 乃天下之至難. 然或以才能, 或以節勝, 或以勇至, 皆所倚而然. 唯中庸之德, 非至誠無妄, 智之盡, 仁之至, 不能. 蓋明非智力勉强之所能及也.

3.2 중의 합성어 용례 분석: 불의불류(不倚不流)와 능구(能久)

『중용』에는 '중용' 이외에도 중이 들어가는 합성어가 5가지가 있다. 이미 『중용장구』 2장에서 군자의 특성으로 나오는 시중(時中)을 살펴본 적이 있다. 그 밖에도 중화(中和) · 중립(中立) · 중정(中正) · 용중(用中) 등이 있다.[43]

먼저 중화를 살펴보자.[44] '중화'는 『중용』에 연원하지만 송나라 이후 성리학에서 도덕 근원을 가리키는 미발지중(未發之中)과 이발지화(已發之和)의 문맥에서 널리 사용되었다. 사실 『중용』의 중화는 성리학에서 개발한 개념 지도처럼 고도로 복잡한 틀을 가지고 있지 않다.

공영달의 풀이가 원의에 가깝다고 볼 수 있다. 희로애락의 감정은 일에 따라 생기는데, 아직 표출되지 않았을 때 희로애락의 감정이 표출되지 않더라도 사람이 담담히 텅 비고 고요하여 마음이 이리저리 고려하지 않아 이치에 합당하다.[45] 미발의 중은 냉정하고 차분하여 어디에 치우치지 않고 일을 올바르게 처리할 수 있다. 즉 사람이 사태를 제대로 가늠하여 적합하게 대처할 수 있는 안정되며 온전한 상태

---

43 用中은 '중용'대로 살기를 명시화시키는 형식에 해당되는데 이와 관련해서 별고에서 다루고자 한다. 方克, 『中國辨證法思想史(先秦)』, 人民出版社, 1985; 장승구, 「중용의 덕과 지혜 그리고 그 정치사회적 의미」, 『중용의 덕과 합리성』, 청계, 2004, 33~35쪽; 신정근, 『중용, 극단의 시대를 넘어 균형의 시대로』, 사계절, 2010; 2018 4쇄, 133~135쪽 참조.

44 『중용장구』 1장: 喜怒哀樂之未發, 謂之中. 發而皆中節, 謂之和. 中也者, 天下之大本也. 和也者, 天下之達道也. 致中和, 天地位焉, 萬物育焉.

45 『예기정의 중용』 권52: 言喜怒哀樂, 緣事而生. 未發之時, 澹然虛靜, 心無所慮, 而當於理, 故謂之中.

라고 할 수 있다.

반면에 일로 인해 조용하고 고요한 상태가 깨지고 희로애락의 감정이 생겨나지만 절도와 한도에 들어맞는데, 이는 짠맛과 신맛이 서로 어울리는 것처럼 성정과 행위가 조화를 이룬다.[46] 이발의 화는 감정을 드러내지만 절도와 한도를 벗어나지 않아 정감과 행실이 잘 어울리게 할 수 있다. 즉 사람이 감정에 휘둘리지 않고 감정을 통제할 수 있는 정상 상태라고 할 수 있다. 안정되며 온전한 상태와 정상 상태는 사람이 사적 공적 상황에서 자기 중심을 잡는다는 뜻이다.

이렇게 보면 중화는 신독(愼獨)과 긴밀하게 관련되는데, 신독을 잘하여 중과 화의 상태를 지속할 수 있다. 그렇지 않으면 미발에 심술이 이미 삐딱하게 기울어져서 올바르게 판단할 수 없고 그에 따라 감정이 표출되면 돌이킬 수 없을 정도로 치우치게 된다.[47] 다시 말해서 중화는 사람이 도덕적 상황에서 안정되고 온전한 상태에서 정상 상태를 지속할 수 있다. 이렇게 중화를 전체적으로 지속하게 되면 바로 천지위(天地位)와 만물육(萬物育), 자신이 타자와 관계에서 침해보다 공존을 찾고 약탈보다 소통을 가능하게 한다.

이러한 중화의 의미 맥락은 『중용장구』 10장에서도 화(和)와 중립(中立)의 말로 잘 드러나고 있다. 군자가 "화이불류(和而不流)", "중립이불의(中立而不倚)", "국유도(國有道), 불변색(不變塞)", "국무도(國無道,)

---

46 『예기정의 중용』 권52: 不能寂靜, 而有喜怒哀樂之情, 雖復動發, 皆中節限, 猶如鹽梅相得, 性行和諧, 故謂之和.

47 『중용자잠』 1: 未發之中, 已發之和, 惟愼獨者當之. 不能愼獨者, 方其未發之時, 心術先已邪辟, 及其既發之後, 行事又復偏陂, 安得以中和二字, 許之於此人乎?

지사불변(至死不變)" 등 네 가지의 특성을 보인다고 주장하면서 하나하나마다 "강재교(强哉矯)"라는 말을 되풀이하고 있다.[48] 여기서 흥미로운 점은 중화가 깨졌을 때 어떤 결과로 나타나는지를 보여주고 있다. 화가 깨지면 류(流)가 되고 중 또는 중립이 깨지면 의(倚)가 된다. 달리 말하면 정약용의 풀이대로 화가 오래되면 반드시 류에 빠지고 중립이 오래되면 반드시 의에 빠지게 된다.[49]

류(流)에 대해 정현과 공양달은 이(移)로 풀고, 의(倚)에 대해 공영달은 편의(偏倚)로 풀고 주희는 편(偏)으로 풀고 있다. 이를 종합하면 중(립) · 화는 불의불류(不倚不流)라고 할 수 있다. 이것은 다른 문헌에 의지하지 않고 오로지 『중용』에서 찾아낸 풀이라는 점에서 특기할 만하다. 여기서 우리는 주희가 중을 "불편불의(不偏不倚), 무과불급(無過不及)"으로 풀이했던 유명한 정의를 떠올리면 좋겠다. 불의불류(不倚不流)와 불편불의(不偏不倚)는 류(流)와 편(偏)의 차이가 있지만 상당히 닮았다고 할 수 있다.

흥미로운 점이 한 가지 더 있다. 10장에서 불류와 불의는 화와 중립에 관련이 되면서 동시에 강재교(强哉矯)에 연결된다. 아울러 불변색(不變塞)과 지사불변(至死不變)처럼 두 차례의 불변은 강재교(强哉矯)에 연결된다. 화와 중립의 불류(不流)와 불의(不倚)는 불변의 특성을 지니고 있기 때문에 류(流)와 의(倚)가 되지 않는다.

---

48 『중용장구』 10장: 故君子, 和而不流, 强哉矯. 中立而不倚, 强哉矯. 國有道, 不變塞焉. 强哉矯. 國無道, 至死不變, 强哉矯.
49 『중용자잠』 2: 和之久, 必至於流, 中立之久, 必之於倚.

이렇게 보면 불류와 불의는 불변의 지속을 유지하므로 앞에서 살펴보았던 중용(中庸)의 두 번째 의미, 즉 지속적이며 일관된 흐름의 특성을 나타낸다고 할 수 있다. 이 때문에 강에다가 같은 의미의 교를 덧붙여 강인성을 높이 사고 있다.

마지막으로 중정(中正)을 살펴보기로 하자.『중용장구』31장에서 지성(至聖)이 지성인 이유를 다섯 가지로 설명하고 있다. 총명과 예지가 있으니 치자의 자리에 있고 너그러움과 부드러움이 있으니 포용할 수 있고 굳건하고 강인함이 있으니 결단할 수 있고 엄숙하고 중정할 수 있으므로 공경할 수 있고 제도를 변별할 수 있으니 식별할 수 있다.[50]

재장(齊莊)은 엄숙하여 가볍게 이래라 저래라 하지 않고 중정(中正)은 치우치지 않고 올발라 한쪽으로 쏠리지 않기 때문에 사람이 어떠한 일을 만나더라도 거리를 유지하면서 그에 맞는 해결을 신중하게 처리할 수 있다. 여기서 중정은 지성(至聖)의 덕목으로 간주되고 있으면서도 앞에서 나온 중용의 의미와 상통하는 맥락을 나타낸다.

3.3 과부족(過不及)과 여부족(餘不足)의 용례 분석: 무과불급(無過不及), 무여부족(無餘不足)

지금까지『중용』에 나오는 중용 또는 중의 합성어를 살펴본 결과 그 의미가 불의불류(不倚不流)와 지속의 맥락을 나타낸다는 점을 살펴

---

50 『중용장구』31장: 唯天下至聖, 爲能聰明睿知, 足以有臨也. 寬裕溫柔, 足以有容也. 發强剛毅, 足以有執也. 齊莊中正, 足以有敬也. 文理密察, 足以有別也.

보았다. 이는 주희의 유명한 정의 중 "중자(中者), 불편불의(不偏不倚), 무과불급지명(無過不及之名)"에서 전자에 해당되는 경우이다. 후자와 관련해서『중용』에서 근거를 찾을 수 있을지 살펴보기로 하자.

이와 관련해서『중용장구』4장에 나오는 과불급(過不及)과『중용장구』13장에 나오는 여부족(餘不足)에 주목할 만하다. 4장에 보면 공자는 세상에 도가 실행되지 않고 밝게 드러나지 않는 현실을 알고 있다는 진단을 먼저 내린다.

이어서 그는 그 원인이 어디에 있는지 말하고 있다. 지자는 도를 가볍게 여기므로 지나치고 어리석은 사람은 도를 멀리 있다고 여기므로 미치지 못하기 때문에 도가 실행되지 않고,[51] 현명한 사람은 지나치고 현명하지 못한 사람은 미치지 못하기 때문에 도가 밝게 드러나지 않는 것이다.[52]

여기서 공자는 과(過)와 불급(不及)을 도(道)와 관련지어 논의를 전개하고 있는데, 이 도는 주희에 따르면 마땅히 그렇게 해야 하는 천리이고 달리 말해서 중일 뿐이다.[53] 도는 사람이 실현해야 할 핵심 가치로서 중용과 의미상으로 겹치는 중용지도(中庸之道)라고 할 수 있다.

여기서 정약용은 공자가 자장(子張)이 지나치고 자하(子夏)가 미치지 못한다고 각각의 한계를 지적한 사례를 끌어들인다.[54] 즉 지나치

---

51 『예기정의 중용』권52: 知者過之, 愚者不及也. 以輕於道, 故過之. 以遠於道, 故不及.

52 『중용장구』4장: 子曰: 道之不行也, 我知之矣. 知者過之, 愚者不及也. 道之不明也, 我知之矣. 賢者過之, 不肖者不及也.

53 『중용장구』4장: 道者, 天理之當然, 中而已矣.

54 『논어』「先進」16: 子貢問, 師與商也孰賢? 子曰: 師也過, 商也不及. 曰: 然則師愈

는 자장을 억누르고 미치지 못하는 자하를 걱정하며 두 사람이 중용에 들어서도록 교육하는 것이다.[55] 이렇게 보면 『중용』에서도 중용이 『논어』의 과유불급(過猶不及)을 바탕으로 무과불급(無過不及)의 맥락으로 쓰이고 있다고 할 수 있다.

흥미로운 점은 13장에 4장의 과불급(過不及)과 비슷한 여부족(餘不足)의 문제가 제기되고 있다. 13장에서 언행(言行)의 일치를 강조하면서 그렇게 되지 못하는 현상을 지적하고 있다.[56] 행(실행)이 부족하면 더욱 힘쓰지 않을 수가 없고 말이 많으면 남김없이 떠들 수 없다.

이와 관련해서 주희는 덕행이 부족하여 힘쓰면 실행이 더욱 힘이 붙게 되고, 말이 넘쳐서 참는다면 신중함이 더욱 단단해진다고 풀이한다.[57] 정약용은 한 걸음 더 나아가 언행의 여부족(餘不足)을 중용과 연결시킨다.[58] 이렇게 보면 『중용』에는 여부족도 중용의 의미를 밝혀주는 풀이이자 수행 방법과 관련된다고 할 수 있다.

지금까지 논의를 통해 『중용』에는 중을 불의불류(不倚不流)만이 아니라 무과불급(無過不及), 무여부족(無餘不足)으로 풀이하는 사례를 찾

與? 子曰: 過猶不及.

55 『중용자잠』 1: 師也過之故抑之, 商也不及故憂之. 皆所以納人於中庸之軌者也. 聖人之敎, 豈有外於中庸者乎?

56 『중용장구』 13장: 庸德之行, 庸言之謹, 有所不足, 不敢不勉. 有餘, 不敢盡. 言顧行, 行顧言, 君子胡不慥慥爾.

57 『중용장구』 13장: 德不足而勉, 則行益力. 言有餘而訒, 則謹益至. 謹之至, 則言顧行矣. 行之力, 則行顧言矣.

58 『중용자잠』 2: 君子每行一事出一言, 先以權衡設中于乃心.[盤庚文] 於中有所不足, 則不敢不勉. 於中有所餘剩, 則不敢邃盡. 斯之謂中庸也.

을 수 있다.

3.4 용(庸)과 관련 용어의 용례 분석: 능구(能久)·유구(悠久)·무강(無疆)

용(庸)은 중용(中庸)의 의미를 구성하는 중요한 요소이다. 하지만
『중용』에서는 중에 비해 관련 어휘가 현저하게 적다. 이에 주목하면
중용은 두 글자이지만 실제로 중 한 글자와 같은 뜻으로 볼 수 있다
는 오해가 생길 수 있다. 이 오해가 오해라는 점을 밝히려면 용이 독
립적인 의미를 갖는다는 점을 입증하지 않을 수가 없다. 이 작업은 용
의 용례만이 아니라 용과 같은 맥락으로 쓰이는 관련 어휘를 찾느냐
에 따라 그 승패가 갈리게 된다.

필자는 용(庸)이 앞서 논의한 적이 있는 능구(能久) 또는 구행(久行)
과 지구(持久), 즉 지속의 문제와 밀접하게 관련이 있다고 생각한다.
따라서 먼저 용의 의미를 살펴보고 다음으로 그 용(庸)이『중용』에 나
오는 강(强)·유(悠)·구(久)·불원(不遠)·불식(不息)·성(誠) 등과 어
떻게 의미상으로 연결되는지를 살펴보고자 한다.

『중용장구』 13장에서는 덕행과 언어, 즉 언행의 문제를 다루며 언
행상고(言行相顧)를 해결책으로 제시하고 있다.[59] 이때『중용』에서 유
일하게 나오는 "용덕지행(庸德之行), 용언지근(庸言之謹)"의 표현을 사
용하고 있다.『중용』에서 용(庸)의 의미를 살펴보고 있으므로 이 구절
의 해석이 아주 중요하다. 기존의 몇몇 풀이는 다음과 같다.

---

59 『중용장구』 13장: 庸德之行, 庸言之謹, 有所不足, 不敢不勉. 有餘, 不敢盡. 言顧行,
行顧言, 君子胡不慥慥爾.

정현은 "용은 상(항상)과 같다. 덕은 항상 실행하고 언은 항상 삼간다."[60]라고 풀이한다. 주희는 "용(庸)은 평상(보통)의 뜻이다."[61]라고 풀이했다. 캉유웨이는 "용은 쓰다의 뜻이다. …… 용덕지행과 용언지근은 모두 평이한 말이다. 쓸 만한 덕은 힘껏 실행하고 쓸 만한 말은 조심히 골라야 한다."[62]라고 풀이했다. 정현과 주희는 용(庸)에 대한 통상적인 풀이를 되풀이하고 있고 캉유웨이는 사회 진화론의 영향을 받아 다소 독특한 풀이를 하고 있다.[63]

우리는 여기서 정약용의 이 구절만이 아니라 중용의 용을 어떻게 풀이하고 있는지 살펴보면서 논의를 이어가자. "용덕은 항상 하는 덕이고 용언은 항상 하는 말이다. 용덕지행은 덕행이 항상 나아가게 하고, 용언지근은 말이 항상 삼간다."[64]라고 풀이했다. 정약용의 용 풀이는 주희보다 정현과 닮았다. 그는 왜 용자의 풀이에서 주희보다 정현의 손을 들어주었을까?

정약용은 13장의 용덕(庸德)과 용언(庸言) 풀이만이 아니라 중용의

---

60 『예기정의 중용』 권52: 庸, 猶常也. 言德常行也, 言常謹也. 聖人之行, 實過於人, 有餘不敢盡, 常爲人法, 從禮也. 공영달도 정현의 주장을 부연 설명하고 있다. 같은 곳: 用, 常也. 謂自修己身. 常以德而行, 常以言而謹也.

61 『중용장구』 13장: 庸, 平常也.

62 『中庸注』: 庸, 用也. …… 用德之行, 用言之謹, 皆易語. 可用之德, 當力行之, 可用之言, 當謹擇之. 行多不足, 故宜勉. 言易有餘, 故戒盡.

63 신정근, 「康有爲 『중용』 해석의 특징: 『中庸』의 『春秋』化」, 『대동문화연구』 72집, 2010, 263~293쪽 참조.

64 『중용자잠』 2: 庸德者, 恒德也. 庸言者, 恒言也. 庸德之行, 則德恒進矣. 庸言之謹, 則言恒訒矣.

도덕적 특성을 규명하기 위해 일찍이 용의 의미에 천착해왔다. 그는 상(常)의 의미를 항상(恒常)·경상(經常)·평상(平常) 세 가지로 나누고 고전의 다양한 용례를 분석하면서 도덕 규범, 교육 자료, 관료 선발 등에서 항상과 경상이 기준으로 사용되지 평상이 그렇게 쓰일 수 없다고 주장했다.

당나라 조주(趙州) 스님이 남천(南泉)에게 도가 뭐냐고 물었을 때 "평상심이 곧 도"라고 대답한 경우에 평상이 도와 연관될 뿐이지 유학의 고전에 그러한 용례가 없다고 주장했다.[65] 이러한 주장을 바탕으로 정약용은 주희가 중용의 용(庸)자와 13장의 용덕과 용언을 '평상(平常)'으로 풀이하는 훈고만이 아니라 『중용장구』 2장에서 "군자중용(君子·中庸)"을 '평상지리(平常之理)'로 풀이하는 해석을 부정한다.[66]

정약용의 주희에서 두 사람이 도덕을 보는 관점의 차이가 명확하게 드러난다. 주희는 도덕의 규범, 가치, 덕행이 일상에 실천되는 도덕의 일상화를 기획했다. 도덕의 일상화가 일어나면 도덕과 현실 세계의 위격에 아무런 차이가 없다. 반면 정약용은 도덕의 규범, 가치, 덕행이 늘 일상을 안내하고 규제하는 일상의 도덕화를 기획했다. 일

---

65 『中庸講義補』: 常之義有三, 一曰恒常, 二曰經常, 三曰平常. …… 平常烏足以爲至德哉! 故求賢選德, 必以非常,不常,異常,超常之士爲準, 況可以平常爲敎哉! 惟佛書『指月錄』, 稱趙州和尚參于南泉, 問曰: 如何是道? 泉曰: 平常心是道. 古經無此說也.

66 『중용장구』 2장: 蓋中無定體, 隨時而在, 是乃平常之理. 君子知其在我, 故能戒愼不睹, 恐懼不聞, 而無時不中. 『중용강의보』: 平常之理, 最難分別. 世之人, 方且以流俗習狃之事, 謂之平常之理. 一聞性道之說, 方且愕然以爲反常違俗. 聖人於此, 又以平常之理, 立之爲標榜, 率天下而納乎平常之軌, 其孰不同乎流俗, 合乎汚世以習其鄕愿之行哉!

상의 도덕화가 일어나더라도 현실과 도덕 세계의 위격에 변화가 일어나지 않는다.

앞에서 살펴보았듯이 『중용장구』 3, 7, 8, 9장에서 '중용'을 지속적으로 실천하기의 어려움, 즉 능구(能久) 또는 구행(久行)과 지구(持久)의 문제를 다루고 있다. 나아가 이 문제를 해결하기 위해 10장의 불변(不變)과 강교(强矯)의 자세를 요구했다. 이런 점에서 중용의 용과 용덕·용언의 용은 오랫동안 지속해야 한다는 지구(持久)의 '구' 의미와 가장 잘 부합한다고 생각한다.

이러한 구로서 용의 의미는 정약용의 상에 대한 풀이 중 항상, 경상의 의미와 연결될 수 있다. 정약용도 중용의 용이 지속적으로 오래가는 지구(持久)의 의미를 지닌다는 점을 분명히 했다. 이것이 불의불류(不倚不流)의 중(中)과 함께 중용의 특징을 밝혀주는 요체이기 때문이다.[67]

중용과 능구, 즉 정현의 구행(久行)과 정약용의 지구(持久)의 관계는 『중용』에서 공자의 말에서도 드러난다. 『중용장구』 11장에서 그는 군자가 도에 따라 실천하다가 중도에 주저앉을 수 있지만 자신은 그렇게 하지 않겠다고 말했다.[68] 얼핏 11장의 주장은 7장의 "택호중용(擇乎中庸), 불능기월수야(不能期月守也)"와 잘 호응되지 않아 보인다. 그

---

67 『중용자잠』 2: 强者, 所以有常也, 所以持久也. 不强, 則不能中立而不倚, 亦不能至私不變. 强之爲德, 乃中庸之至要也. …… 不流不倚, 不可但作得中說, 乃是旣中而又能久也, 此之謂中庸. 『중용강의보』: 誠以秉德不强, 則無以中立. 行而中立, 不能持久. 不能持久, 則雖中, 不庸矣. 斯乃此章之要義.

68 『중용장구』 11장: 君子遵道而行, 半塗而廢, 吾弗能已矣.

렇지 않다.

이것은 수(守)와 폐(廢)의 의미 차이에서 분명해진다. 수는 중용의 도를 온전히 지키는 것이고 폐는 주저앉는 것이다. 즉 공자는 중용의 도를 삶에서 온전하게 실현하지 못할 수는 있지만 결코 주저앉아 포기하지 않는다는 것이다. 여기서 불수(不守)가 인간의 한계를 나타내는 것이라면 불폐(不廢)는 인간의 한계에도 불구하고 결코 그만둘 수 없는 강교(强矯)의 태도를 나타내고 있다.

이제 용(庸)과 구(久)의 의미 연관성을 통해『중용』에 능구 또는 구행과 지구의 문제가 얼마나 깊숙하게 논의되는지 살펴보자.『중용장구』26장에 보면 "지성무식(至誠無息)"이 제기되고 있다. "중용대로 살기"가 능구의 문제를 안고 있었는데, 그것의 해결책이 제시되고 있다. 해결책이 바로 '지성(至誠)'인 것이다. 여기서 능구와 불식은 같은 뜻이라고 할 수 있다. 이로써『중용』에서 '중용'과 '성'이 하나로 연결되는 것이다.

이렇게 중용이 지성과 결합하여 불식 또는 능구가 되는 과정을『중용장구』26장에서 서술하고 있다. 쉬지 않는 불식이 오래가는 구를 낳고, 오래가는 구가 밖으로 효험이 나타나는 징을 낳고, 밖으로 효험이 나타나는 징이 아득하게 멀리 가는 유원을 낳고, 아득하게 멀리 가는 유원이 넓고 두터운 박후를 낳고, 넓고 두터운 박후가 높고 빛나는 고명을 낳는다. 넓고 두터운 박후는 땅에 짝하고 높고 빛나는 고명은 하늘에 짝하고 아득하게 오래 가는 유구는 경계가 없어진다.[69]

---

69 『중용장구』26장: 故至誠不息. 不息則久, 久則徵, 徵則悠遠, 悠遠則博厚, 博厚則高

이 경계가 자동으로 줄어들거나 없어지지 않는다. 『중용장구』 20
장에서 "성자(誠者), 천지도야(天之道也). 성지자(誠之者), 인지도야(人之
道也)"라고 구별하듯이 천의 성자는 "힘쓰지 않아도 상황에 들어맞고
숙고하지 않아도 원칙과 부합되므로 차분하고 침착하게 도에 맞으니
성인에게나 가능한 일이다." 반면 사람의 성지자는 "좋은 것을 골라
서 굳건하게 잡아야" 가능할 수 있다.[70] 용은 능구, 유구, 무강에다 택
선과 고집으로 연결된다고 할 수 있다. 이렇게 보면 용은 『중용』에서
두 차례밖에 쓰이지 않지만 많은 용어와 의미상으로 내재적 연관성
을 갖는다고 할 수 있다.

4. 맺음말

『중용』은 유학의 도덕적 삶을 이해하기 위해 반드시 읽어야 하는
책이다. 『중용』의 이러한 위상에도 불구하고 텍스트의 기본적 내용과
구조(편제)적 특성에 대해 확실히 정리되지 않고 있다. 이 때문에 『중
용』이 과연 '중용'을 다루고 있느냐라는 물음이 제기되었다. 『중용』에
'중용'의 논의가 없다면 일종의 역설이라고 할 만하다.

이 글은 여러 가지 역설 중에 '중용'의 의미를 내재적 의미 맥락에
서 검토하고자 한다. 내재적 의미 맥락에서 '중용'의 의미를 규명한

明. 博厚, 所以載物也. 高明, 所以覆物也. 悠久, 所以成物也. 博厚配地, 高明配天,
悠久無疆.

70 『중용장구』 20장: 誠者, 天之道也. 誠之者, 仁之道也. 誠者, 不勉而中, 不思而得, 從
容中道, 聖人也. 誠之者, 擇善而固執之者也.

결과 '중용'은 '소은행괴(素隱行怪)', '능구(能久)', '불의불류(不倚不流)', '과불급(過不及)', '여부족(餘不足)' 등과 내재적으로 의미 연관을 갖는 점이 밝혀졌다. 『중용』에서 '중용'의 의미 문제는 충실하게 논의되고 있다고 할 수 있다. 이렇게 보면 적어도 『중용』에서 '중용' 논의는 역설에 해당되지 않는다고 할 수 있다.

이 글에서 밝힌 내용을 주희의 정의인 "中者, 不偏不倚, 無過不及之名. 庸, 平常也."에 대비시키면 다음과 같다. "中者, 不倚不流, 無過不及或無餘不足之名. 庸, 能久或悠久或無疆也."이제 중용 의미는 『중용』에서 충실하게 논의되고 있다는 점을 새삼 확인하게 되었다.

주희는 문헌적 근거를 치밀하게 제시하지 않고 중용을 정의했는데, 이 글의 결론과 합치하기도 하고 불합치하기도 한다. 이러한 차이에도 불구하고 주희의 정의는 중용의 의미를 명시적으로 밝혀냈다는 점에서 큰 의미를 갖는다고 할 수 있다.

제4장

편제의 정합적 연구:
형식의 독특성과 내용의 연관성을 중심으로

1. 문제제기

『중용』은 모두 3,568자로 되어 있지만 판본에 따라 자수의 출입이 있으므로 대체로 3,500여 자로 구성되어 있다고 할 수 있다. 고대의 서적은 『중용』을 비롯하여 원문이 문장 부호도 없고 글자가 떼어 쓰기 되어 있지 않고 쭉 이어져 있다. 한 제국은 진 제국의 분서갱유(焚書坑儒)와 협서율(挾書律)을 뒤로 하고 민간에 흩어졌던 고대 문헌을 광범위하게 수집했다.

이 과정에서 경학자들은 고전의 원문을 어떻게 나누어야 하는지 또는 어디에서 끊어 읽어야 하는지 그리고 특정한 단어의 의미를 어떻게 규정해야 하는가를 두고 골몰하게 되었다. 이는 문장의 의미를 파악하기 위해 수행해야 하는 가장 일차적인 작업이다. 단어의 의미는 훈고학(訓詁學)의, 끊어 읽기는 장구학(章句學)의 이름으로 한 제국 경학의 특징을 나타내게 되었다.[1]

현재로서는 한 제국의 경학(經學)에서 『중용』의 원문을 어떻게 나

---

1 蔣伯潛, 전병수 옮김, 『중국경학략사』, 도서출판 수류화개, 2019, 54~76쪽 참조.

누었는지 정확하고 세세하게 알 수는 없다. 당 제국의 공영달(孔穎達, 574~648)이 『중용』을 나누었던 방식을 『예기정의(禮記正義)』에서 확인할 수는 있다.[2] 공영달은 『예기정의』에서 「중용」 제31편을 권52와 권53에 나누어 편제하고 있다. 즉 그는 『중용』을 2권 33절 편제로 나누고 있다.[3] 물론 공영달은 이러한 분장의 편제에 대해 적절한 설명을 하지 않는다.

공영달 이후로 주희를 비롯하여 『중용』에 대해 다양한 분장과 분절의 편제설이 제기되었다.[4] 간단히 정리하면 주희(朱熹, 1130~1200)는 33장을, 이토 진사이(伊藤仁齋, 1627~1705)는 상하 2편 37장, 오규 소라이(荻生徂徠, 1666~1728)는 31장, 정약용(丁若鏞, 1762~1836)은 분장 없이 59분절을 주장하고 있다. 이처럼 『중용』의 분절과 분장을 둘러싼 편제는 모두를 만족시키는 정설 없이 다양하게 논의되고 있었다.

예컨대 주희의 『중용장구』 33장 편제에서 20장의 분량이 지나치게

---

2 공영달은 『중용』의 처음에서 17절 "凡爲天下國家有九經, …… 道前定則不窮."을 『예기정의』 권52의 마지막 구절로 보고, 18절 "在下位, 不獲乎上, 民不可得而治矣. …… 不明乎善, 不誠乎身矣."에서 끝까지를 권53으로 나눈다. 이 편제는 주희의 『중용장구』에 견주면 20장 8절과 20장 9절에 해당된다. 즉 『예기정의』 권52의 17절은 『중용장구』 20장 8절에 해당하고, 권53의 18절은 20장 9절에 해당된다. 공영달의 2권 33절과 주희의 33장 편제의 차이는 김용옥, 『중용, 인간의 맛』, 통나무, 2011, 101쪽; 鄭玄 주, 孔穎達 소, 이광호 책임 번역, 『역주 예기정의 중용 · 대학』, 전통문화연구회, 2014; 2015 3쇄, 18~19쪽 참조.

3 정현 주, 공영달 소, 이광호 책임 번역, 『역주 예기정의 중용 · 대학』, 전통문화연구회, 2014; 2015 3쇄, 151쪽.

4 금장태, 『도와 덕-다산과 오규 소라이의 중용 · 대학 해석』, 『이끌리오』, 2004, 21~24쪽. 이토 진사이의 분류는 伊藤仁齋, 최경열 옮김, 『大學定本 中庸發揮』, 그린비, 2017 참조.

많고 내용이 다양하다는 비판이 제기되었다. 이 체제가 『공자가어(孔子家語)』 권4 「애공문정(哀公問政)」에서 유사한 사례를 찾을 수 있지만[5] 『중용』을 구조적으로 이해하는 데에 유일한 분장으로 보기는 어렵다는 지적에도 불구하고 현재 한국에서 이 편제가 널리 받아들여지고 있다. 사실 주희도 『중용』의 편제에 대해 스스로 단일한 의견을 가지고 있지 못하다. 「중용독법(中庸讀法)」에서 육대절(六大節)을 주장하고[6] 『중용장구』에서 사대절(四大節)로 나누고 있다.[7] 주희의 편제가 그만큼 절대적이지 않다는 뜻이다.

이 글에서 필자는 공영달의 2권 33절과 주희의 33장 편제를 논의의 밑바탕으로 하면서 『중용』의 텍스트에 집중하여 내재적 의미 맥락을 파악하려고 한다. 아울러 '발언자' 문제처럼 기존 『중용』 연구에서

---

5 전반부만 보면 『공자가어』 「哀公問政」과 『중용장구』 20장의 내용이 거의 비슷하다. 『공자가어』 「애공문정」 후반에는 哀公이 다시 공자에게 질문을 하고 宰我가 공자에게 鬼神을 묻는 질문이 나온다. 이를 통해 주희의 『중용장구』 20장은 『공자가어』 「애공문정」의 전반부와 비슷하고 나름대로 상당히 긴 분장의 내용을 가지는 근거를 가지고 있다고 할 수 있다.

6 「中庸讀法」: 中庸, 當作六大節看. 首章, 第一節(1), 說中和. 自君子中庸以下十章, 是一節(2), 說中庸君子之道. 費而隱以下八章, 是一節(3), 說費隱. 哀公問政以下七章, 是一節(4), 說誠. 大哉聖人之道以下六章, 是一節(5), 說大德小德. 末章, 是一節(6), 復申首章之義. 「중용독법」은 주희가 『중용』을 읽는 방법을 서술한 내용으로 『中庸章句大全』본에 수록되어 있다.

7 『中庸章句』: 第一章, 子思述所傳之意以立言, 首明道之本原出於天, 而不可易. …… 其下十章, 蓋子思引夫子之言, 以終此章之義. …… 第十二章, 子思之言. 蓋以申明首章道不可離之意也. 其下八章, 雜引孔子之言以明之. …… 第二十一章, 子思承上章夫子天道人道之意, 而立言也. 自此以下十二章, 蓋子思之言, 以反覆推明此章之意. …… 第三十三章, 子思引前章極致之言, 反求其本. …… 學者其可不盡心乎?

전혀 주목하지 못했던 형식상의 특징을 제기하고자 한다. 구체적으로 말해서 필자는『중용』을 이전에 있었던 편제와 달리 팔대절(八大節)로 나누어 그 구조(편제)와 의미를 파악하고자 한다.

여기서 내재적 의미 맥락이란『중용』이 쓰인 시대의 언어와 의미에 집중하여 텍스트의 구조(편제)와 의미를 밝히려는 방법을 가리킨다. 이는『중용』이후, 특히 주희의『중용장구』에 제기된 개념 또는 사상에 의해 텍스트의 편제와 의미를 규정하려는 방법과 다르다. 하지만 이 글은『중용』전체의 한 구절을 정확하게 해석하는 것이 아니라 분절과 분절의 편제를 나누기 위해 필요한 범위 안에서 문제된 문장의 해석을 논의한다.

『중용』의 편제와 관련해서 지금까지 조선시대에 주희의 편제를 어떻게 해명하는가와 주희, 오규 소라이, 정약용의 편제를 비교하는 연구는 있었다.[8] 필자는 이러한 연구 성과를 수용하면서『중용』의 편제를 팔대절로 나누는 새로운 시도를 하고 그간『중용』의 해석에서 난제로 남아 있던 '비은장(費隱章)'과 '귀신장(鬼神章)' 등을『중용』의 내재적 의미 맥락에서 정합적으로 해석하고자 한다.

---

8 전자의 사례로 엄연석을, 후자의 사례로 금장태의 연구를 들 수 있다. 엄연석은 조선의 權近과 韓元震, 徐昌載(1723 1781), 申泰龍(1862 1898) 등이 주희의『중용』편제에 대해 어떤 입장을 가지는가를 논의하고 있다. 엄연석,「『韓國經學資料集成』所載『中庸』註釋의 특징과 그 연구방향」,『대동문화연구』제49집, 2005, 125~168쪽 참조. 금장태는 주희, 정약용, 오규 소라이 등 세 사람이『중용』의 편제를 어떻게 나누는지 대차대조표를 작성하여 그 결과를 일목요연하게 보여주고 있다. 금장태,「'중용'의 체제와 도의 기본구조-다산과 荻生徂徠의 '중용' 해석」,『동아문화』제40호, 2002, 3~43쪽 참조.

2. 편제 논의의 의의

『중용장구』는 고려 말에 한반도에 전래되어 신흥 사대부들이 연구하기 시작했다.[9] 엄연석의 연구에서 나타나듯이 조선에서 주희가 분류한『중용』의 두 가지 편제, 즉 육대절과 사대절을 두고 논란이 제기되었다. 훗날 정조도 주희 이후 남송의 요로(饒魯)가 「중용독법」을 위주로 하고 원 제국의 왕의(王儀)가『중용장구』를 위주로 하여 차이를 보이고 오대절(五大節)의 논의가 새롭게 제기된 맥락을 소개하고 있다.[10] 이렇게 보면 주희의 33장 편제가 대체로 받아들여지지만 분절을 두고 새로운 주장이 제기되곤 했다고 할 수 있다.

후대의『중용』편제의 분장과 분절을 둘러싸고 논의가 진행되곤 했지만 주희는 정작 분절과 분장의 편제 문제가『중용』텍스트의 의미를 이해하고 결정하는 데 중요하지 않다는 반응을 보였다.[11] 즉 주희는『중용』텍스트의 분절과 분장의 편제를 제안하여 논란을 제공한 당사자이지만 정작 본인은 편제 자체를 중시하지 않는다는 느낌을 준다. 분장과 분절의 편제보다 의미의 파악을 중시하기 때문에 다

---

9 송정숙, 「韓國에서 「中庸章句」의 수용과 전개양상. 『서지학연구』 제10집, 1994, 553~576쪽 참조.

10 丁若鏞,『與猶堂全書』第二集『中庸講義補』「篇題」(398쪽): 御問曰: 中庸分節, 讀法則作六大節, 章句則爲四大節, 而饒氏則主讀法, 王氏則主章句, 未知當以章句爲主歟? 饒王以後, 又有五節之論. 蓋其分節, 十二章以後, 則與章句同, 而首章爲一大節, 自第二章十一章爲一大節, 則與讀法同. 此於讀法章句之間, 可謂參互彼此, 而得其中耶?

11 「중용독법」: 朱子曰: 中庸一篇, 某妄以己意, 分其章句, 是書豈可以章句求哉!

소 맥 빠지는 이중적 주장을 내놓는 듯하다. 주희는『중용』을 읽을 때 장구의 구문론보다 의리의 의미론에 초점을 두고 있었으므로 편제는 일종의 수단으로 보았을 수 있다.

아울러 정약용도『중용강의보(中庸講義補)』에서 정조의 파트너 역할을 하지만 정작 분절 또는 분장의 편제에 뜨거운 관심을 보이지 않는다. 그는 사마천(司馬遷)이 굴원(屈原)의『이소(離騷)』를 두고 세 차례 검토했다는 일화를 소개하며 분장과 분절의 편제 구분이 쉽지 않고 사람마다 달라서 정설이 있을 수 없다고 주장했다.

나아가 그는『중용』을 비롯하여 책을 읽을 때 대나무를 보듯이 전체를 보는 게 좋다는 제안을 하고 있다.[12] 정약용은『중용』에 대한 주희의 육대절 또는 사대절을 꼭 따를 필요도 없지만 자신의 59분절을 절대시하지 않고 있다. 이렇게 보면 주희와 정약용 두 사람은 결국 구문론보다 의미론에 초점을 두는 점에서 공통점을 보인다.

조선시대 후기에는『중용』의 다양한 주석과 해석이 시도되었지만 주희의 육대절 또는 사대절의 편제를 과도하게 의식하여 완전히 새로운 체제로 보는 노력이 다소 부족했다고 할 수 있다.[13] 아니면 정약용처럼 주희의 편제를 직접 평가하지 않지만 분절과 분장의 편제를

---

12 丁若鏞,『與猶堂全書』第二集『中庸講義補』「篇題」: 臣對曰: 全篇分節, 本難得當. 太史遷謂'離騷一篇之內, 三致意焉.' 故從來諸家, 分截各殊, 尙無定論. 況中庸分節, 本無古人之所言. 臣未知分爲幾節, 方得作者之本意. 臣謂看書如看竹, 雖有累節, 全竹看好也.

13 조선 후기『중용』의 주석과 새로운 해석 경향에 대해 엄연석,「규장각 소장본을 통해 본 조선 중후기 중용 연구 경향」,『한국문화』74, 2016, 67~93쪽; 황인옥,「朝鮮後期『中庸』解釋의 獨創性 硏究」, 2018, 성균관대학교 유학과 박사학위논문 참조.

나누는 작업의 의미를 축소하는 경향이 나타나기도 했다.

이 글도 다시 주희의 육대절과 사대절 중 어느 쪽이 더 타당한지 논의하지 않는다. 그렇다고 주희의 '장구(분절) 한계'론과 정약용의 '전국간호(全竹看好)'설에 의거해서 구문론을 완전히 무시하고 의미론에만 집중할 수 없다. 이러한 주장이 분절과 분장의 편제 무용론으로 이어진다면 문제를 낳을 수 있기 때문이다. 편제는 장구를 나누는 구문론의 특성을 지니면서도 동시에 의미의 연관성을 밝히는 의미론의 특성을 지니고 있기 때문이다.

편제가 제대로 나누어지지 않으면 『중용』 텍스트를 확정할 수가 없다. 어떤 특정 분절과 분장이 『중용』의 내용과 호응하지 않는다고 배제를 주장할 수도 있기 때문이다.[14] 또 편제가 제대로 나누어지지 않으면 『중용』의 키워드, 주제와 의미의 연관성이 제대로 드러나지 않을 수가 있다.

그렇게 되면 『중용』이 완정된 텍스트로서 독해되지 않고 몇몇 개념과 구절 중심으로 독해되면서 단장취의의 우려를 낳을 수 있다. 이러한 우려를 벗어나려면 『중용』을 내재적인 의미 맥락에서 조망하는 새로운 시도가 절실히 필요하다고 할 수 있다.

주희의 『중용장구』가 과거 교재로 쓰이면서 다른 주석과 비교할 수 없는 독존의 지위를 누렸다. 주희는 『중용』의 편제를 중화(中和) ·

---

14 예컨대 八大節說의 Ⅳ절, 즉 『중용장구』의 16장~19장은 『중용』의 원문과 무관하다는 주장이 있다. Ⅳ절은 『중용』보다 禮論에 어울린다고 보기 때문이다. 楊祖漢, 황갑연 옮김, 『중용철학』, 서광사, 1999, 249쪽 참조.

비은(費隱)·귀신(鬼神) 등 북송시대에 제기된 성리학의 개념 지도와 연관지어 논의하거나 그 의미를 신유학의 체계에 따라 정합적으로 해석하려는 경향을 보인다.

예컨대『중용장구』의 1장에 나오는 중화(中和)를 미발지중(未發之中)과 이발지화(已發之和)의 심성 맥락으로 해석하고[15] 12장에 나오는 비은(費隱)을 체용(體用) 논리로 풀이하고 16장에 나오는 귀신(鬼神)을 천지공용(天地功用) 또는 이기양능(二氣良能)의 측면에서 풀이한다. 사실『중용장구』는『중용』을 특정한 의미 맥락으로 해석한 탁월한 책이지만『중용』의 원의와 거리가 있는 경우도 있다.

따라서『중용』의 분절과 분장을 다루는 편제 문제는 텍스트를 단순히 어디에 끊고 어디까지 하나의 단락으로 보느냐는 구문론의 문제에 한정되지 않고 텍스트의 의미를 정합적으로 이해하는 의미론의 문제와 긴밀히 관련된다.

나는『중용』을 책이 쓰인 시대의 맥락에서 하나의 독립적이며 완결적 텍스트로 보고 그 구조(편제)와 의미를 파악하려고 한다. 이것이『중용』이 말하고자 하는 원의에 한 걸음 더 가깝게 다가가는 노력이라고 할 수 있다. 아울러『중용』의 원의를 해석하는 작업과『중용』을 바탕으로 새로운 학을 수립하는 이론 작업은 다른 종류의 활동이라고 할 수 있다.

---

15 『중용』의 中和와 관련해서 신정근,「『중용』의 中和 사상 연구: 선진시대 감정 지위의 변화를 중심으로」,『유교사상문화연구』제33집, 2008, 109~134쪽 참조.

3. 『중용』 팔대절설(八大節說)의 편제 가능성 논증

3.1 I 절[16]: "天命之謂性, …… 萬物育焉."

이 분류는 공영달의 1절과 주희의 1장과 동일하다. 정약용은 이를 1)~5)절로 세분했고 오규 소라이는 1)~2)장으로 나누었다. 필자도 공영달과 주희의 분절과 분장을 수용한다. I 절은 『중용』의 전체 내용을 종합적으로 제시하고 있다.[17]

『중용』의 구성이 서두에 하고자 하는 메시지를 드러내는 두괄식의 형태를 취하게 되었다. 이러한 형식은 『노자』 1장의 "도가도(道可道), 비상도(非常道), 명가명(名可名), 비상명(非常名)."처럼 제일 첫 장이 텍스트의 나머지 전체 내용을 총괄하고 있다.[18] 두 문헌에는 형식상의 유사점이 있다고 할 수 있다.

아울러 I 절은 다른 절에 보이는 '중니왈(仲尼曰)'[19] 또는 '자왈(子

---

16 절 분류는 필자만이 아니라 공영달과 정약용도 하고 있다. 필자와 이들의 분류를 구분하기 위해 필자의 경우는 I등 로마자를 사용하고 공영달은 1, 정약용은 1) 등을 사용하여 구분하고자 한다. 장 분류는 주희와 오규 소라이가 하고 있는데, 주희는 1, 오규 소라이는 1) 등으로 구분하고자 한다.

17 楊時는 "一篇之體要"라고 할 정도로 1장의 의미를 부각시키고 있다. 김용옥은 『중용장구』 1장이 2장과 단절된다고 할 수 있을 정도로 1장의 의의를 강조한다. 『중용, 인간의 맛』, 통나무, 2011, 105쪽 참조.

18 朱謙之, 『老子校釋』: 老子著五千之文, 於此首潑其立言之旨趣. 中華書局, 1984; 1991 3쇄, 4쪽.

19 주희와 정약용은 모두 『중용』의 저자를 자사로 볼 경우 자사가 할아버지 공자를 '仲尼'로 부를 수 있는가라는 문제를 다루고 있다. 두 사람 모두 손자 자사가 할아버지 공자의 자를 부를 수 있다고 주장한다. 이와 관련해서『中庸講義補』'仲尼曰君子中庸'節 참조.

曰)'과 같은 발언자가 없다. 따라서 『중용』은 발언자가 밝히지 않은 상태에서 책 제목의 내용을 총괄하는 형식을 취하고 있다. 이런 측면에서 I절을 이하의 절과 구별하여 경(經)으로 볼 수도 있고 서문으로 간주할 수도 있다. 이처럼 텍스트의 구절을 이끄는 발언자가 없다는 형식도 『노자』와 비슷하다고 할 수 있다.

I절은 천명(天命), 즉 명령하는 천으로 시작되고 있다. 종래 I절에서 천명보다 중화(中和)가 많은 관심을 받아왔다. 두 가지 원인을 생각해볼 수 있다. 중화(中和)가 내용상으로 중용(中庸)과 겹치는 측면이 있다.[20] 아울러 주지하다시피 중화(中和)가 각각 미발지중(未發之中)과 이발지화(己發之和)의 개념으로 성리학에서 인간 심성을 이해하는 핵심에 자리했다. 반면 천명은 『시경』과 『시경』에서 이미 제기되어 참신성이 떨어진다고 할 수 있다.[21]

주희는 I절의 내용을 세 부분으로 구분하고서 먼저 "도의 근원이 천에서 나와 고칠 수 없다는 점을 밝힌다"고 말하고 있다.[22] 사람의 도(道), 즉 성(性)이 천에 뿌리를 두고 있다는 말이다. 이렇게 보면 『중

---

20 『중용장구』: 變和言庸者, 游氏曰: 以性情言之, 則曰中和. 以德行言之, 則曰中庸. 是也. 然中庸之中, 實兼中和之義.

21 『서경』과 『시경』의 天命은 천이 유덕자를 天子로 삼아 지상의 통치권을 위임하고 양자가 부모와 자식의 관계를 나타낸다. 천과 유덕자는 특수한 관계에 놓인다. 반면 『중용』의 天命은 천이 사람이 사람일 수 있는 특성을 부여하는 사건을 나타낸다. 천과 사람은 보편적 관계에 놓인다. 이와 관련해서 신정근, 『사람다움의 발견』, 이학사, 2005; 신정근, 『동양고전이 뭐길래?』, 동아시아, 2012 참조.

22 『중용장구』 1장: 首明道之本原出於天而不可易, 其實體備於己而不可離. 次言存養省察之要. 終言聖神功化之極.

용』은 처음부터『노자』와 형식적 유사성을 보이면서도 내용상 긴장 관계를 드러낸다.『노자』에서는 도가 다른 어떤 것과 연관되지 않고 독립적으로 쓰이고 있는 반면『중용』에서는 도(道)가 천(天)·성(性)·교(敎)와 연속선상에 놓여 있기 때문이다.

이처럼 I절의 명령하는 천은『중용』의 세계를 여는 문이면서도 마지막으로 공영달의 33절과 주희의 33장에 보이듯이 무성무취(無聲無臭)의 천(天)으로 다시 나타나서『중용』의 세계를 닫는 문이기도 한다. 즉『중용』은 명령하는 천으로 시작하고 무성무취의 천으로 끝나는 구조로 되어 있다.

3.2 II절: "仲尼曰: 君子中庸. …… 吾弗爲之矣."

이 분류는 공영달의 2절에서 7절의 일부에 해당된다. 또 주희의『중용장구』2장~11장에 해당되며「중용독법」에서 나눈 두 번째 대절과 동일하다. 정약용은 이 부분을 6)절에서 16)절의 일부로 세부적으로 분류했다. 오규 소라이는 3)장에서 10)장의 일부로 분류했다. 정약용과 오규 소라이는 II절에다 주희의 12장 "군자지도(君子之道), 비이은(費而隱)"을 함께 포함하려는 특징을 보여주고 있다. 즉『중용장구』의 12장이 II절에 들어가느냐 III절에 들어가느냐에 대해 전자를 주장하고 있다.

II절에서는 중용(中庸)에 대한 언급이 집중적으로 나타나고 있다.[23]

---

23 이하『중용』의 내용을 말하더라도 원문 인용의 중복을 피하기 위해 필요한 경우에만 제시한다.

『중용장구』2장에서는 "군자를 중용과 연결짓고 소인을 중용의 반대로 규정한다." 『중용장구』3장에서는 민이 중용에서 멀어지고 있는 현실을 안타까워한다. 4장에서는 도가 실행되지도 규명되지도 않는 이유를 과(過)와 불급(不及)에서 찾고 있다.

6장에서는 순(舜)이 "사태의 두 극단을 다 고려하고서 민에게 중을 활용했다"는 점을 언급하고 있다. 7장에서는 공자(孔子)가 중용을 오래 지키기 어렵다는 점을, 8장에서는 안회(顏回)가 중용의 덕목을 아주 소중하게 여겼다는 점을 말하고 있다. 9장에서는 중용을 실천하기가 어렵다는 점을 말한다.

10장에서는 강(强)을 세 가지로 구분하고 군자의 "조화를 이루어 어디로 휩쓸리지 않고" "가운데에 서서 기울어지지 않는다"는 중용의 특성을 말하고 있다.[24] 11장에서는 2장의 "어려워하거나 거리끼는 것이 없는" 소인의 특성을 "해괴한 주장을 찾아내고 극단적인 길을 버젓이 실행하는" 것으로 재규정하고 공자는 이를 단호히 거절한다.[25]

이렇게 보면 Ⅱ절은 『중용장구』5장을 제외하면 모두 직간접적으로 '중용(中庸)'과 연결된다는 공통점을 보여주고 있다.[26] 즉 Ⅰ절이

---

24 『중용장구』10장: 君子和而不流, 强哉矯. 中立而不倚, 强哉矯.

25 『중용장구』2장: 小人而無忌憚也." 11장: "子曰: 素隱行怪, 後世有述焉. 吾弗爲之矣.

26 사실 『중용장구』5장의 원문이 "子曰: 道其不行矣夫!"로 되어 있는데 『중용장구』4 장의 처음이 "子曰: 道之不行也, 我知之矣."로 되어 있으므로 서로 중복된다. 따라서 주희의 『중용장구』2장에서 11장까지가 모두 '중용'과 직간접적으로 연결된다고 하더라도 무리가 없다.

본성과 도덕의 근원이 천에서 시작된다며『중용』전체의 얼개를 보여준다면 Ⅱ절에서 중용이 중요한 의미를 가지고 있지만 실천하기가 어렵다는 점을 보여주고 있다. 그러한 사례로 순이 중용의 덕목을 잘 실천했지만 공자 자신도 한 달 이상 장기적으로 실천하기가 어렵다는 점을 밝히고 있다.

정리하면 Ⅱ절은 책 제목에 어울리게 '중용'의 의의와 실천 문제를 가장 집중적으로 논의하고 있다. 여기서 "어떻게 해야 중용대로 사는 것인가?"라는 문제를 명시적으로 다루지 않지만 중용의 의미와 실천적 사례를 제시하고 있다고 할 수 있다.

3.3 Ⅲ절: "君子之道, 費而隱. …… 子曰: 父母其順矣乎!"

이 분류는 공영달의 7절 일부에서 9절에 해당되고『중용장구』12장에서 15장에 해당된다. 또 정약용의 16)절 일부에서 20절에 해당되고, 오규 소라이의 10)장 일부에서 15)장 일부에 해당된다.

종래 Ⅲ절과 관련해서『중용장구』12장에 나오는 비은(費隱) 개념이 주목을 받아왔다. 주희는 "비(費)를 작용이 광범위하게 나타나는 맥락으로, 은(隱)을 본체가 은미하게 존재하는 맥락으로" 풀이했다.[27] 이후에 후학들은 주희의 풀이를 수용하면서 그의 체용 논리를 부연 논의하기도 하고 수용하지 않더라도 비은(費隱)에 특별한 의미를 부여하고자 고심했다.

정조는 비은과 중용의 의미 연관성에 대해 질문을 던지기도 했다.

---

27 『중용장구』12장: 費, 用之廣也. 隱, 體之微也.

즉 비은과 중용이 각각 독자적인 의미를 가지고 있는가 아니면 둘이 어떤 상관성을 갖는가?[28] 이에 대해 정약용도 주희의 체용(體用) 논리를 완전히 부정하지 않는다. 이어서 그는 비은과 중용을 각각 천도(天道)와 인도(人道)로 분류하면서 양자의 상관성을 주장한다. 왜냐하면 도가 둘이 아니기 때문이다.[29]

그러나 비은은 주희의 체용 논리를 끌어들이지 않더라도 『중용』 자체의 맥락에서 충분히 설명할 수 있다. 먼저 Ⅲ절의 의미 맥락을 살펴보자. 『중용장구』 12장에서 먼저 비은(費隱)을 말하고서 곧바로 군자의 도에 대해 두 가지 방향에서 접근하고 있다. 먼저 생업에 종사하는 평범한 부부라도 알 수 있는 도가 있고 성인이더라도 모르는 궁극적 도가 있다고 주장한다. 또 실행의 측면에서도 부부가 충분히 할 수 있는 경우도 있고 성인조차도 제대로 할 수 없는 것이 있다고 말한다.[30]

이를 다시 군자의 도가 "부부 관계에서 단서를 찾을 수 있지만 궁극의 도리는 천지에 밝게 드러난다"라며 성인과 천지가 비슷한 맥락에서 논의되고 있다.[31] 이것은 바로 부부가 알 수 있고 실행할 수 있

---

28 『중용강의보』: 御問曰: 中庸費隱, 言雖不同, 君子之道不外乎中庸. 則言中庸處, 可作費隱看, 言費隱處, 可作中庸看耶? 抑中庸自是一義, 費隱自是一義, 而不可以强合爲說耶?

29 『중용강의보』: 大抵中庸者, 人道也. 費隱者, 天道也. 修道者, 不可以不知天. 故先言中庸, 而繼言費隱, 雖各一義, 其道則無二也.

30 『중용장구』 12장: 夫婦之愚, 可以與知焉. 及其至也, 雖聖人, 亦有所不知焉. 夫婦之不肖, 可以能行焉. 及其至也, 雖聖人, 亦有所不能焉.

31 『중용장구』 12장: 君子之道, 造端乎夫婦. 及其至也, 察乎天地.

는 도리가 비(費)에 해당되고 성인이더라도 알 수 없고 실행할 수 없는 도리가 은(隱)에 해당된다는 것을 알 수 있다.

『중용장구』12장의 이러한 구분은 『중용장구』13장에도 그대로 나타난다. "도가 사람에게서 멀리 떨어져 있지 않다"는 전제에서 출발하여 도끼자루의 기준을 밖에서 찾으며 멀다고 느끼는 사람을 언급하고 있다. 이어서 도(道)가 충서(忠恕)와 거리가 멀지 않다며 그 구체성을 설명하고 부자, 군신, 형제, 붕우 관계에서 실천적으로 논의하고 있다.

『중용장구』14장에서는 군자가 지금 있는 위치에서 할 일을 다 하지 그 너머의 것을 바라지 않는다는 점을 밝힌다. 『중용장구』15장에서는 군자의 도가 멀리가려면 가까운 데에서 시작하고 높이 오르려면 낮은 곳에서 시작한다는 평범한 상식을 말하고 있다.[32]

이렇게 보면 Ⅲ절은 처음에 비은(費隱)에서 출발하지만 그 비은은 체용과 무관하게 군자의 도가 부부, 즉 모든 사람에게 인식되고 실천할 수 있는 보편성의 측면과 성인조차도 인식하고 실천하기 어려운 특수성을 가지고 있다는 맥락을 나타낸다.

이 맥락을 바탕으로 Ⅲ절에서는 사람이 군자의 도를 실천할 때 멀다고 생각하거나 자꾸 외부에서 기준을 찾으려고 하지 말고(『중용장구』13장) 인륜 관계에서 충서(忠恕)를 실천하거나(『중용장구』13장) 모험과 요행을 바라지 말고 자신이 지금 처해 있는 일상적 상황에서 충실하

---

32 『중용장구』15장: 君子之道, 辟如行遠必自邇, 辟如登高必自卑.

게 하거나(『중용장구』14장)[33] 가깝고 낮은 곳에서 출발하면 된다(15장)
는 방안을 제시하고 있다.

우리는 Ⅲ절의 내용에 대해 체용 등의 논리를 끌어들이지 않고 내
재적 분석으로 충분히 해명할 수 있다는 점을 알게 되었다. 비와 은
은 작용과 본체의 맥락이 아니라 군자의 도가 갖는 보편성과 특수성
의 맥락으로 볼 수 있다. 또 보편성의 비와 특수성의 은은 충서(忠恕)
와 이비(邇卑)의 일상성에서 불원(不遠)으로 통합되면서 도의 편재성
을 나타내게 된다.

3.4 Ⅳ절: "子曰: 鬼神之爲德. …… 治國, 其如示諸掌乎!"

이 분류는 공영달의 10절에서 13절에 해당하고 주희『중용장구』
의 16장에서 19장에 해당된다. 정약용은 21)절에서 27)절로 분류했
고 오규 소라이는 15)장의 일부에서 17)장으로 분류했다. 여기서 오
규 소라이가 다른 사람에 비해 세분하지 않고 뭉뚱그려 파악한다는
점을 알 수 있다.

종래 Ⅳ절과 관련해서『중용』의 본문과 호응이 잘 되지 않는다
는 주장이 제기되었다. 즉 Ⅳ절의 내용을 살펴보면 귀신(鬼神)·제사
(祭祀)·효(孝) 등의 내용이 다루어지고 있는데, 이는 사람이 지켜야
할 덕목을 이야기하는 '중용'과 관련이 적다고 보는 것이다. 즉 Ⅳ절
의 내용은 '중용'보다 '예론(禮論)'이 잘못 끼어든 것이라고 보는 것이

---

33 『중용장구』14장: 故君子, 居易以俟命. 小人, 行險以徼幸.

다.[34] 이는 좀 뒤에 다루겠지만 효(孝)의 일차적 의미를 나타내는 제사
(祭祀)가 중용(中庸)과 어떻게 호응이 되는지를 전혀 모르기 때문에 제
기하는 주장이라고 할 수 있다.

그리고 Ⅳ절과 관련해서 '귀신'이 나오는『중용장구』16장이 논란
거리가 된다.[35] 특히 주희는 사서 중에『중용』이 유달리 어렵다고 하
면서 그 이유를 책의 "중간에서 귀를 말하고 신을 말하는" 데에서 찾
았다.[36] 주희는 사서와 오경을 비롯하여 고대 문헌에서 인격신의 특
성을 배제하려고 했다.

이 때문에『중용장구』16장의 귀신도 고대 사회에 어디서나 신봉
하는 초자연적 존재로 보려고 하지 않았다. 그는 북송 유학의 선배들
이 주장한 바를 수용했다. 이에 따라 귀신은 천지의 작용이자 조화의
자취로 보거나 음양 두 기의 뛰어난 기능이 된다.[37]

정약용은 사서와 오경의 해석에서 초자연적 존재를 배제하려는 주
희의 주석에 정면으로 반대했다. 그는 귀신을 인귀(人鬼)와 천신(天
神)으로 보고 '천지공용(天地功用)'과 '이기양능(二氣良能)'이『논어』에

---

34 楊祖漢, 황갑연 옮김,『중용철학』, 서광사, 1999, 249쪽.

35 서근식은 제16장의 다양한 주석을 중심으로 '귀신'의 의미를 규명하고 있지만『중용』
의 분절과 분장의 편제와 연결짓지는 않는다.「『中庸』16章鬼神章的比較研究-以朱
子 · 王夫之 · 伊藤仁齋 · 丁若鏞爲中心」,『유교문화연구』제5집, 2005, 119~135쪽
참조.

36 『주자어류』권62「中庸一 綱領」: 中庸之書難看. 中間說鬼說神, 都無理會.

37 『중용장구』16장: 程子曰: 鬼神, 天地之功用, 而造化之迹也. 張子曰: 鬼神者, 二氣
之良能也. 愚謂, 以二氣言, 則鬼者, 陰之靈也. 神者, 陽之靈也. 以一氣言, 則至而伸
者爲神, 反而歸者爲鬼. 其實, 一物而已.『중용장구』29장: 鬼神者, 造化之迹也.

서 말하는 맥락과 일치할 수 없다고 주장했다. 이에 따라 그는『주례』「대종백(大宗伯)」에 나오는 천신(天神)·지시(地示)·인귀(人鬼)의 삼분류(三分類)를 열거하면서 천신과 인귀의 이분류(二分類)로 수정할 것을 제안하고 있다.[38]

『중용』의 귀신은 텍스트의 내재적 맥락과 시대적 상황을 고려하면 정약용처럼 초자연적 존재로 보는 쪽이 훨씬 더 타당하다. 이는 정약용이 제시하는 문헌적 전거에서도 충분히 확인할 수 있는 사실이다. 하지만 귀신의 의미가 밝혀진다고 해서 Ⅳ절의 내재적 연관성이 밝혀지지 않는다. 실마리는『중용장구』16장에 있다. 앞서 귀신(鬼神)을 말하고 바로 이어서 제사지내는 이야기를 하고 있다.『중용장구』17장에서 순(舜)이 대효(大孝)로 거론되면서 종묘 제사를 언급하고 있다.

여기까지 보면 귀신과 제사 그리고 순의 대효와 종묘는 효(孝)라는 공통분모로 서로 연결될 수 있다. 귀신은 천신과 조상신(인귀)이고 효는 살아 있는 부모에게 한정되지 않고 돌아가신 조상에 지내는 제사로 확장될 수 있다. 이는 특히 효의 초기 의미가『논어』에서 보이는 부모와 자식 사이의 자연스러운 애정보다 조상에게 지내는 제사에 초점이 있다는 점과 잘 호응된다.[39]

『중용장구』18장에서는 문왕이 부친 왕계(王季)와 자식 무왕을 잘

---

38 『중용강의보』: 天以天神, 各司水火金木土穀山川林澤, 人主亦使人臣分掌是事. 及其後世, 乃以人臣之有功者, 配於天神, 以祭社稷, 以祭五祀, 以祭山川, 則名雖地示, 其實皆天神人鬼也. 人鬼者, 人死之鬼. '天地功用', '二氣良能', 非所論語人鬼也. 天神者, 本無形質, 爲上帝之臣佐, 昭布森列, 有號有位, 春官大祝, 實掌是事.

39 이와 관련해서 신정근,『효, 순간을 넘어 영원을 사는 길』, 문사철, 2016 참조.

이어주는 인물로 제시되고 있다. 또 무왕이 왕계와 문왕의 업적을 이어 천자가 되는 영광을 누리고 종묘 제사를 받게 되었다. 『중용장구』 19장에서는 무왕과 주공이 달효(達孝)로 평가하면서 그 효를 "과거 세대의 뜻을 잘 이어가며 현 세대의 일을 과거 세대의 전통에 따라 풀어나간다"[40]고 정의하고 있다. 이어서 종묘(宗廟)의 제사와 교사(郊社)의 예를 설명하고 있다.

지금까지 분장과 분절의 편제에서는 『중용』에서 귀신이 효와 긴밀하게 연결된다는 점을 놓쳤다. 이 때문에 귀신의 의미도 논란을 벌이고 편제의 구성도 다양하게 나타났던 것이다. 『중용』의 효는 살아 있는 부모와 자식 사이에 한정되지 않고 조상과 후손 사이에 일어나는 실로 범위가 아주 넓은 덕목이다. 이렇게 보면 Ⅳ절은 효가 후손이 천신과 인귀의 관계를 잘 유지하는 덕목이며 이를 주나라의 문왕, 무왕, 주공(周公)을 통해 살펴보고 있다고 할 수 있다.

3.5 Ⅴ절: "哀公問政. …… 道前定則不窮."

이 분류는 공영달의 14절에서 17절에 해당되는데, 2권 중 전권(前卷)이 끝나는 부분이다. Ⅵ절은 후권(後卷)이 시작되는 곳이다. 공영달의 분류에 따르면 Ⅰ절에서 Ⅴ절까지의 전권은 Ⅵ절에서 Ⅷ절까지의 후권이 내용상으로 구분된다고 할 수 있다. 주희 『중용장구』의 20장 1절에서 20장 8절에 해당된다. 정약용은 28)절에서 29)절로 분류하고 오규 소라이는 18)장의 일부로 분류한다.

---

40 『중용장구』 19장: 夫孝者, 善繼人之志, 善述人之事者也.

『중용장구』편제에서 20장의 분량이 다른 장에 과도하게 많다. 주
희 스스로 이에 대해 해명한 적은 없다. 정약용은『공자가어』에서 "애
공문정(哀公問政)"을 하나의 장으로 묶어놓고 있는데, 이를 차용했으
리라 밝히고 있다.[41] 앞에서 지적했듯이『공자가어』「애공문정(哀公問
政)」의 전반부는 주희의『중용장구』20장과 대동소이하다. 글자의 출
입이 있지만 내용은 비슷하다고 할 수 있다.『공자가어』「애공문정」
후반부 20장에 제일 먼저 '문정(問政)'의 질문을 하고 사라졌던 애공
(哀公)이 다시 등장하여 질문을 하고 공자 제자 재아(宰我)가 공자에게
귀신(鬼神)에 대해 질문하고 공자가 대답하고 있다.[42]

물론 V절은 문정(問政)에서 시작하여 인의(仁義)·달도(達道)·달덕
(達德)·지행(知行)·지인용(知仁勇)·구경(九經) 등 다양한 주제를 다
루고 있다. 구경(九經)은 천하와 국가를 다스리는 아홉 가지의 원칙을
가리킨다.[43] 조선 시대에 구경 중에 경대신(敬大臣)이 국정 운영에서
이해 당사자들끼리 자신의 입지를 강화시키는 논리로 원용되기도

---

41 『중용자잠』 2: 此下當別爲一章, 必與'哀公問'相連.『家語』竊取『中庸』, 連下'九經'
章, 都作與哀公問答.

42 『공자가어』「哀公問政」: (哀)公曰: 子之教寡人備矣, 敢問行之所始. 孔子曰: 立愛自
親始, 教民睦也. 立敬自長始, 教民順也. 教之慈睦, 而民貴有親. 教以敬, 而民貴用
命. 民旣孝於親, 又順以聽命, 措諸天下無所不可. (哀)公曰: 寡人旣得聞此言也, 懼
不能果行而獲罪焉. 宰我問於孔子曰: 吾聞鬼神之名, 而不知所謂, 敢問焉. 孔子曰:
人生有氣有魂, 氣者, 人之盛也, 精氣者人神之盛也. 夫生必死, 死必歸土, 此謂鬼, 魂
氣歸天, 此謂神, 合鬼與神而享之, 教之至也. 이후에도 공자의 귀신, 제사, 효에 대한
설명이 이어지고 있다.

43 『중용장구』 20장: 爲天下國家, 有九經. 曰修身也, 尊賢也, 親親也, 敬大臣也, 體群臣
也, 子庶民也, 來百工也, 柔遠人也, 懷諸侯也.

했다.[44]

먼저 구경의 대강을 제시하고서 다시 구경의 세목을 나열하고 있다. 이렇게 보면 V절은 치국과 평천하의 구경(九經)을 중심으로 각각에 요구되는 덕목을 제시하고 있다고 할 수 있다. 이는 구경의 개념을 통해 중용과 정치의 결합이 압축적으로 제시되고 있는 것이다.

3.6 Ⅵ절: "在下位, 不獲乎上. …… 純亦不已."

이 분류는 공영달의 18절에서 26절까지 해당되고 주희『중용장구』의 20장 9절에서 26장에 해당된다. 정약용은 30)절에서 43)절로 나누고 오규 소라이는 18)장 일부에서 25)장으로 나눈다. Ⅵ절에 대해 정약용은 아주 작은 단위로 분류하는 특징을 보여주고 있다. 또 공영달, 주희, 정약용, 오규 소라이 모두 끝나는 부분에 이견을 보이지 않아 일치된 편제를 보여준다.

Ⅵ절은 이전부터『중용』을 '중용(中庸)'과 '성(誠)'의 이경(二經) 편제로 나눌 때 널리 주목을 받아온 부분이다. Ⅰ절에서 Ⅴ절까지가 '중용경'이라면 Ⅵ절부터 Ⅷ절까지가 '성경'으로 분류될 정도였다.[45] 논의가 실제로 성(誠)에 집중되고 있다는 점에서도『중용』에서 아주 뚜렷한 특징을 보여주고 있다.

하지만 Ⅵ절 이후에 성(誠)이 32장에만 나오고 다른 곳에서 다른

---

44 백승종,『중용, 조선을 바꾼 한 권의 책』, 사우, 2019 참조.

45 김용옥,『중용, 인간의 맛』, 통나무, 2011, 105~106쪽 참조. 김용옥은 1장을 性論으로 보고 2장에서 20장 중반까지를 경계로 中庸論, 20장 후반에서 33장까지를 誠論으로 나눈다.

주제를 다루고 있지 않기 때문에 Ⅵ절 이하를 '성경(誠經)'으로 분류하기 어렵다.[46] 마찬가지로 Ⅰ절에서 Ⅴ절 중에 Ⅱ절에서 '중용'을 집중적으로 다루지만 전체를 '중용경(中庸經)'으로 분류하는 것도 타당하지 않다.

Ⅵ절의 성(誠)은 Ⅰ절처럼 '중니왈(仲尼曰)' 또는 '자왈(子曰)'의 발언자가 없다. 이것은 Ⅰ절에서 말했듯이 이하의 서술을 이끄는 경(經) 또는 개요의 지위를 갖는다고 할 수 있다. 즉 Ⅰ절에서 명령하는 천이 인도의 근원이라는 점을 명시하고서 중용(中庸) · 도(道) · 효(孝) · 정(政) 등의 내용이 잇따라 나오고, Ⅵ절에서 공감과 소통을 낳을 수 있는 성(誠)이 나오고 나서 도(道)와 성인(聖人)이 잇따라 나오는 식이다. 이런 측면에서 보면 Ⅰ절과 Ⅵ절에 발언자가 없는 사실을 그냥 넘어갈 일이 결코 아니다.

내용과 관련해서도 자세하게 논의하지 않아도 대부분 다음의 사실에 동의하다. 『중용』에서 성(誠)을 집중적으로 논의하고 있는 부분이다. 전국시대에서 한 제국 초기까지 시대를 넓힌다고 하더라도 Ⅵ절만큼 성을 집약적으로 다루는 곳은 없다. 따라서 Ⅵ절로 인해 동아시아 철학에서 성(誠)이 철학의 중요 개념으로 부각되었다고 해도 과언이 아니다. 별도의 표제어를 달지 않은 채 『중용』의 가운데에 들어 있는 것은 상당히 특출한 사례라고 할 수 있다.

내용을 좀 구체적으로 살펴보자. 『중용장구』 20장 9절에서 "성이

---

46 『중용장구』 32장: 唯天下至誠, 爲能經綸天下之大經, 立天下之大本, 知天下之化育, 夫焉有所倚?

하늘의 도이고 성하려는 것이 사람의 도"라는 점을 밝힌다.『중용장구』21장에서 성(誠)과 명(明)의 상관성을 밝히고『중용장구』22장에서는 지성(至誠)이 진성(盡性)으로 이어져서 사람이 궁극적으로 천지의 화육에 동참하는 삼재(三才)의 하나로 자리하게 되는 점을 밝히고 있다. 이로써『중용』에서 사람이 천지의 피조물에 한정되지 않고 천지와 함께 세계를 운영하는 일원으로 승격하게 된다.

3.7 Ⅶ절: "大哉, 聖人之道! ⋯⋯ 其孰能知之."

이 분류는 공영달의 27절에서 32절에 해당되고 주희『중용장구』의 27장에서 32장에 해당된다. 정약용은 44)절에서 52)절까지 나누고 오규 소라이는 26)장에서 30)장으로 나누었다. 네 사람은 차이를 보이지만 나름대로 소분류를 하고 있다.

내용을 보면『중용장구』27장에서는 Ⅲ절에 나왔던 군자지도(君子之道)에 대응하는 성인지도(聖人之道)가 예의(禮儀)와 위의(威儀)로 제시되고 있다.『중용장구』28장에서는 천자가 덕(德)을 가진 인물로서 제도의 입안자이자 집행자로 등장하는 반면에 자용(自用)과 자전(自專)의 인물이 재앙을 받는다고 말한다.[47]『중용장구』28장에 나오는 의례(議禮) · 제도(制度) · 고문(考文)은 27장에 나오는 예의, 위의에 대응한다고 할 수 있다.

『중용장구』29장에서는『중용장구』28장에 나온 의례(議禮) · 제도

---

[47]『중용장구』28장: 愚而好自用, 賤而好自專, ⋯⋯ 災及其身者也. ⋯ 非天子, 不議禮, 不制度, 不考文.

(制度)·고문(考文)의 삼중(三重)이 군자지도가 민의 신뢰를 받고 정당성을 확보하려면 어떻게 해야 하는가를 다루고 있다. 묵자가 비슷한 상황에서 일찍이 본(本)·원(原)·용(用)을 세 가지 기준, 즉 삼표(三表)[48]로 제시한 적이 있는데, 『중용장구』 29장에서는 그 기준으로 삼중을 제시하고 있다. 삼중의 군자지도는 여섯 과정의 검증을 거치므로 의혹이 남아 있을 리가 없기 때문이다.[49]

『중용장구』 30장에서는 공자가 요와 순임금이 했던 업적을 기리고 기준으로 삼았는데, 그들은 만물을 함께 기르는 병육(竝育)의 존재로 간주된다. 『중용장구』 31장에서는 최고의 성인으로 지성(至聖)이 다섯 가지의 품성을 지니고 있기 때문에[50] 중국과 이민족의 세계모두 존중을 받아 천과 짝이 될 수 있는 배천(配天)의 존재로 간주되고 있다.

『중용장구』 32장에서는 유천하지성(唯天下至誠, 이하 '至誠'으로 약칭)이 주체로 나오는데, 이는 『중용장구』 31장의 유천하지성(唯天下至聖, 이하 '至聖'으로 약칭)과 대응한다. 『중용장구』 32장은 내용상으로 『중용장구』 31장과 대동소이하다. 『중용장구』 32장의 '지성(至誠)'이 천지의 화육에 참여한다고 하는데, 이는 『중용장구』 31장 '지성(至聖)'이

---

48 민홍석, 「묵자철학의 핵심처는 어디인가」, 『양명학』 제34호, 2013, 170~171쪽; 신정근, 『노자와 묵자, 자유를 찾고 평화를 넓히다-무유의 세계를 대표하는 두 거장의 이야기』, 성균관대학교출판부, 2015 참조.

49 『중용장구』 29장: 王天下, 有三重焉. 其寡過矣乎! …… 故君子之道, 本諸身, 徵諸庶民, 考諸三王而不謬, 建諸天地而不悖, 質諸鬼神而無疑, 百世以後聖人而不惑.

50 『중용장구』 31장: 唯天下至聖, 爲能聰明睿知, 足以有臨也. 寬裕溫柔, 足以有容也. 發强剛毅, 足以有執也. 齊莊中正, 足以有敬也. 文理密察, 足以有別也.

배천(配天)한다는 것에 대응한다.

또 『중용장구』 32장의 '지성(至誠)'이 총명(聰明)과 성지(聖知)를 갖춰 천덕(天德)에 통달한다고 하는데, 이는 『중용장구』 31장의 '지성(至聖)'이 앞에서 말한 다섯 가지 품성을 갖는다는 점에 대응한다. 『중용장구』 32장의 지성(至誠)과 『중용장구』 31장의 지성(至聖)은 의미상으로 동일하다고 할 수 있다.

이렇게 보면 Ⅶ절은 성인이 뛰어난 품성을 바탕으로 천(天) 또는 천지(天地)와 함께 세계를 공평하게 운영하는 이상사회의 실상을 보여주고 있다. Ⅶ절의 성인지도는 Ⅴ절의 구경과 호응을 이룬다. Ⅴ절에서는 치국과 평천하의 기준으로 구경(九經)을 제시했다면 Ⅶ절에서는 구경이 문명의 제도를 입안한 성인지도에 연원을 두고 있다는 점을 말하고 있는 셈이다.

Ⅶ절에서 성인은 중용과 성을 비롯하여 세계의 질서를 설계하고 운영하는 주체로서 등장하고 있다. 성인은 역사적으로 다양한 문맥에서 그 중요성을 나타냈다. 『시경』 『서경』에서 성인은 큰 귀를 가지고 듣는 능력이 뛰어난 성인은 천상과 지상을 매개하는 인물로 그려진다.[51] 여기서 성인(聖人)은 역사적 기원을 달리하는 예(禮) 또는 삼중(三重)에 바탕을 두고서 세상에 중용과 성의 제도화와 일상화를 추진하면서 천과 소통하는 특성을 갖는다.

---

51 신정근, 「구원자로서 철인과 유비추리의 성인: 『書經』과 『詩經』의 西周, 춘추 초기 문헌을 중심으로」, 『철학논구』 제25집, 1997, 1~23쪽 참조.

3.8 Ⅷ절: "詩曰: 衣錦尙絅. …… 上天之載, 無聲無臭, 至矣."

이 분류는 공영달의 33절에 해당되고 주희『중용장구』의 33장에 해당된다. 정약용은 53)절에서 59)절로 세분화했고 오규 소라이는 31)장으로 분류했다. Ⅷ절은 서술의 형식 측면에서 상당히 독특하다. Ⅰ절을 제외하고 나머지는 대부분 '중니왈' 또는 '자왈'의 발언자를 제시한다. 물론『중용장구』15장처럼 '시왈(詩曰)'과 '자왈(子曰)'이 혼재된 경우도 있다.[52]

Ⅷ절은 모두 '시왈(詩曰)'이 3차례, '시운(詩云)'이 4차례, 아무런 표시 없이 1차례처럼 모두 8차례『시경』을 인용하면서 시작되고 있다.[53]『시경』은 공자를 비롯하여 맹자 등도 자신의 주장을 입증하기 위해 자주 인용한다.[54] 하지만 공자가『논어』에서『시경』과 함께『서경』을

---

52 『중용장구』15장: 詩曰: 妻子好合, 如鼓琴瑟. 兄弟旣翕, 和樂且耽. 宜爾室家, 樂爾妻帑. 子曰: 父母其順矣乎! 먼저『시경』「小雅 常棣」의 구절을 인용하고서 공자가 자신의 느낌을 코멘트하고 있다. 이러한 형식은『논어』를 비롯하여 다양한 문헌에 나타난다. 물론『논어』등의 문헌에는 반대로 자신의 주장을 서술하고 나서『시경』과『서경』의 구절을 인용하는 경우도 있다.

53 주희의『중용장구』에 따르면 33장 7절이고, 정약용에 따르면 59절인데, 그 내용은 다음과 같다. 詩云: 德輶如毛. 毛猶有倫. 上天之載, 無聲無臭, 至矣. "德輶如毛"는『시경』「大雅 蒸民」에 나오는 구절인데 '詩云'의 형태로 인용하고 코멘트를 하고 있다. 반면에 "上天之載, 無聲無臭"는『시경』「大雅 文王」에 나오는 구절인데, 아무런 표시 없이 인용하고 코멘트를 하고 있다.

54 맹자는 군주가 백성과 與民同樂을 해야 한다며『詩經』「大雅 靈臺」의 "經始靈臺, 經之營之, 庶民攻之, 不日成之. 經始勿亟, 庶民子來."라는 구절을 인용하고, 獨樂을 하면 재앙의 불행이 닥친다며『서경』「湯誓」의 "時日害喪, 予及女偕亡."이라는 구절을 인용하고 있다.

인용하지만[55] 『중용』에서는 『서경』을 한 차례도 인용하지 않는다. 이것도 『중용』텍스트가 가지는 하나의 특징이라고 할 수 있다. 즉『중용』의 지은이는 『서경』보다 『시경』의 학통과 긴밀한 관련을 맺고 있다고 할 수 있다.

이처럼『중용』이 『시경』을 인용하고서도 그 의미를 풀이하는 양식에도 일정한 특징을 보이고 있다. 이는『논어』등 다른 문헌에서도 일찍이 나타나는 학문 방법이기도 하다. 예컨대 "고(故)"로 호흡을 끊고서 시의 의미를 풀이하는 경우가 1차례 있고, "고군자(故君子)"로 호흡을 끊고 풀이하는 경우가 2차례 있고, "시고군자(是故君子)"로 끊고서 풀이하는 경우가 2차례 있고, "자왈(子曰)"로 호흡을 끊고 풀이하는 경우가 1차례 있고, 아무런 표현 없이 풀이하는 경우가 2차례 있다.

Ⅷ절에서 모두 8차례에 걸쳐 『시경』을 인용하고서 완전히 동일하지는 않지만 인용문과 풀이를 "고(故)"로 끊어주는 양식을 보인다고 할 수 있다. 『시경』의 권위를 빌려서 자신이 던지고자 하는 말의 메시지를 전달하고 있다. 이러한 형식은 한 제국 초기의『한시외전(韓詩外

---

55 공자와 제자 子貢이 貧富 문제를 해결하는 덕목을 논의할 때 자공은 "詩云: '如切如磋, 如琢如磨', 其斯之謂與?"이라면 『詩經』「衛風 淇奧」을 인용하고 공자는 "賜也, 始可與言詩已矣, 告諸往而知來者."라고 칭찬을 아끼지 않았다.(「학이」 15) 또 공자는 당시 사람들로부터 풍부한 학식을 지니고서 정치를 왜 하지 않느냐는 비판성 질문을 받고서 "書云: '孝乎惟孝, 友于兄弟, 施於有政.' 是亦爲政, 奚其爲爲政?"(「위정」 21)이라고 『서경』을 인용하며 대답했다. 현재 공자가 제시한 구절은 『古文尙書』「君陳」에 앞의 두 구절이 비슷한 꼴로 보이지만 지금 전해지지 않은 逸文으로 간주된다. 이처럼 공자는 『시경』과 『서경』을 두루 인용했지만 『중용』에는 『서경』이 보이지 않는다.

傳)』 등에도 그대로 반영되고 있다.[56] Ⅷ절은 Ⅰ절과 함께 형식의 측면에서 책이 완성된 시기를 알려줄 수 있는 단서를 제공한다.[57]

내용을 살펴보면 제일 먼저 군자와 소인이 옷차림을 비롯하여 형태에서 보이는 차이를 설명한다. 이어서 군자가 늘 자기 반성을 하고 타의 모범이 되는 존재라는 점을 강조한다. 이 때문에 군자가 당근을 주고 채찍을 휘두르지 않아도 민이 그의 리더십에 잘 호응하게 된다.

이렇게 군자가 이 세계를 이끌어가는 주체로 등장하고 있다. 이는 Ⅷ절의 군자가 Ⅲ절의 군자지도, Ⅶ절의 성인지도와 연결된다는 점을 나타낸다. 따라서 『중용』은 군자 또는 성인이 민을 이끌어서 천 또는 천지의 흐름에 동참하도록 하는 틀을 보여주고 있다.

마지막으로 군자가 민을 잘 이끌어서 선으로 변화시키려고 할 때 무엇을 중시해야 하는가라는 화민(化民)의 문제를 던진다. 이에 대해 무엇이 좋은지 차례대로 살핀다. 먼저 음성과 낯빛, 즉 언어적 명령과

---

56 『韓詩外傳』 권1에 나오는 사례를 한 가지 소개하고자 한다. 哀公問孔子曰: 有智者壽乎? 孔子曰: 然. 人有三死而非命也者, 自取之也. 居處不理, 飮食不節, 佚勞過度者, 病共人殺之. 居下而好乾上, 嗜欲無厭, 求索不止者, 刑共殺之. 少以敵衆, 弱以侮强, 忿不量力者, 兵共殺之. 故有三死而非命者, 自取之也. 『詩』曰: "人而無儀, 不死何爲?" 『한시외전』에는 애공과 공자의 문답을 소개하고 있다. 애공이 공자에게 지혜로운 사람이 장수하는가라고 물었다. 공자는 애공의 질문에 긍정하고서 천수를 누리지 못하는 세 가지 사례를 설명한다. 마지막에 『시경』 「鄘風 相鼠」를 인용하여 예의가 없으면 사람이 일찍 죽을 수밖에 없어 장수를 누리지 못한다는 자신의 주장을 뒷받침하고 있다.

57 『중용』의 성서 문제는 분량의 제한으로 인해 여기서 다루지 않는다. 다만 Ⅷ절의 형식은 毛詩보다 韓詩의 전통에서 두드러지게 나타나는 학문 방법론을 그대로 원용하고 있다는 점을 지적하고 싶다.

감성적 표시를 제시해놓고 말단이라고 비판한다. 이어서 모범적인 사례를 제시하고서 비교의 대상이 되므로 부족하다고 비판한다. 마지막으로 아무런 소리도 내지 않고 아무런 냄새도 피우지 않고 세상을 움직이는 하늘의 방식이야말로 궁극적이라는 결론을 내리고 있다.[58]

소리도 없고 냄새도 없는 무성무취(無聲無臭)의 천은 Ⅰ절에 나오는 명령하는 천과 호응한다. 달리 표현하면 처음의 명령하는 천에서 마지막의 무성무취의 천이 머리와 꼬리로서 서로 맞물리는 특성을 드러내고 있다. Ⅰ절의 명령하는 천이 인간의 본성과 세상 질서의 근원으로 나오고 있다면 Ⅷ절의 소리와 냄새가 없는 천은 민을 변화시키는 가장 궁극적인 길로 나오고 있다.

4. 맺음말

『중용』의 분절과 분장의 편제는 다양하게 시도되었다. 예컨대 공영달은 2권 33절, 주희는 육대절과 사대절의 33장, 이토 진사이(伊藤仁齋)는 상하편(上下篇) 37장, 오규 소라이(荻生徂徠)는 31장, 정약용은 59절로 나누는 등 분절과 분장을 다르게 하고 있다.

나는 형식의 독특성과 내용의 연관성을 기준으로『중용』을 팔대절로 나누고자 한다. 이를 통해『중용』은 줄거리와 틀을 파악할 수 없는 난삽한 책이 아니라 처음과 끝이 맞물리며 전달하고자 하는 내용이

---

58 『중용장구』 33장: 詩云: 予懷明德, 不大聲以色. 子曰: 聲色之於以化民, 末也. 詩云: 德輶如毛. 毛猶有倫. 上天之載, 無聲無臭, 至矣.

분명한 완정한 텍스트로 드러나게 되었다.

이제 지금까지 논의를 바탕으로 『중용』을 팔대절(八大節)로 나누면서 각각의 분절이 무엇을 중점으로 다루는지 간단히 도표로 정리하고자 한다.

구분 대절	분절	키워드	주제	발언자	비고
I	01	天	性, 中和		經, 개요
II	02~11	中庸	時中, 用中	仲尼曰, 子曰	
III	12~15	道	費隱, 忠恕	子曰	
IV	16~19	孝	祭祀	子曰	
V	20.1~20.8	政	九經	子曰	
VI	20.9~26	誠	天道, 人道		經, 개요
VII	27~32	聖人	三重	子曰	
VIII	33	天	化民	詩云, 詩曰	故, 是故

키워드로 보면 天은 I절과 VIII절 두 번 보이고 중용(中庸)은 II절에 주로 논의된다. III절의 도(道)는 중용의 가치이고 IV의 효(孝)와 V절의 정은 중용을 사회화시키는 영역이다. VI절의 성(誠)은 중용이 공감을 낳아 공유할 수 있는 바탕이고 VII절의 성인은 중용을 천지 차원으로 확장시킬 수 있는 주체이다.

천은 인간 본성과 세계 질서의 근원이고 성인 또는 군자는 천도를 파악하여 중용과 성으로 인도에서 완전하게 구현하고자 했다. 이때 성인 또는 군자는 구경과 삼중을 바탕으로 민에게 신뢰와 정당성을 얻을 수 있고 제사를 통해 지상의 후손과 천상의 조상을 이어 천지의 운행에 동참하는 존재였다.

『중용』의 원의에 따르면 비은(費隱)과 귀신(鬼神)도 새롭게 해석될
수 있다. 비은은 작용과 본체의 맥락이 아니라 군자의 도가 갖는 보편
성과 특수성의 맥락으로 볼 수 있다. 또 보편성의 비와 특수성의 은은
충서(忠恕)와 이비(邇卑)의 일상성에서 불원(不遠)으로 통합되면서 도
의 편재성을 나타내게 된다.

귀신은 음양 이기의 작용보다는 지상의 후손과 천상의 조상신 또
는 천신을 이어지는 제사 맥락에서 쓰이고 그것은 다시 효의 맥락에
서 정합적 해석이 가능해진다고 할 수 있다. 이것은 모두 『중용』의 팔
대절(八大節)로 나누면서 정합적 편제와 내재적 의미 분석을 통해 얻
을 수 있는 결론이라고 할 수 있다.

제5장

『중용』과 귀신의 관계
그리고 '중용'의 정식화

1. 문제 제기

『중용』은 사서(四書) 중에서도 난해한 책으로 정평이 나 있다.[1] 누가 사서를 읽으려고 한다면 우리는 보통 『중용』을 다른 책보다 뒤에 읽으라고 권한다. 다른 책보다 어렵기 때문이다. 그럼 이 난해성은 도대체 어디에서 오는 것일까? 제1장을 보면 알 수 있듯이 『중용』은 읽는 사람에게 숨 고를 틈도 주지 않고 제일 처음부터 그 요의(要義)를 꺼내놓는다.

조선 시대의 많은 사상가들은 이해를 돕기 위해서 주자학의 소양에 바탕을 두고서 『중용』의 요의를 도설(圖說)로 풀이하여 그것의 전체 맥락과 의미를 밝히려고 노력하기도 했다.[2] 성공 여부와 상관없이

---

1 『朱子語類』권62 「중용」 1 「綱領」: 中庸, 初學者未當理解.(1479쪽)

2 조선시대의 『중용』 圖說로는 권근의 『入學圖說』 중 제7도 「中庸首章分釋之圖」를 필두로 해서 윤휴의 『白湖全書』 35권 雜著 중 「中庸之圖」, 정제두의 『霞谷集』 중 「中庸兩截圖」, 한원진의 『經義記聞錄』 중 「中庸圖」, 이진상의 『寒洲全書』 「心圖」 중 「中庸四支六節圖」 등이 있다. 자세한 내용은 한국사상연구회, 『도설로 보는 한국 유학』, 예문서원, 2000 참조.

『중용』 정복을 위한 눈물겨운 분투라고 할 수 있다. 즉 한눈에 들어오는 '그림'은 『중용』의 의미를 붙잡아두는 그물 역할을 하리라 생각했던 것이다.

이 난해성은 『중용』에서 성(性)·도(道)·성(誠) 등 형이상적 주제를 다루고 있다는 사실에서만 오는 것은 아니다. 텍스트로서 『중용』은 사실 내용만이 아니라 그 형식도 난해성을 한층 덧보태고 있다. 『중용』의 경우 어떠한 책이든 가장 기본이라고 할 수 있는 편제와 구성마저 불안정하기 그지없다. 먼저 텍스트 제목이 『중용(中庸)』이면서도 본문에서는 정작 '중용'을 전문적으로 다루지도 않는다.

이와 비슷한 내용으로 '중화(中和)'에 주목한다고 하더라도 그 자체도 『중용』에서 그렇게 집중적으로 다루어지지 않는다.[3] 그리고 또 20장[4]의 내용은 다른 장에 비해서 터무니없이 분량이 너무 많다. 여기에 그치지 않고 20장의 중반을 경계로 갑자기 중용(中庸)이 아니라 성(誠)이 집중적으로 등장하기 시작한다. 이를 보면 이 책이 과연 『중용』인지 『성』인지 헷갈리기 십상이다.[5]

사실 지금까지 거론한 이야기는 전통시대의 사상가나 근대 이후

---

3 『中庸章句』에 보면 이정의 제자 游酢는 "以性情言之, 則日中和. 以德行言之, 則日中庸."이라는 주장을 펼치며 중화와 중용을 같은 맥락에서 바라보고 있다.

4 『中庸』의 분류와 체제는 주석가와 사상가마다 달리 본다. 여기서는 주희의 『중용장구』 33장 분류에 따른다.

5 『노자』를 『道德經』이라 하듯이 『중용장구』 20장 중반을 기준으로 '중용'과 '성'으로 주제가 나뉜다. 이와 관련해서 김용옥, 『도올선생 중용강의』, 통나무, 1995 참조.

의 연구자들에 의해서 이미 지적되었고 나름대로 해답이 나왔다.[6] 그럼에도 불구하고 오늘날 우리가 『중용』을 읽고 그 의미를 파악하기가 여전히 쉽지 않다. 우리가 『중용』에 보다 편안하게 접근하려면 어떻게 해야 할까? 무한한 인내심을 발휘해서 『중용』이 스스로 우리에게 말을 걸 때까지 기다리는 것도 방법이 될 수 있다.

기다리지 않으려면 이해를 가로막는 숨은 코드를 찾아서 풀어내야 한다. 코드의 해독은 여러 가지 의문에 싸여서 진실로 접근하는 것을 막는 수수께끼와 같은 암초를 어떻게 걷어내느냐에 달려 있다. 이 글에서는 암초를 두 가지로 보고자 한다.[7] 첫째, 『중용』의 전체 맥락과 귀신장 의미의 양립 가능성이다. 둘째, '중용'에 따른 삶의 윤리적 정식화(격률)의 문제이다.

두 가지 암초를 성공적으로 걷어낸다면 우리는 지금보다 쉽고 편

---

6 현대 신유학자 중 뚜웨이밍은 일찍부터 『중용』에 주목했지만 여전히 '도덕 형이상학'의 관점에 머무르고 있을 뿐 '중용'의 격률(정식화)에 관심을 기울이지 못하고 있다. 정용환 옮김, 『뚜웨이밍의 유학 강의』, 청계(휴먼필드), 1999 참조.

7 이 이외에도 中과 庸의 의미도 논란의 대상이 된다. 二程은 中을 不偏으로, 庸을 不易으로 보지만 주희는 중을 未發之中과 隨時之中으로 나누어서 각각 不偏不倚와 無過不及으로 보고, 庸을 平常으로 본다. 정약용은 중을 주희와 같이 보고, 용을 有常으로 본다. 이러한 개념 규정은 단순히 의미의 차이가 아니라 『중용』을 어떤 책으로 보느냐와 관련이 있다. 그리고 『중용』에는 다양한 개념들이 나오지만 그 층위와 관계가 설명되지 않아서 개념의 지도를 그리기가 어렵다. 예컨대 道·中·誠은 의미상으로 서로 겹치는 지점도 있으면서 동시에 구별되는 지점이 있다. 이를 삼위일체로 고려해서 중은 공평성과 중심성을, 성은 진정성과 소통성을, 도는 목표와 과정에 초점이 있는 것으로 본다면 개념의 지도를 그려서 『중용』을 보다 쉽게 이해할 수 있을 것이다. 이와 관련해서 신정근, 『중용, 극단의 시대를 넘어 균형의 시대로』, 사계절, 2010 참조.

안하게 『중용』의 의미 또는 '중용'에 따른 삶의 정체에 다가갈 수 있으리라 생각한다.

2. 『중용(中庸)』과 귀신(鬼神)은 양립 가능한가?

1) 코드의 소재

주희(朱熹, 1130~1200)는 『중용장구』에서 '귀신장'과 관련해서 의문을 제기한다. 먼저 그의 말을 들어보자. "『중용』이란 책은 원래 보기(읽기)가 어려운데, 가운데 부분(즉 16장)에 귀(鬼)를 말하고 신(神)을 말하지만 도무지 왜 그렇게 하는지 이해할 수가 없다."[8] 주희와 같은 당대 최고의 지성인이 고개를 절레절레 흔들 정도라면 귀와 신 또는 귀신은 『중용』과 도저히 어울릴 수 없는 것이다. 적극적으로 해석한다면 주희의 의문은 "『중용』과 귀신은 의미상으로 호응하기 어렵거나 없다."고 말할 수 있다.

왜 주희는 『중용』에 '귀신'의 존재를 도무지 이해할 수 없다고 말하게 되었는지 그 배경을 알아보자. 이에 대한 해답은 의외로 간단하다. 송나라에 이르러 천(天)만이 아니라 귀신(鬼神) 등 종래 인격적 존재 또는 초자연적 존재로 여겨오던 방식을 완전히 뒤집었다.

대표적인 실례가 천(天)과 상제(上帝)를 바로 이(理)와 동일시하는

---

8 『朱子語類』 권62 「중용」 1 「강령」 「讀中庸法」: 中庸之書難看, 中間, 說鬼說神, 都無理解.

사고이다.[9] 이러한 이성주의 사고로 인해 도학자, 즉 신유학자들은 불교나 민간종교에 초월적 존재에 의지하여 현실의 고통을 해결하고 미래의 복을 비는 신앙 행위를 음사(淫祀)로 보고 그것을 강하게 부정했다.[10]

신유학자들은 천(天)을 이(理)로 해석하게 되면, 천(天)이 상제(上帝)처럼 또는 천(天)과 상제(上帝, 즉 하느님)가 인격적 존재로 이해될 수 있는 가능성이 원천적으로 차단되게 된다. 이에 따라 귀신(鬼神)도 자연히 사람을 상대로 뜻밖의 도움을 주거나 해코지를 하는 초월적 존재가 될 수 없었다.

귀신은 정이(程頤, 1033~1107)에게 음양의 조화로 빚어낸 자취이고[11] 장재(張載, 1020~1077)에게 음양 두 기의 양능(良能)으로 재해석되

---

9 『二程集』제3책, 『周易程氏傳(伊川易傳)』권1 乾卦 주: 夫天者, 專言之則道也, 天且弗違是也. 分而言之, 則以形體謂之天, 以主宰謂之帝, 以功用謂之鬼神, 以妙用謂之神, 以性情謂之乾.(695쪽)

10 송나라(960~1279)의 신유학자들이 10세기 무렵에 가치와 질서의 근원을 객관적 이치[理]에 두면서 신적 존재를 추방했는데, 이는 동아시아 철학만이 아니라 세계 철학사의 맥락에서도 특기할 만한 사항이다. 아울러 그들은 사후 세계의 영생과 구원만이 아니라 윤회마저 긍정하지 않았다. 이것만으로도 극단적인 이성주의자로 볼 수 있다. 여기서 신유학자들이 무엇을 확신하고 있었기에 인간적인 약점과 한계 안에서 불안과 공포 그리고 무의미를 극복할 수 있었을까, 라는 근원적 질문을 던질 수 있다. 이에 대해서 별도의 전문적인 논의를 필요로 하므로 자세한 논의는 다음으로 미룬다. 남송시대의 국가 전례와 주희의 제사, 귀신 그리고 음사 비판과 관련해서 이용주, 『주희 문화이데올로기』, 이학사, 2005; 박성규, 『주자철학의 귀신론』, 한국학술정보, 2005 참조.

11 『周易程氏傳』「건괘 문언전」주: 鬼神者, 造化之迹也.(705쪽)

었다.[12] 나아가 주희도 두 사람의 관점을 이어받아서 귀신을 음양의 현상으로 보고 음운(音韻)의 유사성에 따라 귀와 신을 각각 기가 펼쳐서 뻗어가거나 되돌아가는 작용으로 설명했다.[13] 이처럼 송나라의 지성적 분위기에서 귀신은 단순히 음양론(陰陽論)으로 환원되었던 것이다.

이제 우리는 주희가 왜 『중용』의 가치와 '귀신'의 존재 사이의 연관성에 회의를 하게 되었는지 그 맥락을 이해하게 되었다. 즉 주희의 사유방식에서 초월적 존재로서 귀신은 『중용』만이 아니라 그 어디에도 들어설 자리가 없고 기의 발산과 수렴으로서 귀신, 즉 자연학의 대상은 사람의 의식과 가치를 말하는 중화(中和)와 어울릴 수 없었던 것이다.

2. 『중용』의 가치와 귀신의 존재는 양립 가능하다

주희는 16장(귀신장)을 5단락으로 나누었는데 그 중 첫 단락을 살펴보자. "子曰: 鬼神之爲德, 其盛矣乎?" 우리는 『논어』 「옹야」 20의 "子曰: "中庸之爲德也, 其至矣乎! 民鮮久矣."라는 구절을 떠올릴 수 있다. 『중용』의 귀신장과 「옹야」 29를 나란히 두고 보면 성(盛)과 지(至)의 글자만 다르지 구문이 똑같다. 성(盛)과 지(至)가 의미상으로 서

---

12 『正蒙』「太和」: 鬼神者, 二氣之良能也.

13 『중용장구』 16장: 愚謂 以二氣言, 則鬼者, 陰之靈也. 神者, 陽之靈也. 以一氣言, 則至而伸者爲神, 反而歸者爲鬼. 其實一物而已.

로 바꾸어 쓸 수 있으므로 두 문장이 완전히 같다고 할 수 있다.

'귀신'을 '중용'으로 바꾸더라도 문제가 없어 보인다. 하지만 16장의 3-4번째 단락에서 제사(祭祀)를 말하고 『시경』을 인용해서 신(神)의 강림을 말하고 있으므로 '귀신'을 '중용'으로 바꿀 수 없을 듯하다.[14] 만약 『중용』 16장의 '귀신'이 '중용'의 잘못이라고 한다면 주희는 결코 의문을 품지 않았을 것이다. 잘못이 아니므로 주희는 자신의 관점에서 품을 수밖에 없는 의문을 말했던 것이다.

이제 주희의 의문을 풀어내려면 주희의 세계 안이 아니라 바깥에서 길을 찾을 수밖에 없다. 이와 관련해서 정약용(丁若鏞, 1762~1836)의 『중용자잠(中庸自箴)』과 『중용강의보(中庸講義補)』에 나타난 설명을 들어보자. 그는 재명성복(齊明盛服)의 3단락을 상제(上帝)에게 교(郊) 제사를 지내는 것으로 파악한다.

상제가 귀신과 마찬가지로 형체와 바탕이 없기 때문에 원문에서 상제 대신에 귀신으로 적은 것으로 본다.[15] 이러한 사고방식은 그로 하여금 『주례(周禮)』 「대종백(大宗伯)」에 나오는 귀신의 세 가지 존재 양식, 즉 천신(天神)·지시(地示)·인귀(人鬼)를 인정하게 만든다.(물론 그는 지시를 천신에 흡수시켜서 천신과 인귀 둘을 인정하고 있다.)

이어서 그는 주희가 정이와 장재의 주장을 원용하여 귀신을 정의

---

14 『朱子語類』 권63 「중용」 2를 보면 귀신장 1단락의 "鬼神之爲德"에 나오는 '鬼神'을 陰陽으로 설명한다고 하더라도 그것이 3단락의 "齊明盛服, 以承祭祀, 洋洋乎如在其上, 如在其左右."의 맥락과 호응할 수 있는지, 질문을 하고 있다.(1544쪽) 왜냐하면 3단락은 분명히 초월적 존재를 명시 아니면 암시하는 구절로 볼 수 있기 때문이다.

15 『與猶堂全書』 제2집 『中庸自箴』 권1 16ㄱ(52쪽)

하는 방식을 정면으로 부정했다. 그 이유는 다음과 같다. 첫째, 신유학자들은 신의(新義)를 내세우며 경문(經文)을 내버려두고 '천지 공용'이니 '이기 양능'처럼 『논어』의 인귀와 일치하지 않는 말을 사용하고 있다.

둘째, 음양의 기는 그림자와 햇빛에 해당될 뿐이므로 낮과 밤, 추위와 더위를 낳을 수 있지만 지각이 없으므로 조화를 낳아서 제사의 대상이 될 수는 없다. 셋째, 옛 사람들은 진실한 마음으로 하늘을 섬기고 신(神)을 섬기면서 자신들의 행동 하나하나가 순수한지 거짓인지 경계하면서 신적 존재의 감시를 의식했다.[16]

정약용은 오경(五經)과 사서(四書)를 통해서 세계의 질서와 가치 근원으로 상제(上帝)를 재소환하고 있기 때문에 이(理)의 형이상학과 음양(陰陽)의 자연학, 즉 주희의 사고방식을 비판할 수밖에 없었다. 이처럼 그는 주희와 다른 지반에 서 있었기 때문에 귀신을 통해 상제를 찾아낼 수 있었고 나아가 세계를 인간의 도덕 이성 아래에 두지 않고 초자연적 존재와 인간 사이의 감시(監視)와 경계(警戒)의 자장으로 재배치했던 것이다.

이로써 『중용장구』 16장은 『중용』의 가치와 어긋나거나 삐거덕거리지 않고 오히려 그 가치를 낳고 기르고 지키는 근원에 대한 숭배를 정당화시키고 있다. 결국 정약용은 자신의 관점에서 주희의 관점을 비판하고 있는 것이다.

정약용(丁若鏞)과 달리 『중용』 안에서 근거를 찾아서 귀신장과 『중

---

16 『中庸講義補』 권1 20-21(70-71쪽)

용』가치 사이의 양립 가능성을 모색할 수 없을까? 주희의 부정과 정약용의 긍정이 아닌 제3의 길을 찾아보기로 하자.

중(中)의 의미는 널리 알려진 주희의 치우치지도 기울어지지도 않고 넘치지도 모자람도 없는 풀이[不偏不倚, 無過不及]를 보든 어원과 기본적인 의미를 보든 균형과 관련이 있다.[17] 그렇다면『중용』에서 어느 쪽으로 치우쳐서 균형을 회복할 수 없는 것으로 보는 것과 완벽한 균형이 잡힌 것으로 보는 것을 살펴보기로 하자. 이를 통해서 최종적으로『중용』에서 왜 귀신을 말하게 되는지를 그 코드를 풀어낼 수 있을 것이다.

『중용장구』14장에 보면 군자(君子)와 달리 소인(小人)은 위험한 길을 걸어가고 요행을 바라고 있다[行險徼幸].『중용장구』11장에 보면 공자(孔子)는 "드러내놓지 못할 일을 찾고 괴상망측한 일을 실행하는 것"[素隱行怪]을 반대하고 있다. 여기서 험(險)과 행(幸) 그리고 은(隱)과 괴(怪)는 중(中)과 대비해볼 때 어느 한쪽으로 완전히 기울어져서 반대로 되돌아와서 균형을 회복할 수 없는 것이다. 즉 극단을 나타낸다고 할 수 있다.

우리는 이러한 험(險)과 행(幸), 은(隱)과 괴(怪)의 실례를『중용장구』10장에서 찾을 수 있다. 거기에서 자로(子路)와 공자 사이에 강(强)에 대해 문답을 하고 있다. 공자는 강의 유형을 나누어서 말하고 있는데, 그 중에 북방의 강을 풍찬노숙하느라 "병기와 갑옷을 깔고

---

17 中은 어원적으로 깃발과 관련이 있다. 이와 관련해서 최영진, 「유교의 중용사상에 관한 고찰」,『동서사상의 대비적 조명』, 성균관대학교출판부, 1994 참조.

자며 싸우다가 죽게 되더라도 조금도 거리낌이 없는 것"으로 규정하고 있다.

이러한 유형의 극단은 다음의 형태로 나타났다.

"어리석으면서 자기 방식대로 하기를 좋아하고 보잘것없으면서도 자기 고집대로 끌고 가려고 하게 된다."[18]

물론 이 강이 국난의 상황에 처해서 그 자체로 의미를 가지고 있지만 제어를 상실하게 될 때 문제를 일으킬 수 있다. 공자는 일찍이 "용기를 앞세우면서 예(禮)를 무시한다면 혼란해진다"고 말했듯이 강(强)이 일으킬 수 있는 문제를 예비하고자 했다.[19] 이를 위해 공자는 『논어』에서 예(禮)를 혼란을 막는 둑으로 설정하고 있다면 『중용』에서 화(和)와 중립(中立)을 제시하고 있다.

"조화를 이루어 어디로 휩쓸리지 않으니 굳세구나, 꿋꿋함이여! 가운데에 서서 기울어지지 않으니 굳세구나, 꿋꿋함이여!"[20]

화와 중립은 다른 것의 존재를 근원적으로 배제하는 절대가 아니라 다른 것과의 관계에서 선(善)의 위치를 설정하는 상대이다. 예컨대

---

18 『중용장구』 28장: 愚而好自用, 賤而好自專.

19 『논어』 「泰伯」 2: 勇而無禮則亂.

20 『중용장구』 10장: 君子和而不流, 强哉矯! 中立而不倚, 强哉矯!

저울대에 물건을 올려놓고서는 물건의 크기에 따라 저울추를 이리저리 옮겨서 '무게'를 정하는 것과 닮았다.

반면에 험(險)과 행(幸), 은(隱)과 괴(怪)의 실례로서 강(强)은 이미 다른 것과의 관계에서 조정 가능성을 원천적으로 배제하고서 어떠한 상황에서 그것만의 발휘와 적용을 내세우므로 화(和)와 중립(中立)이 될 수 없는 것이다.

이제『중용』에서 화(和)와 중립(中立)의 실례로 드는 경우를 살펴보자. 18장에서 아무런 근심 걱정이 없을 사람으로 주나라 문왕을 들고 있다. 왜냐하면 그의 가계가 '아버지 왕계(王季) → 문왕(文王) → 자식 무왕(武王)' 순서로 이어지고 있기 때문이다.

그는 아버지 세대와 자식 세대의 가운데에 있으면서 아버지의 작(作, 창작, 시작)이 자식의 술(述, 즉 계승 또는 지속)로 이어지게 하고 있다.[21] 즉 그는 자용(自用)과 자전(自專)을 일삼지 않고 중간 세대로서 앞뒤의 두 세대가 각기 극단으로 나아가서 서로의 관계를 끝내지 않도록 균형을 잡아주고 있다. 이어서 무왕(武王)도 주공(周公)도 아버지에 비해 조금도 뒤지지 않을 정도 균형을 유지하고 있다.

나아가 두 사람은 조상(太王 · 王季 · 文王)이 자손의 가계로 끝없이 이어질 수 있도록 했다는 점에서 달효(達孝)로 평가를 받고 있다.[22] 이렇게 보면 효(孝)야말로 동아시아 문화에서 유한한 인간이 물리적 삶

---

21 『중용장구』18장: 無憂者, 其惟文王乎! 以王季爲父, 以武王爲子. 父作之, 子述之.

22 『중용장구』19장: 武王周公, 其達孝矣乎! 夫孝者, 善繼人之志, 善述人之事者也.

의 한계를 넘어서 영생을 얻을 수 있는 길이다.[23]

여기서 『중용』의 저자는 한 걸음 더 나아가 무왕을 순과 마찬가지로 천명을 받을 수밖에 없는 존재로 평가하고 있다. 즉 두 사람은 가계(家系)의 차원에서 조상과 자손의 관계가 극단으로 인해 단절로 나아가지 않고 균형으로 인해 작술(作述) 또는 계술(繼述)로 나아가도록 했고 공동체의 차원에서 천(天)과 인(人)의 관계가 그의 작술과 계술의 덕(德)으로 인해 회복되도록 했다.[24]

그런데 신화전설로 볼 수 있지만 『서경(書經)』 「여형(呂刑)」과 『국어(國語)』 「초어(楚語)」 하에 보면 하늘과 땅을 잇는 통로를 끊어버린다는 절천지통(絶天地通)의 고사가 있다. 전욱(顓頊) 신 이전까지는 천신과 인간 세계가 상호 왕래했다. 천인의 소통으로 좋은 일도 있지만 나쁜 일도 생겨났다.

치우(蚩尤) 신이 땅으로 내려와 묘족(苗族)을 자기 편으로 만들게 되었다. 이는 신이 보편신이 아니라 부족신 내지 수호신으로 성격을 달리하게 된 것이다. 이로써 지상에는 사람들끼리 다툼이 일어날 뿐만

---

23 사회나 학계나 '효'하면 남성의 가부장 질서를 공고하게 해주는 이데올로기로 바라보는 시각이 강하다. 사회 정치의 측면에서 보면 유효하고 타당한 시각이다. 사상 문화 또는 종교 문화의 맥락에서 보면 동아시아 사람들이 유일신의 구원을 믿지 않고 영혼의 구제를 믿지 않고 뚜렷한 윤회 관념을 가지고 있지 않다. 이러한 측면에서 보면 동아시아 사람들이 인간의 유한성을 극복하는 길로 보았던 것이다. 이와 관련해서 별도의 전문적인 논의가 필요하므로 여기서는 이 정도로 그친다.

24 『중용장구』 17장: 舜其大孝也與! …… 故大德必得其位, 必得其祿, 必得其名, 必得其壽. …… 故大德者必受命. 『중용장구』 18장: 武王纘大王王季文王之緖, …… 宗廟饗之, 子孫保之. 武王末受命.

아니라 신을 지상의 싸움으로 끌어들이게 되었다. 전욱 신은 사태의 심각성을 인식하고서 천인(天人)이 자유롭게 왕래하던 사다리를 끊어 버렸다.[25]

이런 맥락에서 보면 무왕은 전욱 이래로 끊어졌던 천지통(天地通) 을 회복한 것이다. 물론 그 회복은 신화 전설처럼 물질성을 띤 사다리 가 아니라 대덕(大德)을 매개로 이루어졌다. 이 대덕은 『중용』 첫 구절 의 "하늘이 명령한 것을 성이라 한다"(天命之謂性)는 말처럼 성(性)으 로 탈바꿈하게 된다. 이 탈바꿈은 송나라 주희에 의해서 위대한 인물 [聖賢]만이 아니라 사람 나아가 동물도 보편적 이치와 관련을 맺는 것 으로 재해석되었다.[26] 이제 우리는 『중용』에서 여러 성현 중에서 특히 왜 그토록 무왕을 칭송하는지 알 수 있다. 무왕은 조상(종묘)과 자손 그리고 천(天)과 인(人)의 사이에 서서, 즉 중립(中立)하여 서로를 끊임 없이 화(和)의 관계에 있도록 하고 있다.

무왕에 의해서 이 현실 세계의 질서와 가치를 수립하는 사업에, 들 어 있어서도 없는 것처럼 무시(無視)를 당했거나 아예 없는 존재로 배 제되었던 귀신(천신, 조상신)이 재등장하게 되었다. 이렇게 재등장한 귀 신은 결코 무기력할 수 없지 않은가? 그러니 귀신의 힘(性情, 功效)이 왕성할 수밖에 없다. 또 귀신이 여느 존재처럼 눈에 보이고 귀에 들리

---

25 관련된 내용은 신동준 역주, 『좌구명의 국어』 인간사랑, 2005, 511~514쪽; 김학주 옮 김, 『서경』, 명문당, 2002, 490~492쪽; 위앤커, 전인초 · 김선자 옮김, 『(역주본) 중국 신화전설 1』, 민음사, 2002, 209~214쪽 참조.

26 『중용장구』 1장: 性卽理也. 天以陰陽五行, 化生萬物, 氣以成形而理亦賦焉, 猶命令 也. 於是, 人物之生, 因各得其所賦之理, 以爲健順五常之德, 所謂性也.

는 감각적으로 실재할 수는 없지 않는가? 그러니 감각을 초월해 있지만 사물을 떠나 있을 수는 없다.

또 귀신이 감각으로 확인할 수 없다고 하더라도 있음 자체를 회의할 수는 없지 않는가? 그러니 귀신은 위아래와 좌우 편재하며 충만해 있다. 이로써 '귀신'은 『중용』의 가치와 뭔가 맞지 않는 어색한 존재가 아니라 『중용』의 가치 세계를 활성화시킬 수 있는 진정한 존재이다.[27] 아울러 귀신의 존재로 인해 세계는 지성과 욕망으로 무장한 인간의 극단으로 치닫지 않고 균형을 잡을 수 있는 균형추를 확보하게 되는 것이다.

3. '중용'에 따른 삶의 정식화가 있는가?

1) 코드의 소재

주희는 중(中)을 치우치지도 기울어지지도 않고 넘치지도 모자람도 없는 것[不偏不倚, 無過不及]으로 풀이하고 용을 평상으로 풀이했다. 불편불의가 미발지중(未發之中)이라면 무과불급은 수시지중(隨時之中)에 해당된다. 과거의 신유학들과 오늘날의 연구자들은 미발(未發)·이발(已發)의 논의를 중심으로 중(中)의 이론적 계기에 많은 관심을 두어왔다.

수시지중과 용은 '중용(中庸)'이 이론적 계기만이 아니라 실천적 계

---

27 『중용장구』 29장: 考諸三王而不謬, 建諸天地而不悖. 質諸鬼神而無疑, 百世以俟聖人而不惑. 質諸鬼神而無疑, 知天也. 百世以俟聖人而不惑, 知人也.

기와 관련이 있다는 것을 나타낸다. 가령 우리가 중용의 가치에 따라서 사는 것의 가치에 동의를 했다고 해보자. 그러면 중용이 무엇이라는 정의를 알아야 할 뿐만 아니라 구체적인 상황에 중용을 적용해서 그대로 실천해야 한다. 어떻게 사는 것이 과연 중용에 따른 삶인가, 라는 그 정체가 문제시되는 것이다. 중용에 따르는 사는 것과 그렇지 않는 것을 구별하는 격률이 있을 수 있는가?

아리스토텔레스도 『니코마코스 윤리학』에서 '중용'의 삶을 역설하고 있다. 중용을 뜻하는 메소테스(mesotes)는 지나침과 모자람의 극단으로 기울지 않는 중간(to meson)을 뜻한다. 아리스토텔레스의 경우 중용의 삶을 위해서 올바른 삶이 무엇인가에 대한 앎만이 아니라 그 앎을 현실에 적용하는 실천적 앎(phronesis)과 중간을 지속적으로 실천할 수 있는 습성 등 삼박자가 필요하다.

특히 습성을 키우기 위해서 사람은 교육과 수련이 필요하다고 역설했다. 예컨대 전쟁에 나가서 싸울 때 만용과 비겁이 아니라 그 중간인 용기를 발휘하도록 해야 한다.[28] 물론 만용과 용기 그리고 비겁이 정확하게 어떻게 차이가 나는가에 대해서 아리스토텔레스는 더 이상 말하지 않는다. 아마도 개념적 정의는 알고 있을 것으로 전제하거나 아니면 세 가지의 구별은 일상 문화에서 자명한 것으로 간주했으리라.

그렇다면 『중용』에서는 어떻게 사는 것이 '중용'에 따른 삶인지 정식화(격률) 또는 지침을 제공하고 있을까? 보편적인 도덕적 원칙을

---

28 신정근, 『중용, 극단의 시대를 넘어 균형의 시대로』, 사계절, 2010 참조.

구체적인 현실 사태에 적용하기가 쉽지 않다. 예컨대 안사술(존엄사)은 살인인가 아닌가? 물론 이는 관점에 따라 다른 해답이 제시될 수 있다. 생명을 신의 고유 영역으로 보면 안사술(존엄사)은 살인이 된다. 과학 기술의 발달을 위해서 선의의 목적에서 사람이 생명에 개입할 수 있다면 안사술은 도덕적으로 허용될 수 있다.

　아무리 지침이 세세하게 작성된다고 하더라도 모든 사태에 일대일로 대응하는 윤리적 지침이나 누구라도 이해하고 동의할 수 있는 윤리적 지침은 불가능하다. 나아가 관점과 해석에 따라 같은 사안에 대해서 얼마든지 다른 주장이 성립할 수도 있다. 그렇다면 일정 정도 추상적 형식을 지닐 수밖에 없다고 하더라도 '중용'의 정식화(격률)는 가능한 것인가 불가능한 것인가?

2) '중용'의 정식화가 가능하다

　정약용은 '중용' 사상의 연원을 요순까지 끌고 올라가서 『서경』의 「요전(堯典)」과 「고요모(皐陶謨)」에서 그 단서를 찾으려고 하고 있다.[29] 이 주장의 타당성은 여기서 다룰 주제가 아니므로 내버려두지만 그러한 노력 중에서 주목을 끌 만한 것이 있다. 그것은 다름이 아니라 정약용이 '중용'의 정식화(격률)에 관심을 두고 있는 부분이다.

29　『與猶堂全書』 제2집 『中庸自箴』 권1, 8-9ㄱ: 仲尼之學, 源於堯舜. …… 前聖後聖之言, 若合符節, 奚獨中庸二字, 爲仲尼所刱建, 而堯舜之世, 無此說乎? 今案皐陶謨, 皐陶陳九德之目, …… 九德者中也, 有常者庸也. 中庸二字, 其非堯舜以來, 聖聖相傳之密旨要言乎? …… 成湯文王, 皆由此法, 則皐陶中庸之學, 灼有傳授, 聖聖相承, 罔敢墜地, 有如是者, 欲知中庸之義者, 盍於皐陶謨求之?(48~49쪽)

정약용은 「고요모」에서 나오는 고요와 우의 대화에 주목했다. 고요는 먼저 덕(德)을 실행해야 하는 일이 분명해지고 돕는 사람들이 화합하게 된다고 운을 뗀다. 이를 위한 구체적인 지침을 말하면서 구덕(九德)을 설명하고 있다. "너그럽지만 엄숙하고, 부드럽지만 꿋꿋하고, 삼가지만 공손하고, 가지런하지만 공경하고, 온순하지만 굳세고, 올곧지만 따뜻하고, 간단하지만 세심하고, 강단지지만 독실하고, 강직하지만 융통성 있어야 한다. 이를 뚜렷하게 하고 한결같으면 길하게 될 것이다."[30]

먼저 구덕에 대한 정약용의 풀이를 살펴보자.

"첫 번째 '너그럽지만 엄숙하다'는 것은 너그러움 쪽으로 치우치지 않도록 엄숙함으로 도우면(또는 折衷하면, 調律하면) 중이 된다. 두 번째 '부드럽지만 꿋꿋하다'는 것은 부드러움 쪽으로 기울어지지 않도록 꿋꿋함으로 도우면 중이 된다. 다섯 번째 '온순하지만 굳세다'는 것은 온순함 쪽으로 지나치지 않도록 굳셈으로 도우면 중이 된다. 여섯 번째 '올곧지만 따뜻하다'는 것은 올곧음 쪽으로 지나치지 않도록 따뜻함으로 도우면 중이 된다. 나머지의 경우 글자의 뜻이 오늘날 다의적이어서 비록 명료하지 않더라도 모두 이쪽(a)에 치우치지 않도록 저쪽(b)과 아우른다는 뜻이다."[31]

---

30 『서경』「皐陶謨」: 行有九德, …… 寬而栗, 柔而立, 愿而恭, 亂而敬, 撓而毅, 直而溫, 簡而廉, 剛而塞, 彊而義, 彰厥有常, 吉哉!

31 『與猶堂全書』 제2집 『中庸自箴』 권1 8ㄴ: 其一曰'寬而栗', 夫不偏於寬, 而濟之以栗, 則中也. 其二曰'柔而立', 夫不倚於柔, 而濟之以立, 則中也. 其五曰'擾而毅', 夫

정약용의 해석은 상당히 흥미롭다. 왜냐하면 중용의 격률이 어떠해야 하는지에 대해 시사점을 던져주고 있기 때문이다. 구체적으로 어떤 시사점을 주는지 논점별로 검토해보자.

첫째, 중(中, 中庸)은 양단(兩端)의 관계이지 양단 이외 별도의 덕목이 아니다. 중(중용)하면 양단과 다른 또 다른 상태로서 바람직한 덕목을 예상할 수 있다. 하지만 '너그러움'과 '엄숙함'의 사례를 보면 정약용은 중(중용)을 너그러움과 엄숙함 이외의 별도의 덕목 또는 자세를 설정하지 않는다. 아울러 너그러움과 엄숙함 자체가 가치가 없어서 가지지 말아야 할 것으로 결코 배제되지도 않는다. 그렇다고 너그러움과 엄숙함 그 자체가 완전하여 다른 것에 의존할 필요가 없을 만큼 절대적이지도 않다.

둘째, 중(中, 中庸)은 양단이 서로 대립하면서도 서로 보완하는 관계를 나타낸다. 너그러움과 엄숙함, 부드러움과 꿋꿋함, 온순함과 굳셈은 결코 한쪽이 다른 한쪽을 동화(수렴)시킬 수 없다. 즉 양단은 분명히 서로 구분되는 독자적인 특성을 지니고 있다. 아울러 양단은 동일한 사태에 대한 두 가지 대립되는 양상이다. 예컨대 실수와 비행을 너그럽게 넘기는 것과 엄숙하게 처리하는 것은 분명히 대립적인 대응이라고 할 수 있다.

그럼에도 불구하고 도덕적으로 유사한 상황이 되풀이될 때 너그러

不過於擾, 而濟之以毅, 則中也. 其六曰'直而溫', 夫不過於直, 以濟之以溫, 則中也. 餘所謂愿而恭, 亂而敬, 簡而廉, 剛而塞, 彊而義, 雖字義今多不明要, 皆不偏於此, 而兼之如彼之意. 『與猶堂全書』 제2집 『尙書古訓』 권2 36ㄴ(542쪽)에도 보인다. 여기서는 『中庸自箴』에서 설명하지 않았던 나머지 德의 중용을 설명하고 있다.

움과 엄숙함 한쪽으로 일관되게 대응해서는 안 된다. 너그러운 대응으로 일관하게 되면 규칙을 존중하지 않고 책임을 느끼지 못하며 동일한 문제를 되풀이할 수 있다. 이와 같은 상황에서는 너그러운 대응보다 엄격한 대응으로 전환하거나 너그러움과 엄격함을 배합하게 된다. 이로써 하나의 사태에 너그러움과 엄숙함이 배제되는 것이 아니라 공존하게 될 수도 있다.

셋째, 중(중용)은 "한쪽으로 치우지 않도록 양단을 겸하라"로 격률(형식화)이 가능하다. 중(중용)에 따라 대응하는 것은 상황(맥락)에 의존한다. 상황에 의존한다고 해서 중용에 따른 삶이 상황에 종속되거나 상황 자체를 무조건적으로 긍정하지 않는다. 즉 중용에 따른 삶은 양비론도 양시론도 아니다. 현재의 상황은 현재의 시점만이 아니라 현재와 연속된 과거의 영향을 받는다. 어떤 시점에서 상황을 의존한다는 것은 특정 시점의 상황을 그 시점에만 한정시키지 않고 그 상황을 낳게 된 좀 더 넓은 시간에서 영향과 요소를 종합적으로 고려한다는 뜻이다.

따라서 상황에 의존한다는 것이 상황의 특수성에 갇혀서 보편성을 배제하는 것이 아니라 상황을 고립시키지 않고 오히려 총체적으로 파악하는 것이 된다. 이렇게 할 때 중용에 따른 삶은 양단이 서로 서로에게로 뒤섞여서 늘 새로운 접합점을 만들어내는 창조적 삶이 되는 것이다.

정약용의 중(中) 또는 중용(中庸) 해석은 『중용』에 나타난 중용의 의미를 얼마나 분명하게 해줄 수 있을까? 그 가능성을 살펴보도록 하자. 『중용장구』 6장에 보면 순(舜)이 "두 끝[兩端]을 잡아서 그 중을 민에게 적용한다."[32]고 한다.

정약용의 해석을 보지 않으면 6장에서 중(中)이 양단(兩端)과 다른 어떤 상태나 실체로 생각하기 쉽다. 예컨대 아리스토텔레스가 말했듯이 만용과 비겁을 양단으로 보고 용기를 중으로 볼 수 있다. 하지만 정약용의 해석에 따르면 용중(用中)은 양단 이외의 덕목을 실천한다는 뜻이 아니라는 것이 분명해진다.

이를 다시 오른쪽 끝과 왼쪽 끝을 각각 a, b로 하는 수직선을 가지고 검토해보자. 아리스토텔레스의 규정에 따르면 a와 b 어느 쪽으로 기울어지지 않는 중간으로서 특정한 지점(x)이 있다. 우리는 반드시 a, b를 떠나서 x라는 덕목을 실천하도록 습관을 들여야 한다.

「고요모」에 대한 정약용의 해석을 보면 양단으로서 a, b가 있고 양단의 중간으로서 x가 있을 수 있다. 중요한 점은 x가 a와 b의 중간에 고정되는 것이 아니라 상황에 따라 중간 지점(x)에서 한 극단, 즉 a쪽이나 또는 b쪽으로 옮겨가서 새롭게 생성될 수 있다는 것이다. 이처럼 x가 유동적이기 때문에 『중용』에서는 "x는 무엇이다"라며 덕목의 이름을 부여할 수 없는 것이다.

정약용은 양단(兩端)과 용중(用中)의 관계, 즉 중용을 "한 쪽으로 치우지 않도록 양단을 겸하라.", 달리 표현하면 "a로 치우치지 않도록 b로 돕는다." 또는 "b로 치우치지 않도록 a로 돕는다."는 식으로 정식화시키고 있다. a와 b에다 너그러움과 엄숙함을 대입해보면 실제로 둘은 반대되는 특성을 지니고 있으므로 a와 b는 a와 -a로 바꿔서 생

---

32 『중용장구』 6장: 舜其大知也與! …… 執其兩端, 用其中於民.

각할 수 있다. 그렇다면 중용은 모순의 창조적 통합이 된다.[33]

통합의 결과는 이론적 차원에서 대립되던 덕목들이 상황의 종합적 고려를 통해서 배제되지 않고 절충이 일어나는 사건이다. 이것이 바로 시중(時中)이다. 즉 중(중용)이 시간화되는 것이다. 아리스토텔레스의 중용을 생각해보자. 그에게 용기가 만용과 비겁의 중용이라고 할 수 있지만 정약용에게 용기는 중용들 중의 하나일 뿐이지 중용의 덕목도 실체도 될 수 없는 것이다.

이러한 중(중용)의 격률을 『중용』에서 찾을 수 있을까? 하나는 『중용장구』 13장의 "나에서 적용해서 바라지 않는 것을 다른 사람에게 적용하지 마라."는 충서(忠恕) 다음에 나오는 군자(君子)의 도(道)이다. 다른 하나는 33장에 나오는 군자(君子)의 도(道)이다. 먼저 『중용장구』 33장을 살펴보자.

"군자의 도는 담박하지만 싫증나지 않고 단순하지만 문채가 있고 온화하지만 조리가 있다. … 함께 덕에 들어갈 수 있다."[34]

---

33 모순의 공존은 중용의 격률만이 아니라 중국문화의 내재적 특성이기도 하다. 예컨대 陰陽은 기의 수렴과 발산을 나타내는 대립적 상태이다. 이 상태가 개별화되면 음양은 대립물이 된다. 하지만 음양은 제각각 독점적 지배를 위해 줄곧 갈등하고 투쟁하는 관계로 치닫지 않는다. 둘은 서로 침범할 수 없는 독자적인 지배 영역을 가지면서도 영역을 상황에 따라 확대와 축소를 되풀이하며 생명을 발생하고 질서를 생성시킨다. 결국 음양은 『중용』에 말로 존재하지 않지만 모순의 공존이라는 사유 방식을 통해서 잠복해있다고 할 수 있다.

34 『중용장구』 33장: 君子之道, 淡而不厭, 簡而文, 溫而理, 知遠之近, 知風之自, 知微之顯, 可與入德矣.

『중용장구』 33장의 담박함과 싫증남, 단순함과 문채, 따뜻함과 조리는 정약용이 「고요모」를 주목했던 구덕(九德)의 너그러움과 엄숙함의 경우와 마찬가지로 서로 대립되는 특성을 지닌다. 담박함이 맛이라면 별도의 향이 들어가지 않아서 특별한 맛이 느껴지지 않는 경우이다. 비유컨대 그냥 밋밋하게 느껴지는 병원 음식을 떠올리면 좋겠다. 단순함은 색상과 무늬 그리고 디자인의 측면에서 별다른 변화를 주지 않는 상태를 가리킨다. 따라서 그 자체에 볼 만한 문채가 없다.

온화함은 사람을 대우할 때 언성을 높이지 않아 부드러우면서 시비를 철저하게 가리지 않는 성향이다. 그렇다면 담박함은 싫증나기 쉽고, 단순함은 화려하지 않고, 온화함은 따져야 할 시비를 덮어두기 쉽다. 담박함, 단순함과 온화함이 가치가 없어서 사람이 취하지 말아야 할 자세나 덕목은 결코 아니다.

따라서 담박함의 부류는 가치가 없지는 않지만 완전하지 않으므로 결국 대립되는 성질과 결합함으로써 담박함 일변도가 낳을 수 있는 문제를 해결할 수 있는 것이다. 이러한 논지는 정약용이 「고요모」를 대상으로 분석했던 것과 완전히 일치한다고 할 수 있다.

온화함과 조리를 정약용의 언어로 풀이하면 "온화함 한쪽으로 치우치지 않도록 조리로 도우면 중이 된다."(夫偏於溫, 而濟之以理, 則中也.)는 식으로 말할 수 있다. 이로써 우리는 정약용의 「고요모」를 '중용'으로 해석했던 것이 『중용』에도 그대로 적용된다는 것을 확인할 수 있다.

『중용』의 '중용'도 특정한 원칙의 적용이나 습성의 강화가 아니라 모순되는 특성의 조화로 정식화될 수 있다. 결국 군자는 이러한 '중용'의 정식화를 이해하고서 삶에 활용하는 사람을 가리킨다고 할 수 있다.

다음으로 충서의 경우를 살펴보자.

"자식에게 바라는 것으로 어버이를 모시면 되는데, 아직 잘 하지 못한다. 신하에게 바라는 것으로 군주(리더)를 모시면 되는데, 아직 잘 하지 못한다. 동생에게 바라는 것으로 형을 모시면 되는데, 아직 잘 하지 못한다. 친구에게 바라는 것으로 먼저 베풀면 되는데, 아직 잘 하지 못한다."[35]

일단 외견상으로 보면 『중용장구』 33장의 담박함과 싫증남처럼 대립적인 특성이 보이지 않는다. 하지만 내용을 잘 들여다보면 「고요모」나 『중용장구』 33장의 '중용'으로 재구성할 수 있을 듯하다. 먼저 사람은 가족에서 자식 아니면 어버이로, 동생 아니면 형이 되고, 사회에서 신하 아니면 임금이 된다.

즉 사람은 인륜 안에서 역할 규범을 수행해야 한다. 이때 '나'는 가족과 사회적 역할을 초월한 추상적 존재로서 도덕 원칙을 타자에게 동등하게 적용하는 것이 아니다. '나'는 관계 설정의 센터로서 상대에 따라 수시로 역할을 교체하면서 그에 맞는 도덕을 해야 한다. '나'는 어버이 앞에 자식이 되지만 자식 앞에서 어버이로 역할이 바뀐다.

---

35 『중용장구』 13장: 君子之道四, 丘未能一焉. 所求乎子, 以事父, 未能也. 所求乎臣, 以事君, 未能也. 所求乎弟, 以事兄, 未能也. 所求乎朋友, 先施之, 未能也.

여기서 '나'는 어떻게 하면 바뀌는 역할을 잘 수행할 수 있을까, 라는 물음을 가질 수 있다. 예컨대 '자식 : 나(어버이면서 자식) : 어버이'의 관계를 검토해보자. 많이 받으면 만족도가 늘어나므로 +1이 되고 적게 받으면 만족도가 줄어들게 되므로 −1로 계산해 보자.

〈표 1〉 역할 수행 방식에 따른 만족의 차이

관 계/만족도 역할수행방식	자 식	'나'		부 모	만 족 도
		부 모	자 식		
소(少) : 소(少)	1	1		1	2
소(少) : 다(多)	1		+1	1	0
다(多) : 소(少)	+1	1		1	0
다(多) : 다(多)	+1		+1	1	+2

'나'는 자식에게 부모이면서 부모에게 자식이 된다. '나'는 다중적 역할을 수행하는 중 자식과 부모에 대해 네 가지 방식을 취할 수 있다: 자식에게 적게 바라고 부모에게 적게 주는 경우, 자식에게 적게 바라고 부모에게 많이 주는 경우, 자식에게 많이 바라고 부모에게 적게 주는 경우, 자식에게 많이 바라고 부모에게 많이 주는 경우. 이 중 어떤 것이 '중용'에 따른 역할 수행 방식일까?

소(少) : 다(多)와 다(多) : 소(少) 유형은 바라는 것과 섬기는 것이 일치하지 않으므로 '중용'에 어긋난다고 할 수 있다. 『중용』에서 자식에게 바라는 것으로 어버이를 섬긴다고 했으므로 소(少) : 소(少)와 다(多) : 다(多) 유형이 '중용'이 될 수 있다. 두 가지를 보면 역할 수행을 하고 난 뒤에 생기는 만족도가 다르다. 소(少) : 소(少) 유형은 자식과 부모(나), 자식(나)과 부모 두 관계 모두 불만족 상태에 있다.

이 불만족 상태가 지속된다면 인륜의 친밀도와 결합도가 점차 떨어지게 될 것이다. 최종적으로 남보다 못한, 즉 가족이 아닌 사람보다 못한 관계로 변할 수 있다. 반면 다(多) : 다(多) 유형은 두 경우 모두 만족하는 최상의 결과를 나타낸다. 이러한 관계가 지속된다면 인륜의 결합도와 친밀도는 점차 늘어나게 될 것이다.

가족 관계에서 다(多) : 다(多) 유형은 사회적 역할 수행에도 확대될 수 있다. 이를 좀 더 분명하게 말하는 구절이 있다. 『중용장구』 14장을 보면 "윗자리에 있으면서 아랫사람을 업신여겨 깔보지 않으며 아랫자리에 있으면서 윗사람을 잡아당기지 않는다."[36] 윗사람이 아랫사람을 깔보면 1이고 아랫사람이 윗사람을 잡아당기면 역시 1이 되므로, 이러한 역할 수행 방식은 2라는 최악의 결과를 낳게 된다.

여기서 우리가 소홀히 하지 않고 따져봐야 할 것이다. 「고요모」와 『중용장구』 33장의 '중용'과 『중용장구』 13장의 '중용', 즉 충서와 연결된 '중용'이 내용이 같은가 다른가라는 점이다. 전자는 모순의 공존을 통해서 극단과 일변도가 낳는 문제 상황을 해결하는 것이었다. 후자는 "나에서 적용해서 바라지 않는 것을 다른 사람에게 적용하지 마라", "상대에게 바라는 것으로 다른 상대를 섬기라"고 하듯이 나와 상대 사이의 차이를 두지 않고 동일한 방식으로 대응하기를 요구하고 있다.

---

36 『중용장구』 14장: 在上位, 不陵下. 在下位, 不援上. 正己而不求於人, 則無怨. 上不怨天, 下不尤人.

이 문제에 대해 좀 더 세심하게 접근하면 두 가지 논점을 끌어낼 수 있다. 하나는 심리적 독해이다. 충서(忠恕)와 연결된 중용(中庸)의 요구에도 불구하고 우리는 '많이 바라고 적게 주려는' 성향을 가지고 있다. 이 성향은 충서와 정확하게 충돌한다. 이 충돌을 끝까지 밀고 나가게 된다면 우리는 충서를 '중용'으로 받아들일 수 없게 된다. 왜냐하면 사람은 결국 인륜(人倫)이 아니라 '나'의 이해를 기준으로 행동하기 때문이다.

반면 중용을 하려고 한다면 결국 '많이 바라고 적게 주려는' 성향을 넘어서 중용을 수용하게 된다. 이때 사람이 모두 성인처럼 완전한 존재가 아니므로 이기적 성향을 완전히 극복하지 못하면서도 중용에 따른 삶을 살아가게 되므로 충서의 중용도 모순의 공존으로서 중용과 대립하지 않는다고 할 수 있다. 신유학의 용어로 말한다면 인심(人心)과 도심(道心)의 대립에 놓여 있는 인간의 조건이라고 할 수 있다.

그러나 『중용』에는 사람이 추구해야 할 또 하나의 차원을 제안하고 있다. 성지자(誠之者)로 나아가려는 사람의 길이다.[37] 성지자(誠之者)란 내가 성(誠)으로 나아가는 존재이다. 성(誠)으로 나아갈 때 '나'는 내가 더 많이 받으려는 것이 옳은지 그른지 따져볼 수 있고[明] 진실한지 거짓인지 도(道)에 비추어 볼 수 있다.

이 단계에 이르면 나는 "어리석으면서 자기 방식대로 하기를 좋아하고 보잘것없으면서도 자기 고집대로 끌고 가려는" 자용(自用)과 자

---

37 『중용장구』 20장: 誠者, 天之道也. 誠之者, 人之道也. 誠者, 不勉而中, 不思而得, 從容中道, 聖人也. 誠之者, 擇善而固執之者也.

전(自專)으로부터 벗어나서 성기(成己, 자기 구원)와 성물(成物, 공동체 구원)을 대립적으로 보지 않게 된다. 즉 나는 물리적으로 타자와 구별되고 사회적으로 구분된 역할의 그물망에 포획되지만 천지의 화육의 결실을 얻는 채집자이면서 화육에 참여하는 우주적 존재[與天地參]라는 새로운 역할을 창조하게 된다.[38]

　우주적 존재라고 해서 초월적 존재나 현실에서 불가능한 위인으로 볼 필요는 없다. 우리가 자연을 인간을 위해 개조하는 욕구의 관점에서 서지 않고 생태주의(ecologism) 관점에 선다면, 그것도 자연적 민족적 주체에서 우주적 존재로 나아가는 여정이라고 할 수 있다.

　정리를 하면 '중용'은 정식화는 두 가지 측면, 즉 성지자(誠之者) 이전과 이후로 나누어볼 수 있다. 성지자(誠之者) 이전 단계에서 중용은 상황을 총체적으로 고려하여 모순되는 덕목을 종합적으로 적용하는 것이다. 성지자(誠之者) 이후 단계에서 중용은 기(己)와 물(物)의 대립을 넘어서 천지(天地)의 관점에서 공존을 꾀하는 것이다.

4. 맺음말

　『중용』은 원래『예기』의 한 편이었던 만큼 분량은 많지 않다. 신유학자들이 유학의 형이상학화라는 과제를 수행하면서 미발(未發)・이발(已發), 존덕성(尊德性)・도문학(道問學) 등에 주목한 이래로『중용』은

---

38 『중용장구』 22장: 惟天下至誠, 爲能盡其性, …… 能盡人之性, …… 能盡物之性, …… 可以贊天地之化育, …… 可以與天地參矣.

경전의 지위에 오르게 되었다. 이 글에서는 『중용』이 중요함에도 불구하고 난해하다는 데에 주목하고서 그 난해성의 정체를 해명하고자 했다.

난해성의 원인으로 『중용』의 형식과 내용 방면에서 여러 가지로 생각할 수 있다. 여기서는 두 가지에 초점을 맞추고자 했다. 하나는 주희에 의해 제기되었는데, 『중용』의 가치와 귀신의 존재가 양립 가능한가이다. 둘째는 '중용'에 따른 삶을 정식화시킬 수 있는가이다. 주희는 천을 인격적 존재로 보는 관점을 부정하기 때문에 진성(盡性)과 귀신이 양립 불가능하다고 생각했다.

『중용』에서 순(舜)과 주나라 무왕(武王)은 조상과 자손 나아가 천과 인 사이의 균형을 잡은 인물로서 높이 평가되고 있다. 귀신은 『중용』의 가치와 충돌하는 것이 아니라 오히려 그 가치를 수호하고 증대하는 역할을 하고 있다. 이로써 양자는 양립 가능하다고 할 수 있다. 다음으로 '중용'이 정식화가 되지 않으면 '중용'에 따른 삶의 정체가 분명해지지 않는다. 즉 정작 『중용』을 읽어서 그 의미를 이해했다고 하더라도 의미 있는 삶이 가능하지 않을 수 있다.

'중용'에 따른 삶은 "대립되는 덕목을 종합적으로 고려하여 극단의 문제 상황을 해결하라", "천지(天地)의 관점에서 공존에 참여하라"는 두 단계로 정식화할 수 있다.

제6장

사상사의 맥락에서 본 '중용'의 의의:
감정 문제를 중심으로

1. 문제 제기

예수는 "진리가 너희를 자유롭게 하리라"(「요한복음」 8:32)고 말했다. 소크라테스는 "너 자신을 알라."(Know thyself)는 전래의 격언을 강조했다. 불교에서는 없는 것을 실재하는 것으로 착각하고서 살아가는 거짓된 삶을 벗어나기 위해서 반야(prajñā)를 강조한다. 종교·문화·철학·예술이 인간의 자유와 해방을 꿈꾼다고 할 때 위의 세 전통은 고통에서 벗어나고 전도된 가치를 되돌리는 과정에서 하나같이 지식의 힘을 내세우고 있다.

중국 철학에도 주희식 '격물치지(格物致知)' 해석이나 대진의 '불역지칙(不易之則)'의 앎[1]에 대한 강조처럼 지식의 획득 또는 축적을 존재의 질적 변화를 낳는 중요한 고리로 취급하기도 한다. 하지만 공자가 영인(佞人)에 대해 혐오의 태도를 나타난 이래로[2] 『맹자』·『장자』·

---

1 『孟子字義疏證』「理」: 心之神明, 於事物咸足以知其不易之則. 譬有光皆能照, 而中理者, 乃其光盛, 其照不謬也.

2 佞人은 후대에 아첨꾼으로 알려진 의미와 달리 『논어』나 그 이전에는 언변술이 뛰어나 상대의 말문을 막는 사람, 즉 일종의 궤변론자에 해당된다. 이와 관련해서 趙紀彬,

『한비자』 등의 문헌을 얼핏 보면 반지성주의anti-intellectualism라고 할 정도로 인간의 해방과 사회의 질서를 이룩하는 과정에서 지식이 수행할 수 있는 역할에 대한 적대적인 태도를 숨기지 않는다.[3] 예컨대 맹자는 우임금이 물길을 터서 치수를 하면서 발휘하는 지력을 찬양하지만 최종 근거를 향해 끊임없이 물어가는 탐구에 불편한 태도를 보였다.[4]

지에 대한 태도가 참으로 뜨뜻미지근하다고 할 수 있다. 이런 탓에 리쩌허우(李澤厚)는 중국 철학에서 이성은 순수한 지식을 추구하거나 초월적 세계의 숨겨진 비밀을 밝혀주는 빛으로 작용한 적이 없다고 본다. 발휘가 된다면 이성은 현실의 문제를 풀어내거나 실제적인 효과를 거둘 수 있는 지식의 범위에 한정된다고 판단한다. 이에 중국 철학의 흐름에 이성과 지식의 전통이 있다고 한다면 실용이성 또는 실천이성이 그것의 특성을 잘 드러낼 것이라며 신조어를 만들었다.[5]

『論語新探』, 신정근 외 옮김, 『반논어』, 예문서원, 1996 참조.

3 중국 철학사에서 반야라든지 眞知라든지 明이라든지 이름은 다르지만 지성이 강조되고 있다. 하지만 도교와 불교에서 제기되어 널리 공유된 말로 '분별지'가 있다. 이 말은 선진시대의 지성의 역할에 회의를 표명하는 경향과 결합해서 반지성주의가 강성해지는 데에 일조를 했다. 부정시되는 분별지와 달리 지식이 긍정될 때 근본지라고 불린다. 분별지는 오늘날 학문 체계에서 과학과 부분적으로 중복된다고 생각한다. 선진시대의 반지성주의 경향에 대한 초보적인 논의는 신정근, 「전국시대 心 주제화의 서곡」, 『동양철학』 제18집, 2003을 보라.

4 『맹자』 「이루」 하 26: 所惡於智者, 爲其鑿也. 如智者若禹之行水也, 則無惡於智矣. 禹之行水也, 行其所無事也.

5 실용이성의 용어는 그의 저작 곳곳에 발견될 정도로 그의 사상에서 중요한 비중을 차지하고 있다. 예컨대 鄭炳碩 옮김, 『중국고대사상사론』, 한길사, 2005; 황희경 옮김,

그렇다면 중국 철학의 전통에서 지식의 대안으로 뜨겁게 환영을 받는 것은 무엇일까? 통속적인 동서 비교 철학 또는 문화론을 보면 〈서양은 지식, 동양은 감정〉의 이분법이 널리 통용되고 있다.[6] 분명히 동양 철학과 문화 예술의 영역에서 감정은 무시할 수 없는 하나의 흐름을 형성하고 있다.[7]

하지만 전체적으로 보면 동양 철학과 문화의 흐름이 처음부터 끝까지 감정 하나로 정리될 정도로 그렇게 단선적이지도 간단하지도 않다. 내부적으로 다양한 대결과 상호 침투를 통해 '감정'에 주목하는 흐름이 생겨나게 된 것이다. 이 글에서는 바로 감정이 주류적인 흐름의 한 갈래로 생겨나는 과정, 즉 공자에서 맹자와 한비자를 거쳐서 『악기』와 『중용』으로 종합되는 귀결점을 살펴보고자 한다.

감정에 대해 공자는 기대와 염려가 교차하는 불안한 시선을 보낸다. 감정은 한편으로 가변적인 폭력성의 혐의를 완전히 벗지 못했지만 다른 한편으로 사람의 행동이 의거해야 할 바탕이기도 했던 것이

『역사본체론』, 들녘. 2004 등을 보라.

6   張法, 유승하 외 옮김, 『동양과 서양 그리고 미학』, 푸른숲, 2001 6쇄; 니스벳, 최인철 옮김, 『생각의 지도: 동양과 서양, 세상을 바라보는 서로 다른 시선』, 김영사, 2008 6쇄 참조.

7   이 글에서 사용하는 감정은 중국 고대철학의 '情' 개념과 일대일 대응 관계에 있지 않다. 본문에서 다루듯이 이 글에서는 安 · 哀 · 樂 등의 개별 감정을 감정에 해당되는 것으로 보고 그것이 어떤 철학적 문맥으로 쓰이는가라는 용례 분석에 초점을 둔다. 따라서 이 글은 '情' 개념의 함의에 초점을 두는 글과는 다른 특성을 지닌다. 이 둘의 차이를 숙지하는 것은 본고의 논지를 파악하는 데에 결정적인 의의를 지닌다. 만약 '情' 개념에 관심이 있는 독자라면 陳昭瑛, 『儒家美學與經典詮釋』에 실린 「'情'槪念 從孔孟到荀子的轉化」를 보라.

다. 맹자는 감정을 일종의 도덕감으로 파악함으로써 공자가 가진 불안의 싹을 지우려고 노력했다.

뒤이어 한비자는 감정이 주관성에 기초하고 있는 한 공약적인 규범과 양립할 수 없다며 뜨거운 비판을 내놓는다. 이에『악기』·『중용』에서는 감정에 짐 지워진 혐의를 벗으면서 감정을 인간다운 행위를 가능하게 하는 보루로 재정립해야 했다.[8]

2. 공자의 기대와 우려

동아시아 철학사의 초기 문헌에는 사람이 다양한 사태를 겪으면서 보이는 정서적 반응과 관련된 어휘가 널리 쓰이고 있다. 예컨대『서』는 문헌의 특성상 개인적으로나 집단적으로 사람의 정서를 직접적으로 토로하는 경우가 많지 않다. 그럼에도 불구하고 찾아보면 '외천(畏天)'·'민원(民怨)'의 표현이 보이고 있다.[9]

이 용어는 사람과 하늘, 백성과 지배자 사이의 일종의 집단 감정을 나타내지 개인의 진실한 감정과는 거리가 멀다. 즉 한쪽이 다른 한쪽의 가치나 존재의 의의를 긍정하느냐 부정하느냐, 존중하느냐 멸시하느냐는 식으로 어떤 정치적 태도나 평가를 내리는 문맥에서 감정이 논의되고 있다. 따라서『서』에 쓰인 정서 유형의 어휘는 대체적으로

---

8 나는 嵇康을 거치면서 주희의 已發·未發 철학화 작업에 이르러 감정 논의가 또 한 번 비약을 한다고 생각한다. 이 주제는 이 글의 이후 작업으로 남겨두고자 한다.

9 『서경』「酒誥」: 在昔殷先哲王, 迪畏天顯小民 …… 誕惟民怨.

정치적 질서의 맥락에서 복종과 불복종의 의미로 환원해서 생각해볼 수 있다.

『시경』의 경우는 『서경』보다 사정이 낫다. 『시경』은 그 속성상 이별과 사랑, 고통과 행복 등의 감정을 대상으로 하기 때문이다. 물론 시어로 쓰인 아(我)가 단수만이 아니라 복수로서 우리를 의미하듯이 『시경』의 감정은 개인만이 아니라 집단의 정서를 읊고 있는 경우도 많다.[10] 하지만 전쟁으로 인한 이별이나 혼란한 국정으로 따돌림당하는 신세 등은 집단이 겪는 공동의 사태이고 함께 느끼는 공동의 체험이라고 하더라도 그 속성상 이별에다 개별화된 감정의 진실한 표출을 완전히 소거할 수는 없는 것이다.

예컨대 "그대가 나를 사랑한다면 치마를 걷어서 진수라도 건너리라"며 사랑을 읊고, "마음에 걱정이 가득 차니 빨지 않은 옷을 입은 듯"[11]이라고 걱정을 말하고 있다. 이런 사랑과 걱정은 세상의 온갖 장애를 뛰어넘을 수 있거나 힘겨워 모든 것을 포기하게 만드는 원인으로 나타난다. 이것은 한 사람이 바라지 않는 상황에 놓여서 겪게 되는 강렬하며 쉽게 사라질 수 없는 감정이다.

이런 정서적 반응이 적극적으로 표현되고 행동으로 추진된다면 감정은 금기(禁忌)에 도전하는 용기를 부여할 수도 있고 양도할 수 없는

---

10 『시경』 「豳風 東山」: 我徂東山, 慆慆不歸. 我는 주의 도읍지에서 山東으로 군사 원정을 떠난 이를 가리키는데, 여기서 '나' 한 사람이 아니라 예상과 달리 빨리 돌아가지 못하는 우리를 가리킨다. 『시경』 「豳風 破斧」: 哀我人斯, 亦孔之休. 我人은 현대 중국어 워먼我們처럼 복수형으로 쓰이고 있다.

11 「鄭風 褰裳」: 子惠思我, 褰裳涉溱; 「邶風 柏舟」: 心之憂也, 如匪澣衣.

감정의 개인성을 자각하게 할 수도 있다. 하지만 『시경』은 이름이 알려지지 않은 많은 시들이 시인의 의지와 상관없이 한 곳에 결집된 문헌이다. 따라서 그 속의 특정한 시인이 감정을 어떤 방향으로 몰아가려고 했다는 식으로 규정하기가 어렵다.

이에 반해 『시』를 읽은 특정한 독자, 특히 단일한 비평가 그룹은 감정을 어떤 방향으로 진행될 수 있을 것으로 해석할 수는 있다. 이런 점에서 『시경』의 감정은 사람과 사람 사이의 바람직한 관계를 설정하는 기초나 사람다움을 꽃피우는 최초의 동인으로 해석될 수 있는 가능성은 있지만 그 작업이 완료되었다고 평가할 수는 없는 것이다.

『논어』에 이르면 사정이 달라진다. 공자와 그의 학생들은 사람의 행위가 모방해야 할 공동의 기준 또는 기원이랄까 바람직한 행위를 추동시키는 내적 기제에 대해 지속적으로 탐구를 하게 된다. 우리는 이러한 노력의 일환으로 『논어』에 나오는 감정의 사례를 검토해보기로 하자.

「양화」 21에 보면 재아와 공자가 삼년상(三年喪)의 정당성을 두고 논쟁을 벌이고 있다. 재아는 3년상이 너무 길어서 비현실적이므로 1년상을 치르는 게 합당하다고 주장한다. 반면 공자는 사람이 부모님의 품에서 3년 정도 자란 뒤에 사람 구실을 하므로 여전히 3년상을 치를 만하다고 주장한다. 이에 공자는 자식이 부모상을 치른 뒤 3년 안에 고기를 먹고 고운 옷을 입으면 그 마음이 편안할까라고 재아에게 묻고서 스스로 편안하게 느낀다면 굳이 3년상을 치를 필요가 없다고 말한다.

공자는 어떤 것을 해야 하느냐라는 결정을 내리는 기준을 "편안한

가? 아닌가?"라는 여부에 두고 있다.[12] "편안하게 느끼는 대로 행동하라!"는 것이 공자의 주문이다. 이 편안함은 정서적으로 동요하지 않고 주저하거나 거리낌이 없이 행동하며 전혀 걱정을 느끼지 않는 상태, 간단하게 말해서 쾌락에 가깝다고 할 수 있겠다.

두 사람의 대화에서 편안함의 감정은 행위의 정당성으로 제시되고 있지만 편안함의 공유는 아직 해결되지 않고 있다. 공자는 행위의 기준으로 편안함을 제시했지만 그것은 곧 서로 다른 사태를 편안하게 느낄 수 있는 가능성을 배제할 수 없는 것이다. 물론 공자로서는 기년상(期年喪)에 편안함을 느끼는 것 자체가 바람직하지 않다고 생각하므로 그것을 공유하도록 권장할 수 없는 사태로 취급할 것이다. 이로써 편안함의 감정은 확고한 독보적 지위를 가지는 데에 실패하고 있다.

그럼에도 불구하고 공자는 인간답게 행동하는 근거로 특정한 감정을 제시하고 있다. 임방이 공자에게 예의 선결 과제를 물은 적이 있다. 이에 대해 공자는 "예식은 호화롭기보다 검소해야 하고 상례는 주도면밀한 것보다 슬퍼해야 한다"고 대답했다.[13] 일반 예식과 상례를 치를 때 두 가지 행위 방식이 다 가능하다. 호화로운 예식도 가능하고 검소한 예식도 가능하다. 마찬가지로 주도면밀한 상례도 가능하고 슬픈 상례도 가능하다.

---

12 『논어』「양화」21: 子曰: 食夫稻, 衣夫錦, 於女安乎? 曰: 安. 女安, 則爲之! 夫君子之居喪, 食旨不甘, 聞樂不樂, 居處不安, 故不爲也. 今女安, 則爲之.

13 『논어』「팔일」4: 林放問禮之本. 子曰: 大哉問! 禮, 與其奢也, 寧儉; 喪, 與其易也, 寧戚.

공자는 경쟁적인 방안 중에서 기본적인 것을 바람직한 것으로 제안하고 있다. 슬픔의 기초(기본) 위에 주도면밀한 일처리가 따라가야지 슬픔이 빠진 채 주도면밀한 일처리만 남는다면 상례는 사자를 애도하는 의식이라기보다 사자와 생자를 갈라놓는 행정적인 일처리가 되고 만다.

이럴 때 개별 사태의 고유성, 즉 상례를 상례답게 하는 것이자 사람다운 상례는 슬픔이 드러난 것에서 찾아야 하는 것이다. 여기서 슬픔은 남이 결코 들여다볼 수 없고 나에게만 접근권이 허용되는 완전히 사적인 감정이 아니다. 그것은 상례에 어울리는 행위를 낳는 기원(바탕)이면서 사회적으로 약속된 방식으로 표현되고 함께 하는 공인(共人)에게 투시될 수 있는 공적 감정이라고 할 수 있다.

이처럼 공자가 공적 감정을, 행위의 정당성을 부여하고 닥친 사태를 인간답게 처리하는 근원이자 의미로 보면서도, 그것에 대한 우려를 완전히 거둔 것은 아니었다. 예컨대 공자는 『시』의 제일 앞에 나오는 「관저(關雎)」를 다음과 같이 비평했다.

"즐거워하지만 빠져들지 않고 슬프지만 아파하지 않는다."14

시 속의 군자는 요조숙녀 같은 배필을 찾지만 찾지 못해 슬퍼하다가 마지막에 함께 행복한 한때를 보내는 장면을 상상하고 있다. 기대와 현실의 차이에서 슬픔이 발생하고 그 슬픔이 극단으로 치달으면

---

14 『논어』「팔일」 20: 子曰: 關雎, 樂而不淫, 哀而不傷.

사람의 심신을 피폐하게 만든다. 기대가 실현되면 슬픔이 물러나고 즐거움이 찾아오는데 그 속에 묻혀버리면 자신의 사회적 역할을 잊어버리게 된다. 여기서 공자는 감정이 무제약적으로 또는 가능한 더 강렬하게 표출되기를 바라는 것이 아니라 절제된 상태, 즉 중용(中庸)에 머물러야 한다는 점을 제안하고 있다.

감정에 대한 공자의 우려는 계속해서 이어진다. 그는 감정이 가진 치명적인 약점으로 혹(惑)의 문제, 즉 일관성의 결여를 제기했다. 철학 이전 직업 태도로서 항(恒), 즉 항상성을 강조하는 공자로서 감정의 가변성은 결코 작은 문제가 아니었다.[15] 공자의 예시처럼 우리가 누군가를 사랑하게 되면 그가 천년 만년 오래 살기를 바라지만, 무슨 일로 그 사람을 미워하게 되면 그가 지금 당장이라도 죽기를 바란다. 이처럼 같은 사람을 두고도 언제는 오래 살기를 바라다가 언제는 또 빨리 죽기를 바라고 있으니 감정이란 변덕스러워 자신마저도 헷갈리게 하는 특성을 가지고 있다.[16]

공자는 이런 우려 끝에 과격한 결론에 도달한다. 보통사람들의 호오(好惡)는 믿을 만한 것이 되지 못한다. 반면 최고의 인격자에 해당되는 인자(仁者)의 호오는 믿을 만하다. 왜냐하면 보통 사람의 경우 개인적 호오에 휘둘려서 객관적 거리를 유지할 수 없으므로 그들의 사랑이 꼭 세상을 아름답게 만들고 그들의 증오가 꼭 정의를 수호하

---

15 『논어』 「자로」 22: 子曰: 南人有言曰: 人而無恒, 不可以作巫醫.
16 『논어』 「안연」 10: 愛之欲其生, 惡之欲其死. 旣欲其生, 又欲其死, 是惑也.

는 길의 든든한 후원자가 될 수 없는 것이다.[17]

보통 사람은 제 감정을 제대로 지배하지 못한 채 사랑으로 부정을, 증오로 복수를 일삼을 수 있는 것이다. 즉 사람은 감정의 주인이 아니라 노예가 될 수 있는 것이다. 여기서 모든 사람이 인자가 아니라면 그 사람의 감정을 분류, 판단의 기준으로 확정하기는 어려워지는 것이다.

3. 맹자의 반전

중국 철학사에서 맹자의 돋보이는 공로는 심(心)을 철학의 영역으로 끌어들인 점이다. 결정을 앞둔 상황에서 우리는 남녀노소를 불문하고 모두 "세상사 마음먹기[작심(作心)]에 달렸다"고 말하고 있으므로 오늘날 '마음' 개념이 대단해 보이지 않을 수도 있다.

나의 길과 공동체의 운명이 예비되어 있지도 결정되지도 않은 상황에서 우리가 "무엇을 어떻게 할까?"라고 자문할 때 쉽사리 기존에 있던 것에 의지할 수 있다. 하지만 기존에 있는 것의 경로 의존성을 벗어나고 또 있는 것을 더욱 발전시키려고 할 경우 우리는 도대체 어디에 의존할 수 있을까? 이 물음에 대해 자신 있게 '마음'이라고 회답했던 이가 바로 맹자였다.

맹자는 심을 철학에서 다루면서 오늘날에도 여전히 사용되는 양심(養心) · 구방심(求放心) · 동심(動心) · 전심(專心) · 항심(恒心) 등의 숱한

---

17 『논어』 「리인」 5: 唯仁者能好人, 能惡人.

신조어를 만들어냈다. 그 중에서도 맹자 사상의 전후기에 걸쳐서 늘 주목받은 말은 진심(盡心)이었다. 이 말은 당시 제후들을 만나 사회 문제를 구체적이며 현실적으로 다루는 첫 편 「양혜왕(梁惠王)」에도 보일 뿐만 아니라 사회적 맥락을 벗어나 추상적으로 논의를 전개하는 「진심(盡心)」에도 보인다.

맹자의 경우 심이 가진 역량이 하나로 집중되어 온전히 발휘된다면 심은 사람과 공동체의 길을 밝혀주는 횃불이 될 뿐만 아니라 하늘과 소통하는 안내자가 될 수도 있었다.[18] 이로써 진리의 소재가 전통, 미풍양속, 예제, 전승된 성왕들의 언행, 공통의 기억 등과 같은 외재적인 텍스트에서, 하늘과 소통을 유지하는 '심성'으로 급속하게 이동하게 되었다.[19]

맹자가 사용하는 양심(養心) · 전심(專心) · 진심(盡心)이라는 주문을 눈여겨보자. 이들은 모두 타동사와 목적어의 문형으로 되어 있다. 여기서 심은 절대 주체로서 어떤 부가적 조건 없이 사태를 주도하지는 못하고, 더 보완하고 집중하고 온전히 해야 하는 수양의 대상으로 고려되고 있다.

맹자는 왜 심을 주체로 완전히 신뢰하지 못하고 수양이 필요한 대상으로 삼게 되었을까? 이것은 분명히 공자 단계에서부터 우려되어 온 감정의 가변성과 관련이 있을 것이다. 앞으로 맹자가 이 문제를 어떻게 풀어나가는지를 살펴보도록 하자.

---

18 『맹자』「진심」상 1: 盡其心者, 知其性也. 知其性, 則知天矣.

19 맹자 心 사상의 관련해서 신정근, 『사람다움의 발견』, 이학사, 2005 참조.

맹자는 "무엇을 그리고 어떻게 할까?"라는 물음에 대해 "일정하게 느끼는 대로 해라!"는 공자의 제안을 "마음에서 찾아라!" 또는 "마음이 이끄는 대로 하라!"라고 수정하고 있다. 감정에 따를 경우 보통 사람이 동일한 사태를 상반된 방식으로 처리할 수 있는 가능성에서 벗어날 수 없었다.

마음에 따를 경우 한 사람이 동일한 사태를 동일하게 반응하더라도 사람들은 각기 다르게 반응할 수 있다. 즉 사람들이 각기 따로 달리(다르게) 대응할 수 있다. 이 때문에 맹자는 사람들이 동일한 상황에서 함께 똑같이 대응할 수 있는 근거를 찾아내야 했다.

이 과정에서 맹자가 주목했던 것은 동(同) 개념이었다. 사실 이와 같은 주목은 파격적일 정도로 뜻밖이다. 왜냐하면 공자는 이 개념을 긍정적인 맥락으로 사용하기를 끝내 주저했기 때문이다. 그는 동(同)과 화(和)를, 소인과 군자의 특성을 분류하는 데 즐겨 사용했다.[20]

또 동(同)은 줏대 없이 주위의 여론에 휩쓸리거나 당파성으로 전체의 갈등을 조장하는 의미의 맥락으로 사용되었다. 나아가 동(同)은 사전 약속과 사후 결과의 완전한 일치를 통해 부국강병을 달성하고자 했던 초기 법가의 사고방식을 대변하는 것이기도 했다.[21]

맹자는 동락(同樂, 「양혜왕」 하 1)·동정(同井, 「등문공」 상 3)처럼 동(同)을 함께 나누어 가지는 공유(公有)의 맥락으로 사용한다. 이런 바탕

---

20 『논어』 「자로」 23: 子曰: 君子和而不同, 小人同而不和.

21 『논어』 「자로」 20: 言必信, 行必果, 硜硜然小人哉! 물론 『논어』 주석사에 이 구절을 초기 법가와 연관 짓는 경우는 없다. 상앙과 한비자의 텍스트를 보면 그들의 法과 이곳의 同은 놀랄 만치 서로 일치하고 있다는 것을 알 수 있다.

위에서 그는 두 가지 차원에서 동(同)에다 새로운 의미를 부여하고 있다. 하나는 종적 본질이고 다른 하나는 상호주관성이다. 그는 사람이 사람으로서 종적 본질을 가지고 있다는 주장을 두 가지 방식으로 논증하고자 했다.

첫째로 사람과 동물의 차이가 현격하지 않다고 하더라도(「이루」 하 19) 그것은 결코 해소될 수 없는 것이다. 맹자는 여러 곳에 걸쳐서 사람의 극단적인 타락을 사람과 동물의 차이 상실로 규정하고 있다.(「등문공」 상 4, 「등문공」 하 9, 「이루」 하 27, 「고자」 상 8) 또 이전까지 성인(聖人)과 범인(凡人) 사이는 뛰어넘을 수 없는 간극이 실재하는 것으로 간주되었지만 그는 그것을 한갓 양적인 것으로 간주한다.

이런 바탕에서 그는 나로 범칭되는 범인과 성인이 동류(同類)라고 선언하고 있다.[22] 성인도 성(聖)보다 인(人)에 방점이 찍히게 되었고 성인이 할 수 있는 것은 범인도 할 수 있게 된다. 이로써 성(聖)·범(凡) 사이의 차이가 해소되면서 둘은 동일한 종적 본질을 공유한 지평에 나란히 서게 되고 사람의 주체적 역량이 수직 상승하게 되었다.[23]

다음으로 상호주관성의 계기를 살펴보자. 이를 풀어내기 위해서 맹자는 사람의 다양한 감각 경험을 실례로 든다. 사람마다 입맛이 다

---

22 『맹자』「고자」 상 7: 故凡同類者, 擧相似也. 何獨至於人而疑之? 聖人與我同類者.

23 이런 사고는 「이루」 하 27의 "순임금도 사람이고 나도 또한 사람이다"(舜人也 我亦人也), 「고자」 하 2의 "사람은 누구나 요나 순과 같은 인물이 될 수 있다"(人皆可以爲堯舜)는 말로 집약된다. 이전까지 범인인 나와 성인인 순은 사람의 공통 지평에 서지 못하고 정치적으로 피치자와 치자, 사회 문화적으로 모방과 모범이라는 역할로 나뉘어져 있었다.

르기도 하지만 어떤 경우 다들 똑같이 맛있다고 느낀다. 사람마다 소리나 음악에 대해 나름의 기호가 있지만 어떤 경우 다들 똑같이 듣기 좋다고 말한다. 또 사람마다 보는 안목이 있어 아름다움의 기준이 다르지만 어떤 경우 똑같이 아름답다고 느낀다.

여기서 맹자는 흡사 칸트가 『판단력 비판』에서 말하는 무관심(disinterestedness) 관심처럼 사람이 욕망과 개념적 사고에 얽매이지 않고 공통의 판단에 도달할 수 있다고 주장하고 있다.[24] 그는 이를 동기(同嗜) · 동청(同聽) · 동미(同美)로 표현한다.[25] 맹자는 여기에서 추론을 그치지 않고 심(心)의 영역으로 확장해가서 모두가 함께 그렇게 해야 한다고 느낄 수 있는 것, 즉 소동연(所同然)이 실재한다고 주장한다. 그것은 인륜적 존재로서 사람이 마땅히 해야 하는 도덕[리의理義]인 것이다.[26]

이처럼 맹자가 마음을 행위 판단의 공동 근원으로 간주하게 되자 사람이 각기 다르게 생각하고 느껴서 서로 반대되는 판단을 할 가능성을 배제할 수 있게 되었다. 이때 마음은 개별적인 사람이 종적 본질을 공유할 수 있는 기반으로 간주되고 있다.

이제 맹자는 마음이 사람들로 하여금 동일한 사태에 동일하게 반응하도록 하는가를 논증하는 일을 남겨두게 되었다. 이 문제를 해결

---

24 I. Kant, 李錫潤 옮김, 『판단력 비판』, 박영사, 1974; 1984 중판, 58~60쪽.

25 『맹자』 「고자」 상 7: 口之於味也, 有同嗜焉. 耳之於聲也, 有同聽焉. 目之於色也, 有同美焉.

26 같은 곳: 心之所同然者, 何也? 謂理也義也. 聖人善得我心之之所同然耳. 故理義之悅我心, 猶芻豢之悅我口.

하기 위해서 맹자는 -철학사를 뜨겁게 달군- 사단(四端)을 제기했다. 사단은 문자적으로 네 가지 싹들의 의미를 나타낸다. 사단은 사람이 만나게 되는 사태에 따라 정서적으로 반응하는 것이면서 이 특정한 반응은 사람을 도덕적 존재가 되게끔 이끌어가는 힘을 지니고 있다. 이런 점에서 사단은 일종의 도덕감(moral sense)이라고 할 수 있다.[27]

구체적으로 말하면 사단은 측은함 · 부끄러움 · 사양 · 시비와 관련되는 도덕 정서이다. 시비(是非)는 무엇이 옳고 무엇이 그른지와 관련해서 사람이 느끼는 도덕감이다. 특히 시비는 흥미롭게도 감정이 인지적 측면을 가질 수 있다는 점을 보여주고 있다. 사양(辭讓)은 일상적으로 대중교통에서 노약자에게 자리를 양보하는 것에서부터 개인 사이 또는 국가 사이 우선권을 포기하는 것과 관련해서 사람이 느끼는 도덕감이다.

수오(羞惡)는 하지 말아야 할 것을 했거나 했지만 제대로 하지 못한 것처럼 행위의 적정성과 관련해서 끊임없는 자기 성찰을 가능하게 하는 도덕감이다. 측은(惻隱)은 타인을 고통으로 내몰 경우 겪게 되는 심리적 저항감이다.(「공손추」 상 6)

우리는 사단이 안내하는 대로 충실하게 행동을 한다면 악행의 가능성으로부터 점차 해방될 수 있다. 반대로 우리가 사단이 안내하는 도덕감을 배반한다면 사람이 사람답게 되기를 거부하는 것이 된다.

---

27 도덕감 용어에 대해서는 박찬구,『개념과 주제로 본 우리들의 윤리학』, 서광사, 2006, 227~245쪽 참조.

맹자는 이를 '비인화(非人化)'로 규정했다.[28] 물론 이 도덕감은 그 자체로 완전한 것이 아니다. 사람이 그것에 일치되는 방식으로 지속적으로 반응하느냐 반응하지 않느냐 여부에 따라 극대로 성장할 수도 있고 위축되어 아무런 작용을 못할 수도 있다.[29]

사람이 수양을 통해 도덕감이 무한하게 성장한 호연지기(浩然之氣)를 가지게 된다면 도덕감에 반하는 행위가 근원적으로 불가능해진다. 그 지점에 선 사람은 도덕감에 주의하며 그것의 성장을 꾀하던 초보자와 달리 세계 전체와 동근원성을 확보한 존재로 비상하게 될 것이다.

요약하면 맹자는 감정이 가진 종적 본질, 상호주관성을 극복했다. 이 단계에 이르면 감정은 도덕감의 특성을 지니면서 사람과 금수의 질적 차이를 결정하는 근거로 격상되고 있다.

4. 한비자의 역습

인간(백성)과 국가라는 주제는 맹자와 한비자의 문제의식의 중앙에 있었다. 흔히 지향이 다르면 사유를 조직하는 체계가 달라지곤 한

---

28 『맹자』「공손추」상 6: 人皆有不忍人之心. 先王有不忍人之心, 斯有不忍人之政矣. 以不忍人之心, 行不忍人之政, 治天下, 可運之掌上. …… 無惻隱之心, 非人也. 無羞惡之心, 非人也. 無辭讓之心, 非人也. 無是非之心, 非人也.

29 아이반호, 신정근 옮김, 『유교, 우리 삶의 철학』, 동아시아, 2008. 아이반호는 맹자의 불완전한 도덕감과 주희 · 왕양명의 완전한 性이 양측을 구별 짓는 결정적인 차이라고 보고 있다.

다. 맹자는 인류 공동체를 희구하므로 먼저 백성의 고통을 해소해야 했고, 그를 위해서 국가는 공적 역할을 충실할 것을 강하게 주문했다. 반면 한비자는 부국강병을 목표로 삼으므로 국가 의지의 현실화를 최우선에 두게 되었고, 그것을 위해서 백성들이 가진 역량을 최대한으로 동원하고자 했다.

이렇기 때문에 사람에 초점을 두더라도 맹자는 효율성과 결합하지 않은 자율성을 긍정하지만 한비자는 효율성을 극대화시키는 맥락에서만 자율성을 수긍하게 된다. 그렇다면 한비자는 감정을 어떻게 바라볼까? 효율성이라는 척도만 생각해보더라도 그는 감정에 긍정적인 시선을 보내지 않았으리라 예상할 수 있다. 앞으로 한비자가 어떤 맥락에서 감정에 대해 비타협적인 태도를 표명하게 되는지를 살펴보도록 하자.

『한비자』에는 선진시대의 국가들이 경쟁하면서 만들어낸 숱한 이야기들이 들어 있다. 특히 「설림(說林)」과 「내(內)/외(外) 저설(儲說)」의 경우 편명 자체가 이야기의 창고라는 뜻이다.[30] 한비자는 이들 이야기에서 흥미와 쾌락을 찾지 않고 국가(지도자)의 권력 의지를 현재화시키는 맥락에서 재해석하곤 했다. 따라서 우리도 한비자가 어떤 이

---

30 선진 시대의 사상가 또는 철학자들은 사실이든 허구든 이야기를 끌어들여 논지를 전개하고 있다. 어떤 경우 이야기가 끝난 곳에 비평식 결론을 첨가하기도 하지만 어떤 경우 이야기만으로 논의가 끝난다. 이처럼 이야기는 단순히 논지를 보충하거나 예시의 차원에서 머무르지 않고 적극적으로 철학의 특성을 구성하고 있다. 이런 점에 나는 동양철학이 이야기(서사) 철학이라는 원초적 형태에서 출발했다고 생각한다. 앞으로 철학과 이야기의 결합은 철학의 활로로서 검토해볼 가치가 있다고 생각한다.

야기를 골라서 거기에다 어떤 새로운 의미를 집어넣고자 하는지 살펴본다면 자연히 감정에 대한 그의 입장을 읽어낼 수 있을 것이다.

첫 번째 이야기는 한나라의 소후가 술을 마시다가 그 자리에서 잠이 들면서 일어난 일이다. 이야기는 간단하다. 전관(典冠)은 자신이 모시는 군주가 추울까봐 소후의 몸에다 옷을 덮어주었다.(「이병(二柄)」)

우리가 이 이야기를 맹자의 사단에다 적용한다면 '측은지심'의 사례에 해당한다고 할 수 있다. 전관은 자신이 직무를 준수하느라 옷을 덮어주지 않는다면 군주에게 좋지 않은 일이 생길 것이라 예상했다. 하지만 월권의 우려 때문에 위험에 빠진 군주를 그대로 내버려둔다면 그것은 신하로서 차마 할 일이 아니라고 생각했을 것이다.

맹자라면 전관의 행위를 처벌하지 않고 오히려 권장했을 것이다. 왜냐하면 이 사건은 절대로 해서는 안 되는 일은 한 월권으로 보기보다는 신하의 직무 준수와 군주 보호라는 두 가지 역할의 충돌이 일어났을 때 보다 가치 있는 일을 선택한 행위로 해석될 수 있기 때문이다.

그런데 소후는 전관(典冠)과 전의(典衣)를 둘 다 처벌했다. 전의는 제 할 일을 못했고 전관은 월권을 했기 때문이다.[31] 한비자는 소후가 덮어준 옷으로 인해 추위를 느끼지 않은 것을 싫어한 것이 아니라 전관의 행위를 방치할 경우 앞으로 생겨날 수 있는 폐단을 방비하고자 했을 것이라고 풀이한다.

---

31 『한비자』「二柄」: 君因兼罪典衣與典冠. 其罪典義, 以爲失其事也. 其罪典冠, 以爲越其職也.

전관은 '측은한' 마음의 결에 따라서 왕의 몸에다 옷을 덮어주었지만, 그 마음은 사람다움을 실현하는 도덕적인 것으로 평가되지 않고 하지 말아야 할 일을 아무런 겁 없이 저지른 범죄로 간주되고 있는 것이다.

한비자도 사람의 감정 자체를 부정하지는 않았을 것이다. 하지만 사람은 제 감정에 매몰되어 자신의 소임을 자각하지 못한 채 ―의식적이든 무의식적이든― 규범을 침해할 수 있다. 바로 여기서 한비자는 감정이 사회적 규범과 충돌을 낳을 수도 있고 규범 자체를 존중하지 않게 될 수도 있는 위험성을 가진 것으로 파악하고 있는 것이다. 감정의 위험성이 새삼 부각되고 있는 것이다.

두 번째 이야기는 상·벌의 행사와 관련되는 내용이다. 제나라의 전상(田常)은 간공(簡公)으로부터 은전을 받아서 그것을 백성들에게 개인적으로 은혜를 베풀어서 그들의 환심을 샀다. 이렇게 되자 간공은 군주로서 백성들을 돌보지 않는 무능한 인물로 비춰지게 되었다.

송나라의 자한(子罕)은 군주에게 특이한 제안을 했다. 백성들이 상 받기를 좋아하고 벌 받기를 싫어하므로 포상권은 군주가, 처벌권은 자신이 맡아서 행사하자는 것이었다. 결과적으로 간공은 전상 측에게 살해되어 국권을 찬탈당하지만 백성들의 공분을 얻지 못했다. 송의 백성들은 점차로 군주보다 자한의 권세를 복종하게 되었는데 군주는 협박을 당하고서도 손쓸 길이 없게 되었다.(「이병」)

한비자는 이 이야기에 대해 군주가 형벌과 포상, 즉 형(刑)과 덕(德)을 제대로 행사할 때 군권을 유지하지 그렇지 않으면 군권을 상실하게 된다는 교훈을 전달하고자 했다.[32] 전상과 자한의 사례를 맹자의 사단에 적용해보면 사양(辭讓)·수오(羞惡)의 도덕심과 상반된다고 할 수 있다. 하지만 그들은 군권(君權)을 가지고 싶은 욕망에 압도되어 사양·수오의 도덕심이 계시하는 방향과 반대의 길을 걷고 있다.

두 사람은 어떻게 도덕감에 반하는 행위를 하게 되었을까? 앞서 말했듯이 그들은 스스로 군주가 되려는 욕망이 너무나도 강했던 것이다. 하지만 이것만으로는 부족하다. 왜냐하면 욕망한다고 해서 그것이 저절로 또는 손쉽게 현실화되지 않기 때문이다. 그들이 신하에서 군주로 탈바꿈하는 것이 당시 세계에서 생각할 수 있는 최고의 범죄이다. 이 범죄가 공분(公憤)에 의해 타도의 대상이 되지 않고 용인되는 데에는 전상과 자한의 욕망만으로는 설명이 곤란하다.

전상이 부당하지만 개인적으로 은혜를 베풀자 백성들은 그에게 고마움을 느끼게 된다. 자한이 처벌권을 행사하자 백성들이 싫어하는 벌을 받지 않기 위해서 군주보다 자한의 명령에 복종하게 되었다. 고마움은 일회적인 반응으로 그치지 않고 되풀이해서 경험하게 되면 백성들은 심리적으로 간공에서 멀어지고 전상에게 가까워지게 된다. 여기에 이르게 되면 현실에서는 간공이 군주이지만 백성들의 마음에는 전상이 군주인 것처럼 간주되게 된다.

두려움도 마찬가지이다. 두려움의 실체가 반복적으로 백성들에게 현시되면 처벌권을 부여한 군주는 한없이 뒤로 물러나서 보이지 않게 되고 도끼를 휘두르는 존재만 부각되게 된다. 자한의 경우 합법적

---

32 『한비자』「二柄」: 劫殺擁蔽之主, 兼失刑德而使臣用之, 而不危亡者, 則未嘗有也.

으로 부여받은 권한을 행사하는 것이지만 억압적 방식으로 권력을 집행하고, 전상은 백성들에게 사적으로 이익을 제공하는 보상적인 방식으로 권력을 행사하고 있는 차이가 있다.[33]

하지만 여기서 백성과 전성 · 자한 사이에 발생한 고마움과 두려움의 감정은 현실의 정치 질서를 안정시키는 것이 아니라 오히려 그것을 전복시키려는 시도에 복종하는 국면을 창출하고 있다. 제와 송의 군주는 백성들이 전상과 자한의 형태에 보이는 반응, 즉 고마움과 두려움을 느낄 하등의 가치가 없는 것으로 볼 것이다. 나아가 그들은 백성들이 느끼는 고마움과 두려움을 병적인 현상으로 생각하고 그런 꼭두각시놀음의 중지를 선언하려 했지만 그것에 성공할 수 없었다. 여기서 한비자는 새삼스레 사적 감정의 공유 또는 광범위한 지지가 초래할 수 있는 정치적 위기 현상을 진단하고 있다.

세 번째 이야기는 동성애자 사이로 보이는 영공(靈公)과 미자하(彌子瑕)가 관련된 여도담군(餘桃啗君) 고사와 관련된다. 두 사람이 왕실 과수원을 노닐었는데 미자하가 복숭아를 따서 반만 먹고 영공에게 건넸다. 이때 영공은 "나를 사랑하는구나, 제 입의 단맛을 잊고서 나더러 먹어보라고 하는구나!"며 감탄을 했다. 훗날 미자하의 용모가 시들고 사랑이 식자 영공은 과거의 일을 들추며 "나더러 먹던 복숭아를 먹으라고 주었다"고 비판했다. 미자하가 한 행동은 이미 끝나버

---

33 권력의 행사 방식과 복종 사이의 관계와 관련해서 갈브레이드는 억압적 권력 · 보상적 권력 · 조종적 권력 등으로 구분한다. J. K. 갈브레이드, 박현채 옮김, 『권력의 해부』, 한벗, 1984, 17쪽.

렸고 다른 방식으로 수정될 수 없는데 그 의미는 상황의 변화에 따라 달리 평가를 받고 있다.[34]

두 사람이 사랑하는 사이일 때는 범죄마저 효행으로 간주될 정도로 모든 것이 용인되지만 사랑이 식게 되면 그토록 아름답던 과거의 기억도 끔찍한 범죄로 되살아나게 되는 것이다. 애증의 변화는 매듭이 지어진 사태의 재심리를 요구하고 있다. 여기서 감정은 사람과 사람의 사이를 지속시키는 안정성을 전혀 보장하지 못하게 된다.

우리는 이제 한비자가 행위 평가의 기준을 어디에 세울지 알 수 있게 되었다. 그것은 감정과 다른 특성을 가지게 될 것이다.[35] 이러한 문제의식은 한비자로 하여금 극단적으로 호오의 감정을 삭제할 것, 즉 거호거오(去好去惡)의 방향으로 나아가게 만들었다. 물론 이 말은 한비자가 신하의 능력을 최대로 끌어내기 위해서 지도자가 자신의 의중을 누설할 수 있는 어떠한 정보를 내비치지 말아야 한다는 맥락, 즉 술(術)의 운용에서 나온 주장이다.[36]

---

34 『한비자』「說難」: 與君遊於果園, 食桃而甘, 不盡, 以其半啗君. 君曰: '愛我哉, 忘其口味, 以啗寡人!' 及彌子色衰愛弛, 得罪於君. 君曰: …… 又嘗啗我以餘桃.' 故彌子之行未變於初也, 而以前之所以見賢而後獲罪者, 愛憎之變也.

35 혹자는 『한비자』에서 찾은 세 가지 이야기의 초점이 公私의 문제에 있다고 지적한다. 이 점은 나도 수긍하는 지적이고 반대하지 않는다. 이 글의 초점을 감정에 두고 있으므로 나는 이 이야기를 감정의 문맥으로 재해석했다. 그리고 그렇게 보지 못할 이유는 그 어디에도 없다. 그럼에도 감정의 문맥으로 본 것을 이 글의 치명적인 약점으로 보는 지적은 동의하기 어렵다. 글쓴이의 문맥 의식을 따라오면서, 읽어주면서 촌평을 아끼지 않는 예리한 비평이 부재하는 실태는 아쉽다.

36 『한비자』「主道」: 去好去惡, 臣乃見素. 去智去舊, 臣乃自備. 故有智而不以慮, 使萬物而知其處. 有賢而不以行, 觀臣下之所因. 有勇而不以怒, 使群臣盡其武.

하지만 이런 감정 배제의 방향은 한비자가 법(法)과 같은 객관적인 기준에 정초하려고 했던 시도와도 논리적으로 정합성을 갖는다. 아울러 감정 배제, 객관적 기준, 법 등은 한비자가 강력하게 주장하는 "우연히 그렇게 선(좋음)을 좇지 않고 반드시 그렇게 되는 도를 실행하려고" 하는 자세와도 맞닿아 있다.[37]

5. 『악기』와 『중용』의 진지화 작업

한비자의 틀로부터 벗어나려면 가혹한 법집행이 낳은 폐해를 열거하는 것으로 불충분하다. 가혹한 법이 문제라고 하더라도 법이 규율하고 지배하던 영역이 갑자기 증발하는 것도 아니기 때문이다. 예컨대 관료의 업적 평가는 왕조의 교체에도 불구하고 객관 기준에 의해 평가될 수밖에 없는 것이다. 물론 그 객관 기준의 이름이 설령 법이 아니라 다른 것으로 바뀐다고 하더라도 객관적 평가라는 법의 정신은 계승되었으면 계승되었지 단절될 리가 없기 때문이다.

그렇다면 어디에서 작업을 진행해야 한비자의 프레임에서 벗어날 수 있을까? 그 작업은 ─정당하든 부당하든─ 한비자에 의해 덧씌워진 감정의 지위를 회복하는 데에서 출발하게 된다. 이 문제를 풀어내지 못한다면 감정은 문학의 영역에서야 자리를 보전하겠지만 철학의 영역에서는 완전히 추방될 처지에 놓여 있었다. 이 난국을 타개하려고 한 것이 『중용(中庸)』과 『악기(樂記)』의 저자들이었다. 그들은 한비

---

37 『한비자』「顯學」: 不隨適然之善, 而行必然之道.

자가 제기했던 감정의 불안정성, 위험성을 극복하기 위해서 공자와 맹자 단계에 없었던 새로운 사유의 샘물을 길어 올렸다.

『악기』는 불안한 감정의 발생 기제를 욕망과 연계해서 세밀하게 설명하고자 했다.[38] 『악기』는 먼저 사람이 외적 자극을 받아 반응을 보이기 이전과 이후로 구분한다. '이전'이란 욕망의 지향, 극단적으로 욕망 자체가 생성되지 않은, 즉 절대 고요[정(靜)]를 가리킨다.

외적 대상의 자극을 받게 되면 지각 활동이 개시되고 또 그 결과로 호오(好惡) 중의 한 갈래로 감정이 기울어지고 이어서 소유와 기피를 향한 욕망이 작동하기 시작한다. 이 호오는 공자와 한비자가 지적했듯이 언제든지 내적 절제를 뛰어넘을 수 있는 힘을 가지고 있다. 호오가 완전히 자기 동력에 의해서 움직이면서 어떠한 규제를 거부하게 되면 사람은 욕망의 화신이 되고 도덕 이상이 설 자리가 완전히 무너져버린다.

이런 파국을 피하기 위해서 『악기』의 작자는 두 가지 방향의 해결책을 모색하게 된다. 하나는 외부의 힘을 빌려 내부의 균형을 회복하는 길이다. 외부의 힘이란 예(禮)·악(樂)·형(刑)·정(政)을 가리킨다. 그것들은 일종의 방어벽으로서 사람들로 하여금 그것의 경계를 넘어서지 않도록 하게 한다.[39] 여기서 악은 일종의 외적 장치로서 들끓는

---

38 『악기』「樂本」: 人生而靜, 天之性也. 感於物而動, 性之欲也. 物至知知, 然後好惡形焉. 好惡無節於內, 知誘於外, 不能反躬, 天理滅矣. 人生而靜을 「중용」의 未發之中에 연결시키기도 한다.

39 『악기』「樂本」: 是故先王之制禮樂, 人爲之節 …… 鐘鼓干戚, 所以和安樂也. …… 樂和民聲, 政以行之, 刑以防之, 禮樂刑政, 四達而不悖, 則王道備矣.

내부의 욕망을 진정시켜서 상실된 내적 규제를 회복하게 하는 사회 질서의 보루로 간주되고 있다.

다른 하나는 근원으로 회귀하는 길이다. 앞서 말했던 절대 고요는 욕망의 생성과 대비되는 특정 시점의 일시적 상태를 가리키는 것이 아니다. 즉 여기서 정(靜)은 동(動)의 상대적인 상태가 아니다. 그것은 생성된 모든 욕망보다 앞에 있으면서 들끓는 욕망을 진정시키는 역할을 하고 또 욕망의 노예화로 치닫는 자아를 원초적 상태로 회귀시켜서 정제된 삶을 살도록 한다.

예를 들어보자. 우리가 상품이 즐비한 백화점에 들어서면 갑작스레 이것도 필요하고 저것도 필요하며 이것도 좋아 보이고 저것도 좋아 보여서 마구 사게 된다. 집에 돌아와 한숨 자고 나서 어젯밤에 산 물건의 꾸러미를 보면 살 걸 제대로 사지 못하고 불필요한 것을 샀다는 후회가 밀려든다. 백화점에 있을 때는 눈에 들어오는 상품에 흥분되어 구매의 욕망이 들끓고 있는 상태이다.

자고 난 뒤는 들끓던 욕망이 잠잠해지고 사놓은 것을 냉정하게 평가하며 앞으로는 비슷한 상황에서 어떻게 해야 하는가라는 기준을 세울 수 있는 상태이다. 여기서 보면 자고 난 상황은 내가 이것저것을 마구 사는 상황과 구별되는 또 하나의 상황이 아니라 다른 상황을 규제하고 안내하고 평가하는 상위의 자격을 갖는다. 이처럼 『악기』의 저자는 사람의 심성에 깃든 모든 감정[동(動)]의 근원, 즉 정(靜)을 발견함으로써 감정에 내재한 치명적인 한계를 극복할 수 있게 되었다.

『중용』의 저자는 『악기』에서 정(靜)과 동(動)으로 구분된 세계를 다

른 언어로 규정한다. 아마 추측이지만 『악기』에서 정이 근원이고 동
이 현상으로 재배치되고 있지만 그 방식으로는 원래 짝 개념으로서
동정(動靜) 용어가 사람들에게 심어준 상대적 지위의 기억을 불식시
키기 어렵다는 판단을 했었을 수 있다. 그래서인지 『중용』의 저자는
중(中)과 화(和)로 심성의 세계를 새롭게 규정하고 있다.[40]

『중용』에서는 기쁨·성냄·슬픔·즐거움의 네 가지 감정을 예시
하고 있다. 구체적인 감정이 의식에서도 현상화되지 않고 외적으로도
생리적 반응과 언행이 표면화되지 않은 세계가 있는데 그것이 중(中)
이다. 외적 자극에 대해 구체적인 감정 중의 하나가 생성되고 이어서
언행으로 표출될 수 있다. 여기서 개별적 감정이 표출된 상태는 두 가
지로 구분되고 있다. 하나는 성을 낼 상황이면 성낼 만큼 성내는 것이
고 다른 하나는 지나치게 성내는 것이다.

전자는 『중용』에서 화(和)로 명명되고 있다. 후자는 『중용』에서 뭐
라고 언명되지 않지만 화(和)의 부정 상태로서 불화(不和)라고 할 수
있다. 『악기』와 비교해보면 중(中)은 정(靜)에 상응하고, 화와 불화는
동(動)에 상응한다고 할 수 있다. 『악기』의 저자가 욕망의 생성과 전
개를 모두 동(動)으로 고려했지만 『중용』의 저자는 그것을 화와 불화
로 구분해서 접근하고 있다. 더 세밀해졌다고 할 수 있다.

이런 구분법은 어떤 의의가 있을까? 이것은 작은 구분이지만 혐의
를 받고 있는 '감정'의 입장에서 보면 획기적인 돌파구가 마련될 수

---

40 『중용장구』 1장: 喜怒哀樂之未發, 謂之中. 發而皆中節, 謂之和. 中也者, 天下之大本
也, 和也者, 天下之達道也.

있다. 심성의 세계를 중(中)과 화(和)·불화(不和)로 나누면 그간 감정을 향한 공격의 화살을 분산시킬 수 있다. 공자와 한비자는 불안한 감정과 위험한 감정의 문제를 제기했었다.

하지만 『중용』에 이르면 이 공격은 감정 전체에 해당되는 것이 아니라 감정의 어떤 상태에 해당되는 것으로 축소된다. 즉 『중용』의 저자는 감정의 문제를 중(中)의 차원과 무관하고 또 화와도 무관하며 오로지 불화(不和)와 관련된 것에 배당하게 된다. 즉 그들은 감정의 문제 발생을 화(和)의 반대 상태로 배속시킴으로써 감정의 위기를 극복하려고 하고 있는 것이다.

이로써 『중용』의 저자는 새로운 문제를 떠안게 되었다. 감정이 갖는 불안과 위험의 원인을 조율되지 않은 감정의 탓으로 돌렸지만 어떻게 하면 감정을 조절할 수 있는가라는 문제를 해결해야 했다. 이 물음은 이론과 실천이 동시에 겹쳐지는 특성을 갖는다. 『중용』이 이론의 특성에 치우친 탓인지 그 저자는 감정의 조절, 즉 수양에 대한 구체적 지침을 내놓지 않고 있다.[41]

이와 달리 『악기』의 저자는 예악이 '이풍역속(移風易俗)'에 미치는 효과를 통찰함으로써 감정의 문제를 악(樂)을 통해 치유할 수 있다고 주장하고 있다. 이렇게 보면 『악기』의 저자가 악(樂)의 의의를 하늘과

---

41 이런 맥락에서 보면 전국 후기에 통일이라는 사회 통합의 문제 못지않게 몸·정신의 치유, 심신의 수련이 시대의 의제로 등장하는 것은 당연하다고 할 수 있다. 『황제사경』·『관자』 네 편·『회남자』·『황제내경』에서 다루는 치유와 관련해서 김희정, 『몸·국가·우주 하나를 꿈꾸다』 궁리, 2008 참조.

대지의 화(和)에서 찾는 것은 결코 우연이라고 할 수 없다.[42] 『중용』이 침묵하고 있는 치유의 문제를 『악기』에서 악을 통해 대신 제시하고 있는 것으로 볼 수 있기 때문이다. 두 문헌을 교차하며 읽는 데에서 생기는 즐거움이라고 할 수 있겠다.

다른 하나는 『중용』의 중(中)과 『악기』의 정(靜)이 감정과 맺는 관계의 문제이다. 이 둘은 글자 그대로 보더라도 감정일 수는 없다. 어디까지나 감정(感情)은 외부 자극을 수용하여 그것에 대해서 드러내는 정의 뜻이므로 중과 정이 감정에 해당될 수는 없다.

하지만 중과 정은 화이든 불화이든 감정과 완전히 떨어져 별도로 있지 않고 불화를 규제하는 방식으로 감정에 개입하고 있다. 『중용』 과 『악기』의 저자들은 이 문제를 문제로 인식하지 못한 듯 논의를 하지 않고 있다.[43] 여기서는 잠정적으로 전국 후기와 한 제국 초기에 유행한 역설의 언어로 말한다면, 중과 정은 '감정 아닌 감정'으로 규정하고자 한다.

이제 중과 정에 대해 중정(中靜) 또는 정중(靜中)처럼 합성어로서 그 의미를 생각해보자. 그것은 개별적인 감정과 달리 외적 자극에 따라 이리저리 결코 흔들리지 않는 중심성이다. 아울러 그것은 흔들리는 개별 감정을 표출해야 할 만큼 적정하게 표출하도록 감정 자체로부터 일정한 거리를 유지하게 하는 냉정성이다. 여기서 중정과 정중은

---

42 『악기』 「樂論」: 樂者, 天地之和也. 禮者, 天地之序也. 和故百物皆化, 序故群物皆別.

43 이 문제는 주희의 사상 형성 과정에서 '中和' 논변이란 형태로 중요하게 다루어진다. 이와 관련해서 손영식, 『이성과 현실』, UUP, 1999, 215~311쪽 참조.

다시 중정(中正)과 정중(正中)의 의미와 호환이 가능해진다.

여기에 이르러 감정 문제의 지난한 과정이 한 매듭을 짓게 되었다. 동시에 사람은 제 감정에 휘둘리기만 하는 노예가 아니라 감정을 주재할 수 있는 주인이 된다. 전국 후기의 사람들은 여전히 천자의 지배를 받는 신민이자 백성이라는 사회적 지위를 유지하고 있지만, 제 자신을 스스로 규제할 수 있는 내적 제왕으로 심을 가지게 되었다.

6. 맺음말

지금까지의 논의를 정리해보면 감정은 전개의 방향성을 전혀 예측할 수 없는 불안정성을 보이고 바로 그 특성으로 인해 사람의 내면의 자기 절제를 붕괴시키고 극단적으로 사회 질서와 정면으로 충돌을 일으킬 수 있다. 즉 가변성과 위험성으로 표상되는 감정관이다.

또 한 가지 더 있다. 감정의 표출은 의사 결정 과정에서 긍정과 부인에 대한 정보를 전달하게 된다. 내면 정보의 노출로 표상되는 감정관이다. 궁정 사회처럼 누구도 신뢰할 수 없고 경쟁이 첨예한 상황에서 감정의 표출은 곧 스스로 불리한 조건을 찾아가는 형국이 된다. 이런 상황에서 내면 정보는 읽히지 않도록 꼭꼭 숨겨야 하는, 즉 얼굴에서 표정을 지우도록 스스로에게 요구하게 된다.

이 문제를 해결하지 않으면 감정은 철학, 특히 도덕 영역에서 완전히 추방될 수 있는 상황에 놓이게 된다. 이 구원의 임무는 몇 단계를 거치면서 일단락이 되는 지난한 과정이었다.

공자는 감정이 사람으로서 달리 할 수 없고 반드시 그렇게 할 수밖에 없는, 즉 당연히 해야 하는 행위를 안내하는 특성을 밝혀냈다. 공자를 이어서 맹자는 사람을 동물과 차별성을 갖게 하는 도덕감으로 감정의 지위를 살려낸다. 즉 근원성으로 표상되는 감정관이다. 『악기』와 「중용」에 이르러 감정은 보다 확실하며 안전한 구원의 탈출구를 찾게 된다. 그 문헌의 저자들은 감정의 가변성과 위험성이 모든 감정의 일반 문제가 아니라 절제되지 않은 감정 일부의 문제로 진단한다. 아울러 그들은 절제되지 않은 감정을 규제하는 길로 각각 중(中)과 정(靜)을 내놓았다. 우리가 중정(中靜)에 들게 된다면 자기감정의 주인으로서 세계와 조우할 수 있는 역량을 창출하게 되는 것이다.

최근 베이징은 올림픽 개최 준비로 바쁜 나날을 보내고 있다. 당국은 2007년 초반부터 갑작스레 '미소북경(微笑北京)' 운동을 펼쳤다. 속내를 들여다보면 '감정' 문제와 관련이 있다. 베이징 사람들은 평소 잘 웃지도 않는다. 올림픽이 열리고 외국인들이 베이징을 찾으면 주인이 손님을 맞이하게 된다. 경기장과 거리의 베이징 사람들이 하나같이 무뚝뚝하면 외국인의 입장에서는 자신들을 환영하는 것인지 어떤지 알 수 없을 것이다.

그래서 당국에서는 제발 좀 얼굴에 미소를 짓자는 운동을 전개하고 나선 것이다. 왜 얼굴 표정을 지웠을까? 하나는 한비자의 지적처럼 감정을 나의 내면 정보가 새어나가는 것으로 보는 것과 관련이 있을 않을까? 다른 하나는 『악기』와 「중용」의 중정(中靜)에 따라 자신의 감정을 너무나도 과도하게 통제하게 만드는 수양이 심리적 습속으로

된 것과 관련이 있지 않을까? 둘 다 나를 둘러싼 주위 환경을 적대시 하는 태도와 관련이 있을 것이다. 만약 서로 주위를 진심으로 붕우(朋友)라고 생각하게 된다면 웃지 말라고 해도 웃게 되지 않을까?

제7장

동아시아 근대 『중용』의 재발견:
캉유웨이의 진화(進化)

1. 문제제기

캉유웨이(康有爲, 1858~1927)는 파란만장했던 자신의 망명 생활을 여러 가지 숫자와 함께 27글자로 표현한 적이 있다. "무술변법으로 100일 동안 유신을 추진하다 실패한 뒤 16년간 망명길에 올랐는데, 그동안 모두 3차례 세계 여행길에 올라 4대륙을 두루 돌아다니면서 모두 31개국을 가보고 이동 거리만 총 60만 리에 이르렀다."[1]

흔히 망명 생활이라고 하면 고달프다는 생각이 먼저 떠오르지만 그의 술회에는 그런 느낌이 전혀 없다. 오히려 그는 자신이 암살의 위협에 시달리기는 했지만 "볼 것은 다 보았다"며 망명 생활을 만족스러운 시간이자 자랑스러운 경험으로 묘사하고 있는 듯하다.[2]

다른 사람이 캉유웨이를 바라보는 그림은 위와 좀 달라 보인다. 보

---

1 "維新百日, 出亡十六年, 三周大地, 游遍四洲, 經三十一國, 行六十萬里." 이 말은 귀국 이후 캉유웨이가 당대 유명한 서예가 吳昌碩에게 도장을 파줄 곳을 부탁하고서 도장에 새길 글로 지은 것이다.

2 캉유웨이의 세 차례 여행과 관련해서 宗志武, 「評康有爲'三周大地'之行」, 『吉林工程技術師範學園學報』, 2004.11, v.20 n.11 참조.

통 캉유웨이가 걸어간 학문과 정치의 여정을 떠올리면 크게 두 가지 그림이 펼쳐진다. 하나는 개혁 또는 진보적인 사상가에서 보수적인 사상가로 변신을 했다는 그림이다. 다른 하나는 각종 문제를 일으키는 차별의 경계를 허물어버리자는 보편주의자의 모습을 드러내는가 하면 어느 틈에는 인종적 편견과 우생학의 관점을 여과 없이 드러내는 모순을 보인다는 그림이다.

'변신' 논리는, 캉유웨이가 나날이 거세지는 서구 열강의 위협으로부터 낡은 제국을 구하기 위해서 처음에 광서제(光緒帝, 재위 1874~1908)와 연대해서 무술변법(1898)을 추진했다가 100일 만에 실각하고서 16년간의 망명 생활(1898~1913)을 끝내고 귀국한 뒤에는 황제의 복위를 추진했다는 사실에 근거하고 있다.

이 밖에도 1903년 이후로 양무파(洋務派)를 계승한 변법파(變法派)의 활동 공간이 현격하게 줄어들고 쑨원(孫文, 1866~1925)을 위시한 혁명파(革命派)가 등장했음에도 불구하고 캉유웨이는 시대착오적으로 보황(保皇)의 기치를 내걸었는데, 이 때문에 '변신'에다가 또 '보수'라는 딱지까지 얻게 되었다.[3]

'모순' 논리는, 캉유웨이가 짧다면 짧고 길다면 긴 학술과 정치 활

---

3 캉유웨이가 무술변법을 전후로 펼쳤던 학문·정치 활동과 관련해서 민두기, 『중국근대개혁운동의 연구: 康有爲중심의 1898년 개혁 운동』, 일조각, 1985; 湯志鈞, 『康有爲與戊戌變法』, 北京: 中華書局, 1984 참조. 익명의 심사위원의 지적에 따르면 캉유웨이의 경학과 초기 저작에 대한 연구로는 湯志鈞보다 朱維錚, 『求索眞文明: 晩淸學術史論』, 上海古籍出版社, 1996; 坂出祥伸, 『康有爲』, 集英社, 1985 등이 참조할 만하다고 한다.

동의 여정에서 일관성을 보이지 않고, 정치 지형의 변화에 따라 상반되는 입장을 드러낸다는 것이다. 그는 무술변법 단계에서 '입헌(立憲)' 군주제(君主制)를 내세웠지만 망명을 끝내고 귀국한 뒤에는 장쉰(張勳, 1854~1923)과 보조를 맞추면서 전제(專制) 군주제(君主帝)에 가까운 복벽(復辟)을 실행하려고 했다. 그는 일찍이 『대동서(大同書)』에서 인간 사회의 고통과 대립 그리고 만악(萬惡)의 근원이 나라 · 가족 등의 아홉 가지 경계[界]에 있다고 보고서 그것의 철폐를 주장했다.

예컨대 국경 없는 세계를 위해 군대와 국경을 없애야 한다든지 죄수와 노예의 상태에 있는 여성의 지위를 독립시켜 남녀평등을 이루어야 한다든지 가족의 틀을 벗어나서 새롭게 나타난 평등한 주체를 천민(天民)[4]으로 명명한다든지 진보적인 주장을 내놓았다. 이처럼 캉유웨이는 차별과 구속의 세계를 벗어난 보편적 독립과 자유의 세계를 주장하고 있다. 하지만 그는 현실적인 이유로 흑인의 사회적 지위와 체취에 대한 편견을 여과 없이 드러내고 있다.[5]

---

4 캉유웨이는 가족관계를 떠나서 천민이 되자(去家界爲天民)는 맥락에서 천민을 사용한다. 확대 해석한다면 전통적인 삼강 · 오륜에 매인 존재(臣民)에서 그러한 관계의 그물을 벗어나 평등을 누리는 새로운 사람을 天民으로 명명했다고 볼 수 있다. 근대에 이르러 군주에 대한 예속을 나타내는 신민을 대신해서 공민 · 시민 · 인민 · 국민 · 백성 등이 창조되거나 재활용되었다. 지금 보면 다른 말은 살아 있지만 천민은 사어에 가깝다. 이러한 사정도 별도로 연구할 만한 가치가 있다. 이러한 의미는 캉유웨이가 창조한 말이지만 天民이란 말 자체는 이미 전국시대의 『맹자』 「만장」 상 7, 「만장」 하 1, 「진심」 상 19에서 처음으로 쓰이고 있다.

5 黑白 차별과 같은 인종 편견은 『대동서』 丁部 「去種界同人類」에 '大同世'에서도 극복하기 어려운 것으로 말하고 있다. 이성애 옮김, 『대동서』, 민음사, 1991(을유문화사, 2006): 275쪽 이하 참조. 아울러 박희병은 캉유웨이의 평등 속의 차별과 최한기의 평

나는 이 글에서 캉유웨이의 대표적인 저서로 알려진 『신학위경고 (新學僞經考)』(1891), 『공자개제고(孔子改制考)』(1898), 『대동서』(집필 1차 완성 1901~1902. 전서 출간 1935)가 아니라 사서(四書)에 대한 주석의 내용을 분석하려고 한다.

캉유웨이는 『중용』·『맹자』·『논어』에 대해서 주석과 발명 작업을 하면서 그 연유를 서문에 쓰고 있다. 즉 『중용주(中庸注)』(1901.2), 『맹자미(孟子微)』(1901년 겨울), 『논어주(論語注)』(1902.3)가 그 결과이다.[6] 사서 중 『대학』에 대한 서문 「대학주서(大學注序)」(1902.7)가 남아 있지만 주석을 단 내용이 현재 전해지지 않고 있다.[7] 쉽게 알아차릴 수 있듯 이 완성 시기만을 놓고 보면 사서와 관련된 저작들은 모두 무술변법 이후에 씌어졌다.

그런데 사서에 주석 내지 발명 작업을 했다는 사실 자체는 앞서 말한 캉유웨이의 두 가지 그림과 어떻게 이어질 수 있을까? 얼핏 생각

등 속의 공영을 대비하고 있다. 『운화와 근대』, 돌베개, 2003, 155~173쪽 참조.

6 이 글에서 캉유웨이의 저작은 모두 『康有爲全集』 전12집, 中國人民大學出版社, 2007을 저본으로 삼는다.(앞으로 康有爲 저작을 인용할 때 '5: 333'식의 약어를 사용한다. 5는 전집의 권수이고 333은 해당 권수의 쪽수를 나타낸다.) 『論語注』 『孟子微』 등의 존재가 국내 학계에 조금 알려져 있지만 『中庸注』는 그다지 알려져 있지 않다. 이연도는 『대동서』와 『논어주』를 통해서 캉유웨이의 진화론을 밝힌 적이 있다. 「근대중국의 진화론과 역사관」, 『한국철학논집』 제20집, 2007 참조. 중국에는 『論語注』 『孟子微』의 연구 논문이 나오기 시작했지만 『中庸注』는 아직 본격적인 연구가 진행되지 않고 있다.

7 「大學注序」(1902.8), 『康有爲全集』(6: 355). 『大學注』의 실체가 확인되지 않는다고 하더라도 '序'가 있고, 또 캉유웨이가 廣州의 萬木草堂의 강의록을 기록한 『萬木草堂講義』(1897)에도 「講大學」의 강의록이 있다.(2: 300-301) 이로 보면 캉유웨이가 四書에 대한 재해석을 시도했다고 판단하더라도 크게 무리가 없을 것이다.

하면 이것은 변신과 모순의 서사를 강화시켜 줄 것으로 예상할 수 있다.『대동서』에서 보편과 평등의 가치를 역설하면서 또 '봉건' 윤리를 담은 사서에 주목하는 것은 부자연스럽게 보이기 때문이다.

또 1876년 19세부터 3년간 주츠지(朱次琦)로부터 정주학(程朱學)과 경세치용학(經世致用學)을 배웠고, 1879년 22세부터 주츠지와 결별하고서 시차오산(西樵山)에 들어가 도교·불교의 서적을 탐독하는 등 유교 경전 또는 전통 시대의 학문에서 국가와 민족을 구원할 비책, 즉 보국(保國)과 보종(保種)의 가능성과 해결책을 찾지 못해서 번역된 서양 서적으로 관심을 돌렸다.[8]

여기서 우리가 다른 것은 따지지 않고 시간만 놓고 보면, 변법이 실패로 끝나자 마자 캉유웨이는 사서를 다시 손에 들었다고 할 수 있다. 이렇게 보면 사서에 대한 관심은 변신과 모순의 이야기를 결정적으로 뒷받침할 수 있는 논리를 제공할 수 있을 듯하다.[9]

물론 이러한 예단은 타당할 수 있다. 하지만 필자가 생각하기에 이 판단은 '사실'의 차원에서 뭔가를 놓치고 있는 것이 분명하다. 보

---

8 『我史』(1899.1『康南海自編年譜』로도 불린다)에 따르면 캉유웨이는 1879년에 서양 사정 관련 서적을 여러 종류 읽었고 또 홍콩에 가서 서양 문물을 목격하고서 西學 서적을 구입했다. 또 1882년(25세)에 상하이로 가서 西書를 다량 구입하고서 탐독한 뒤에 나름 西學에 일가견을 가지게 되었으며 또 고루한 견해를 버리게 되었다[自是 大講西學, 始盡釋故見]고 자평하고 있다.(제5집, 63쪽)

9 리쩌허우가 바로 이런 견해를 대표한다. 그는 "이후의 다른 저서, 특히 『중용주』와 『맹자미』 등의 경전 주석서에서는 현실 사회, 봉건 경전과 타협적이고 조화로운 태도를 취했다"고 평가를 내리고 있다.(임춘성 옮김, 『중국근대사상사론』, 한길사, 2005, 224쪽.)

통 『대동서』는 캉유웨이가 인도에 머물던 1901~1902년 사이에 완성된 걸로 알려져 있다.[10] 이와 관련해서는 좀 더 꼼꼼하게 확인할 필요가 있다. 캉유웨이는 1884년부터 '대동大同의 의미를 퍼뜨리려고 하면서' 그 일환으로 '만법공법총서(萬身公法叢書)'를 기획했지만 실제로 『실리공법전서(實理公法全書)』(1888 이전)의 저술에만 그쳤다.

『대동서』와 『실리공법전서』를 나란히 읽어보면 둘 사이에 형식과 내용의 유사성이 있다는 것을 발견할 수 있다. 나아가 후자가 전자의 초안으로서 둘 다 이상 사회의 청사진을 그리고 있다고 볼 수 있다.[11] 이렇게 보면 캉유웨이가 1884년 이래로 지속적인 관심을 갖고서 초고에 해당되는 『실리공법전서』를 완성했고 그것을 바탕으로 내용을 덧보태서 『대동서』로 확장하여 무술변법 이후에 매듭지었다고 할 수 있다.

완성 시기로만 보면 사서(四書)의 주석과 발명 작업은 『대동서』의 1차 완성 시기와 비슷한 1901~1902년 사이라고 할 수 있다. 하지만 그는 광저우에서 1891년부터 만목초당(萬木草堂)[12]을 운영할 때부터

---

10 캉유웨이는 1901~1902년 인도의 다르질링에 머무를 때 『대동서』를 완성했다고 한다. 1차 완성 이후에도 계속 보완되었다. 『대동서』 저술 시기와 관련해서 湯志鈞, 『康有爲與戊戌變法』, 中華書局, 1984; 리쩌허우, 임춘성 옮김, 『중국근대사상론』, 한길사, 2005 참조. 『대동서』에 대한 개괄적인 소개로는 조경란, 「캉유웨이 대동서 이해」, 『중국 근현대 사상의 탐색: 캉유웨이에서 덩샤오핑까지』, 삼인, 2003 참조.

11 樓宇烈, 「借古爲今乎? 戀古非今乎? 康有爲學術著作選編後」, 『書品』, 1989, 제2기.

12 캉유웨이는 변법 유신을 추진할 인재를 양성하기 위해서 광저우 中山4路 長興里3호에 萬木草堂을 열었다. 처음에는 邱氏書院을 빌려서 강학을 하다가 인원이 20여 명에서 100여 명으로 늘어나자 장소가 더 큰 곳으로 두 차례 이사를 했다. 세 장소를 모두 만목초당이라 통칭한다. 이때 학생으로는 陳千秋 · 梁啓超 등이 있다. 만목초당은

이미『중용』을 비롯하여 사서만이 아니라 제자백가 등 다양한 고전에 대한 강의를 한 적이 있다. 즉 사서에 대한 관심이 완전히 끊어졌다가 무술변법 이후에 갑자기 생겨난 것이 결코 아니다.[13]

이로써 우리는 적어도 두 가지 가설을 세울 수 있다. 하나는 캉유웨이의 변신과 모순이 사실이라고 할지라도 무술변법(1989)을 기준으로 경계를 확연하게 그을 수 없다는 것이다. 다른 하나는 캉유웨이가 학술과 정치 활동 영역에서 뚜렷한 일관성을 보이지 않았다고 하더라도 그 여정에는 변신과 모순의 이야기(측면)가 있을 뿐만 아니라 고수와 일관성의 이야기(측면)가 있을 수 있다는 것이다.

사실 첫 번째 가설은 이를 뒷받침할 만한 사실이 있는 만큼 그렇게 어렵지 않게 입증할 수 있다. 예를 들어 캉유웨이의『중용』해석의 사례를 살펴보자.『중용』29장의 "王天下, 有三重焉."의 삼중(三重)은 그 의미가 분명하지 않다. 그 의미는 앞뒤 문맥을 통해서 알 수 없기 때문이다. 주희는『중용장구』에서 여대림(呂大臨)의 주장을 인용해서 삼중(三重)을 28장의 의례(議禮) · 제도(制度) · 고문(考文)으로 풀이했다.

캉유웨이는『강남해선생강학기』(康南海先生講學記)「통삼통례(通三統

1894년 캉유웨이의 會試 참가로 한 차례 중단되기도 했다.

13 당시의 사정을 보여주는 자료로 문인 張伯楨이 기록한 강의록『康南海先生講學記』
(1896 가을), 기록자가 알려지지 않은『萬木草堂口說』(1896. 달리『南海康先生口說』이라고도 함),『萬木草堂講義』(1897) 등이 있다. 각각『康有爲全集』(2: 103-124, 131-207, 277-303)에 들어 있다. 세 자료 모두 캉유웨이가 무술변법 이전에도『중용』을 풀이했다는 사실을 알려주고 있다.

例)」에서부터 이미 삼중(三重)을 삼통(三統)으로 풀이하는데(2: 124) 그 풀이는 『중용주』에서도 그대로 반복되고 있다.(5: 387)[14] 또 『중용주』의 서문을 보면 캉유웨이는 광저우 만목초당 시절에 『중용』 주석을 단 적이 있지만 무술변법으로 원고가 많이 없어졌고 망명 중에 이전의 주석 작업을 더 이상 늦출 수 없어서 재개(再開)하게 되었다고 술회하고 있다.[15] 이렇게 보면 캉유웨이는 무술변법 이전과 이후 모두 사서에 대한 지속적 관심을 가지고 있으면서 내용면에서 일관성을 유지하고 있다고 할 수 있다.

문제는 두 번째 가설이다. 이 글의 존재 이유는 바로 이 두 번째 가설을 입증하는 데에 있다. 이러한 가설이 성공적으로 입증된다면 캉유웨이는 오늘날 현대 신유가의 진영에 포함되지 않는 상황을 보정(補整)할 수 있다. 왜냐하면 캉유웨이는 유학 연구를 통해 전통과 현대의 연속과 불연속이라는 두 가지 측면을 균형적으로 사유한 인물이기 때문이다. 더 나아가 캉유웨이의 유교 재해석이 없었더라면 량수밍(梁漱溟, 1893~1988)의 『동서 문화와 그 철학』이란 중국 '문화'의 발견이 없었으리라고 할 수 있다.[16]

---

14 우리는 캉유웨이가 『중용』을 비롯해서 전통적인 문헌을 연구할 때 주석사 전통을 고려하지 않고 자신의 목적을 텍스트에 삽입하고 있다는 것을 알 수 있다. 일종의 外揷 방법론이다. 문헌의 원의와 해석자의 관점이 어떻게 일치할 수 있는가라는 왜곡의 문제가 될 수 있다. 이와 관련해서 캉유웨이는 별다른 문제의식을 드러내지 않는다. 필자는 캉유웨이의 외삽이 텍스트의 해석이라기보다 재해석에 가깝다고 생각한다.

15 "昔講學廣州, 嘗爲之注. 戊戌遭沒, 稿多散佚, 吾旣流亡, 不知所届. …… 遂慮掩先聖之隱光, 而失後學之正路. 不敢自隱, 因潤色夙昔所論思, 寫付于世."(5: 369)

16 량수밍이 文化의 차이를 발견하고서 유교 재해석의 길을 열어젖혔다. 캉유웨이는 歷

이러한 논점을 밝히기 위해서 먼저 캉유웨이가『중용』해석에 보이는 문헌학적 관심을 밝히고 나서『중용』의 재해석에 드러나는 제반 특징, 예컨대 공자의 신격화, 초월적 존재(귀신)의 긍정, 사회진화론의 수용,『공양전』의 삼세설(三世說)과 삼통설(三統說) 중시 등을 살펴보고자 한다. 이는 결국 캉유웨이가『춘추』를 공자의 탁고개제(托古改制)로 풀이했던 해석법을『중용』에서 재확인하는 것, 즉 〈중용의 춘추화〉로 귀결된다. 여러 가지 특징 중에서도 원래 별도로 논의되었던『중용』이『춘추(春秋)』[실제로는『공양전(公羊傳)』]로 다가갈 수 있는 가교를 놓는 것이 가장 뚜렷하게 드러나고 있다.

2.『중용주(中庸注)』의 구성과 체제의 특징

먼저 주희의『중용장구(中庸章句)』에 나타난 구성을 살펴보자. 그는『중용』을 33장으로 나눈다. 하나의 장이 구문과 의미상으로 나누어질 때 분구(分句)를 해서 주석을 달고 있다. 아울러 하나의 장이 끝나면 간단히 위는 몇 장이라고 말하고 넘어가기도 하고 그 장의 의미 맥락이나 앞장과의 연관성을 짚어주고 있다. 이를 정리하면『중용장구』는

史의 차이를 발견하고서 유교 재해석의 실마리를 보여줬다. 차이는 곧 점층적 단계로 이어졌고 '段階'는 유교의 중국이 다시 발을 딛고 일어설 수 있는 '階段'이 되었다. 보통 놓치고 있지만 캉유웨이의 삼세설과 삼통설은 량수밍에서 文化三路向說로 모습을 바꿔서 나타나게 된다. 캉유웨이와 량수밍의 비교 연구는 보다 전문적인 논의를 필요로 하므로 이 글에서 시사하는 차원에서만 논의를 제한하고자 한다. 신정근,「량수밍 문화철학의 동선: 근대의 모방과 좌절에서 탈근대의 기획과 선취로」,『동양철학연구』58권, 2009 참조.

원문·주석·총평의 3단 구성으로 되어 있다고 할 수 있다.

그리고 주희는,『논어집주(論語集注)』나『맹자집주(孟子集注)』에서 당(唐) 제국 이전의 고주(古注)보다 북송의 신주(新注)를 다량으로 인용하는 것과 달리,『중용장구』에서는 다른 사람의 주석을 거의 끌어들이지 않고 자신의 입장에 의존해서『중용』을 해설하고 있다.

캉유웨이도 주희처럼『중용』을 33장의 구성으로 파악한다. 또 그는 주희와 마찬가지로 한 장을 몇 개의 단락으로 나누어서 주석을 단다. 주석에서 간간히 정현과 주희의 주석을 원용하지만 그 경우는 단어의 뜻풀이에 한정되고 대부분 자신의 입장에 의거해서『중용』의 의미를 풀이하고 있다. 한 장이 끝날 때 주희는 꼭 총평의 말을 남겼지만 캉유웨이는 장에 따라 총평을 하는 경우도 있고 그냥 넘어가는 경우도 있다.[17]

이렇게 보면 두 사람은 종합의 부분에서 차이를 보이지만『중용』의 분장(分章)과 분구(分句, 즉 단락 나누기)에 대해서는 대동소이하다고 할 수 있다. 물론 자세히 들여다보면 몇 가지 차이를 보인다.

첫째, 주희의 분구를 캉유웨이가 더 세분하는 경우가 있다. 예컨대 1장을 주희는 5단락으로 나누지만 캉유웨이는 6단락으로 나눈다.『중용장구(中庸章句)』1-2(제1장 2번째 단락.『중용』출처 표기 방식 이와 동일), "道也者, 不可須臾離也. 可離, 非道也. 是故君子, 戒愼乎其所不睹,

---

17 1장의 경우 "此章總論孔敎之本"으로 말하지만 27장까지 아무런 언급이 없다가 10장 끝에 8~10장을 묶어서 "右三章言欲行中庸之道, 非有知仁勇三德不可, 而擧大舜顏子子路以爲標也."로 총평하고 있다. 아마 캉유웨이는 내용면에서 총평을 꼭 해야 된다고 생각한 것이 아니라 필요한 경우에 하는 것으로 생각하고 있는 듯하다.

恐懼乎其所不聞."을 『중용주』에서는 두 단락으로 나눈다. 즉 "道也者, 不可須臾離也. 可離, 非道也."를 1-2, "是故君子, 戒愼乎其所不睹, 恐懼乎其所不聞."을 1-3으로 나누고 있다.

둘째, 주희의 분구(分句)를 캉유웨이가 통합하는 경우가 있다. 첫 번째의 반대라고 할 수 있다. 예컨대 [주희는] 4장을 2단락으로 분구하지만 캉유웨이는 분구하지 않고 통합해서 풀이하고 있다. 구체적으로 말하자면 주희는 4장을 "子曰: 道之不行也, 我知之矣. 知者過之, 愚者不及也. 道之不明也, 我知之矣. 賢者過之, 不肖者不及也."와 "人莫不飲食也, 鮮能知味也."로 분구하지만, 캉유웨이는 두 단락을 하나로 합쳐서 본다.

주희는 앞 단락이 지자와 우자, 현자와 불초자의 차이를 말한다면 뒤 단락이 같은 행위를 하고서도 살피지 않는(성찰하지 않는) 관행으로 인해 앞 단락에서 말하는 과(過)와 불급(不及)의 결과가 생기게 된다고 보고 있다.[18] 즉 그는 4장을 현상과 진단으로 나누어 보므로 분구(分句)하고 있다.

캉유웨이는 "人莫不飲食也, 鮮能知味也."를 "譬之人同飲食, 而多不知味也."(비유하자면 사람이 같이 마시고 먹더라도 대부분 그 맛을 제대로 모른다.)로 풀이하는 데에서 드러나듯이 앞 단락의 예시로 취급하고 있다. 그 결과 그는 4장을 굳이 분구할 필요성을 느끼지 못했던 것 같다.

셋째, 주희의 분장(分章)을 비판하고 새로운 분장을 시도하는 경우가 있다. 13~19장 부분이 여기에 해당된다. 이렇게 보면 두 사람 사

---

18 『중용장구』 4장: 人自不察, 是以有過不及之弊.

이의 『중용』 분장에 상당한 차이가 있는 '듯'이 보인다. 하지만 실제로 면밀히 검토해보면 두 사람의 차이는 13장의 분장과 분구에 달려 있다.

두 사람은 13장을 모두 4단락으로 분구한다. 대응 관계를 보면 『중용장구』의 13-1은 『중용주』의 13-1과 같고, 전자의 13-2는 후자의 13-2와 13-3으로 나뉘고, 전자의 13-3은 후자의 13-4에 해당된다."[19]

그럼 『중용장구』의 13-4는 『중용주』에서 어떻게 되는 것일까? 그것은 2단락으로 분구되어 15-1(君子之道四 … 未能也)과 15-2(庸德之行 … 君子胡不慥慥爾)가 된다. 『중용주』에서 『중용장구』의 13-4를 재배치함으로써 19장까지 주희의 분장·분구와 다르게 된다. 『중용장구』의 14-1, 2, 3, 4, 5는 『중용주』의 16-1, 2, 3, 4, 5가 된다. 『중용장구』의 15-1은 『중용주』의 14-1로, 전자의 15-2, 3은 후자의 14-2가 된다.

나머지의 경우 『중용장구』의 16장은 『중용주』의 17장이 되고, 전자의 17장은 후자의 18장이 되며, 전자의 18-19장이 후자의 19장으로 통합된다. 그 다음부터는 다시 두 문헌의 분장과 분구가 별 다른 차이가 없게 된다.

좀 복잡해 보이지만 정리하면 『중용장구』의 13-4가 『중용주』의

---

19 『중용장구』의 경우 13-1은 "子曰: 道不遠人 …… 不可以爲道."이고, 13-2는 "詩云: 伐柯伐柯 …… 改而止"이고, 13-3은 "忠恕違道不遠 …… 亦勿施於人"이고, 13-4 는 "君子之道四 …… 君子胡不慥慥爾"이다. 『중용주』의 경우 13-1은 『중용장구』와 같고, 13-2는 "詩云: 伐柯伐柯 …… 故君子以人治人"이고, 13-3은 "改而止"이고, 13-4는 『중용장구』의 13-3과 같다.

15-1, 2가 되면서 전자의 14장이 후자의 16장으로 내려가고 전자의 15장이 후자의 14장으로 올라섰다고 할 수 있다.

캉유웨이는 『중용장구』의 13-4를 중심으로 그 14장과 15장의 순서를 맞바꾸는 조정을 하게 되었을까? 캉유웨이의 생각에 따르면 착간으로 인해 『중용장구』의 15장이 14장의 아래, 16장의 위에 있게 되었고 그 결과 의미가 논리적으로 잘 연결되지 않았다. 그래서 『중용장구』의 15장을 14장으로, 13-4를 15장으로, 14장을 16장으로 조정하고 나면 의미가 긴밀하게 이어져서 어지럽지 않게 된다는 주장을 내놓았다.[20]

캉유웨이는 착간 문제를 끄집어내면서 판본이나 별도의 논거를 제시하지 않는다. 의미상으로 볼 때 『중용장구』 13-1, 2, 3(또는 『중용주』 13-1, 2, 3, 4)에서 도(道)와 사람의 거리가 멀지 않다고 말했으므로 그 아래에 『중용장구』 15-1, 2, 3(또는 『중용주』 14-1, 2)의 가깝고 낮은 곳에서 시작되는 군자의 도(道)가 나와야 맥락상으로 부드럽다.

다음에 『중용장구』 13-4(또는 『중용주』 15-1, 2)의 사륜(四倫)과 용덕(庸德) · 용행(庸行)이 이어지면 도(道)와 인륜(人倫)의 가까운 관계가 일관성을 갖게 된다. 마지막으로 『중용장구』 14-1, 2, 3, 4, 5(또는 『중용주』 16-1, 2, 3, 4, 5)는 이전 장에 말한 도(道)와 인륜의 가까운 관계를 조금 초점을 바꾸어서 분수를 넘지 않는 군자로 확장시키고 있다.

---

20 『중용주』: "此章舊錯簡在素位章下, 鬼神章上, 于義不倫. 今移在此, 庶與下子臣弟友相銜不紊焉."(5: 374) 舊는 『중용장구』를 말하고, 素位章은 『중용장구』의 14장, 鬼神章은 『중용장구』의 16장, 下子臣弟友는 『중용장구』의 13-4를 가리킨다.

이러한 분장과 분구의 문제는 결정적 증거가 없는 한 초점은 맞느냐 틀리느냐가 아니라 설명력이 강한가 약한가에 달려 있다. 캉유웨이의 분장은 13장에서 16장까지 『중용』의 "도가 사람에게 멀리 있지 않다"는 테제를 좀 더 일관성 있게 읽어내려는 시도로 평가할 만하다. 그 시도는 13장과 16장 사이의 의미 연관성을 한층 긴밀하고 논리적으로 만들고 있다고 할 수 있다. 여기서 우리는 『중용』의 새로운 분장과 분구 이외에도 중요한 점을 읽어낼 수 있다.

사서(四書)와 같은 경전은 캉유웨이에게 조작 불가능한 성물(聖物)이 아니라 합리적 이성에 의해서 새롭게 재배치될 수 있는 인식의 대상이라는 것이다. 이러한 사고가 확장하게 되면 캉유웨이는 자유로운 정신을 내세워 『중용』 등의 고전 또는 경전을 역사적으로 전승되어온 방식을 그대로 답습해서 독해하지 않을 수 있다. 즉 경전은 특정한 역사에 놓인 개인, 예컨대 캉유웨이에 의해 기존과 다른 관점, 즉 탁고개제로 접근하여 새로운 의미를 길어낼 수 있는 열린 텍스트가 된다.[21]

---

21 자유로운 정신이 기존의 정설에 얽매이지 않고 독창적인 해석을 감행할 수도 있지만 근거 제시를 소홀히 한 채 자기 주장을 일방적으로 설파하는 자의적인 독해로 이어질 수도 있다. 캉유웨이는 道를 사람들이 공통으로 실행할 수 있다는 측면을 강조한다. 이는 1-1 주석의 "循人人公共稟受之性, 則可公共互行, 故謂之道也."(5: 369), 1-2 주석의 "然非人所共由, 不謂之道. … 行之非人人所共由, 卽非人道也."(5: 370) 13-4 주석의 "道者, 人所行也. 必與人同之而後可."(5: 374)에서 여실하게 확인할 수 있다. 또 캉유웨이는 公法 · 公理라는 말을 빈번하게 사용하고 있다. 이와 관련해서 馬永康, 「康有爲與'公理'」, 『中山大學學報』, 2009년 제3기 제49권(총 219기) 참조. 그리고 사실 주희가 「中庸章句序」에서 『중용』을 도통 전승의 유래(道統之傳, 有自來矣)라는 맥락에서 읽어내겠다고 했지만 그 선언도 캉유웨이와 마찬가지로 개인

3. 캉유웨이『중용』해석의 특징들

캉유웨이의 『중용』해석에 나타난 특징을 살피기 위해서 우리는 33장의 주석을 전부 검토하지는 않겠다. 분석의 초점을 유교와 반유교의 대립, 공자 지위의 신격화, 탁고개제의 삼세와 삼통설, 사회진화론의 수용, 인과응보의 긍정 등 다섯 가지에 두려고 한다. 이를 통해서 캉유웨이는 『중용』을, 탁고개제론으로 읽어낸 『춘추공양전』과 같은 문헌으로 읽어내려고 했다는 것, 즉 '『중용』과 『춘추』의 동일시 또는 『중용』의 『춘추』화'를 밝히려고 한다.

3.1 유교와 반유교의 대립

『중용』에서는 논의를 대비적으로 끌어가기 위해서 몇몇 인격 유형을 제시하고 있다. 예컨대 그 유형으로 군자(君子)와 소인(小人, 2-1, 12-2, 14-4 등) 지자로서 순(舜)과 민(民, 6장), 군자와 강자(10장), 부부와 성인(12-2), 군자와 부부(12-5), 기(己)와 물(物, 25-3) 등이 있다. 물론 대립 개념이 나란히 열거되지 않고 하나만 쓰이는 사례가 있다는 것을 고려하면 이들 용례는 훨씬 더 풍부해질 수 있다. 이 개념들은 사회의 특정 계층이나 집단이 아니라 『중용』의 가치를 실현하고 있는 상대적

의 자유로운 이성에 바탕을 두고 있을 뿐 객관적 근거를 제시한 것은 아니다. 더 정확하게 말하면 주희와 캉유웨이가 모두 객관적 근거를 제시하는 데에 일차적인 관심을 두지 않았다. 후대의 철학에서 지배적인 지위를 차지하느냐에 따라 그 선언이 공인이 되느냐 되지 않느냐의 차이가 생기게 된다. → "자의적인 독해"라고 단정하는 근거가 어디에 있는가?

차이를 나타내고 있다.

좀 구체적으로 살펴보자. 2장의 군자와 소인은 각각 중용의 덕목에 일치된 삶을 사는 사람과 그렇지 않는 사람을 가리킨다. 자세히 말하면 군자는 중용의 시간화[時中], 즉 현실에 중용을 실현하려고 노력하지만 소인은 존중하고 실현해야 하는 것이 없고 자기가 하고 싶은 것을 하기 위해 어떠한 것도 어려워하지도 거리끼지도 않는다.[22]

6장에서 순임금은 궁금하면 누구에게나 잘 묻고 일상적인(대중적인) 언어를 잘 살피며 주위 사람의 단점을 숨겨주고 그들의 장점을 드러내며 결정적으로 그는 사태의 두 극단을 충실하게 고려해서 중용을 실천했다. 즉 순임금은 중용의 덕목을 현실에서 완전하게 실현한 완전한 지자이다. 반면 민은 순임금과 같은 지성을 가지고 있지 못하므로 그의 지성의 계도를 받아서 중용의 삶에 동참할 수 있는 존재이다.[23]

『중용장구』 12장의 부부와 성인, 군자와 부부는, 『중용』의 도(道)가 고도의 지성을 통해서 인식할 수 있는 추상적이며 심오한 사상이 아니라 우리 주위의 평범한 남편과 아내가 들어도 알 만한 구체적이며 일상적인 사상이라는 특성을 드러내고 있다. 즉 도(道)가 결코 보통 사람으로부터 멀리 있지 않다는 평범성을 강조하고 있다. 아울러 부

---

22 『중용장구』 2장: 仲尼曰: 君子中庸, 小人反中庸. …… 君子而時中, …… 小人而無忌憚. 時中을 중의 시간화로 보는 관점은 신정근, 『중용: 극단의 시대를 넘어 균형의 시대로』, 사계절, 2010, 121~126쪽 참조.

23 『중용장구』 6장: 舜, 其大知也與! 舜好問而好察邇言, 隱惡而揚善, 執其兩端, 用其中於民.

부의 도덕적 삶을 안내하는 성인 또는 군자조차도 도(道)의 궁극성에 대해 알 수도 없고 행할 수도 없는 한계를 지닌다고 말한다.[24] 이렇게 보면 성인은 부부에 비해 탁월한 지성과 도덕성을 갖추고 있다고 할지라도 초인간적인 신으로 볼 수는 없다.

이러한 인격 유형의 용례는 주희의 『중용장구』에서도 비슷하게 풀이되고 있다. 하지만 캉유웨이의 『중용주』에서는 다양한 인격 유형이 원문의 의미나 『중용장구』의 풀이와 전혀 다른 양상을 드러내고 있다. 그는 앞서 살펴본 2장의 군자를, 유교에 따르고 중용의 도(道)를 실천하는 자로 본다. 여기서 군자와 유교를 결부시키기는 했지만 특이한 것은 없다. 반면 소인을 유교를 저버린 무리이자 중용의 행위를 반대하는 자로 규정하고 있다.[25]

원래 『중용』 자체의 맥락에서 군자와 소인은 반대되는 특성을 드러내기는 하지만 소인이 반중용(反中庸)이더라도 반유교(反儒敎), 즉 유교로 돌아올 가능성이 없는 이단을 가리키지 않는다. 소인은 군자와 다르지만 군자의 계몽을 통해 군자와 중용의 도(道)를 실현할 수 있다. 하지만 캉유웨이는 군자와 소인을, 유교와 반유교로 구분하고서 소인을 유교의 세계에서 확실하게 배제시키고 있다.

『중용』 3장에서 공자는 중용의 가치가 지극하지만 민(民)이 그걸

---

24 『중용장구』 12장: 夫婦之愚, 可以與知焉. 及其至也, 雖聖人, 亦有所不知焉. 夫婦之不肖, 可以能行焉. 及其至也, 雖聖人, 亦有所不能焉. …… 君子之道, 造端乎夫婦. 及其至也, 察乎天地.

25 『중용주』 2-1: 君子者, 從儒敎中人, 履中庸之道者也. 小人者, 背儒敎之徒, 故反中庸之行也.(5: 371)

제대로 살리지 못한 게 오래되었다고 안타까워하고 있다. 캉유웨이는 이 민(民)을, 군자나 성인에 대비되어 그들의 계몽을 받는 존재로 보지 않는다. 그는 2장의 군자와 소인을 유교와 반유교의 대립으로 본 연장선상에서 민을 공자가 활약하던 당시의 제자백가의 무리로 단정하고 있다.

나아가 캉유웨이는 3장을, 공자가 제자백가들의 사상이 치우치고 삐뚤어져서 평범(平凡) 속의 진리를 실현할 수 없다고 탄식하는 맥락으로 간주하고 있다.[26] 4장과 5장에서 공자는 도(道)가 실행되지 않을 것으로 예상하고 있는데, 캉유웨이는 이 원인을 수많은 제자백가가 통제받지 않고 이리저리 날뛰어서 사회가 어수선해진 것에서 찾고 있다.[27]

특히 『중용장구』 11장의 소은행괴(素隱行怪)[28]에 이르면 캉유웨이는 유교와 반유교(제자백가)의 대립을 한층 구체적으로 적시한다. '소은'은 사회적 책임을 내려놓고 평온한 곳으로 은퇴하여 몸을 굽혀서 생명을 온전히 지키는 노자의 처세술로, '행괴'는 살아서 예술(노래)을 반대하고 죽어서 상복을 입지 않겠다는 묵자의 사상으로 연결 짓고

---

26 『중용주』 3: 惟孔子中庸之道, 雖極平常, 而實詣其至極. 惜諸子之偏邪, 而不能爲也. 民, 謂當時諸子之徒.(5: 371)

27 『중용주』 4: 諸子紛綸, 天下滔滔, 從之不辨善惡.(5: 371) 『중용주』 5: 諸子橫流, 尙深恐其不行, 而歎息之也.(5: 371)

28 주희는 원문의 素隱行怪를 『한서』 「예문지」의 용례에 따라 索隱行怪의 타동사와 목적어로 구문으로 고쳐서 읽는다. 캉유웨이는 원문을 고치지 않고 그대로 풀이하고 있다.

있다.[29]

여기에 이르면 우리는 캉유웨이가 적어도 『중용』을 군자 또는 성인이 소인 또는 민을 계몽하여 중용의 도(道)로 안내하는 텍스트가 아니라 유교도와 제자, 즉 반유교도 사이의 화해할 수 없는 대립을 담은 텍스트로 읽어내려고 한다는 것을 알 수 있다. 다시 말하면 캉유웨이는 『중용』 해석에서 유교(자아)와 반유교(타자)를 대립시켜서 유교의 정체성을 확실하게 부각시키고 있다.[30]

뿐만 아니라 『중용』을 자연적 존재를 도덕적 존재로 변화시키기 위한 보편적 경서(經書)라기보다 유교의 가치를 가진 사람이 반유교의 가치로 전향하지 않도록 내부 결속을 다지는 특수한 정론서(政論書)로 간주하고 있다.[31] 이는 『춘추』의 전형적인 특징이다. 『춘추』가 사회 지도층의 언행을 긍정 또는 부정으로 평가하면서 의미를 부여한다. 캉유웨이는 『춘추』의 이러한 특성을 『중용』 해석에 그대로 적용하고 있는 것이다.

3.2 공자 지위의 신격화

캉유웨이는 『중용』을 유교의 보편 가치를 설파하는 것이 아니라

---

29 『중용주』 11-1: 素隱, 如老學之隱退曲全. 行怪, 如墨子之生不歌, 死無服.(5: 372)

30 캉유웨이는 이 차이와 대립을 7장의 異敎, 11-1의 外道·異敎와 11-3의 孔敎라는 말로 한층 더 분명하게 표현하고 있다.

31 『중용주』 7: 天下之學者, 皆自以爲知者, 然未從中庸之道, 未幾卽爲異敎所誘.(5: 371) 康有爲는 사서를 포함한 경서의 의미 세계를 정통과 이단(또는 이교)의 대립 구도로 해석하는 시도를 곳곳에서 보이고 한다.

공자와 제자백가의 대립 구도에서 읽어내고 있다. 『중용』 읽기에서 방점이 보편 가치에 있다면 우리는 진리[道]를 수호하고 전승한 사람의 위대성보다 사라지지 않고 보존된 진리 자체에 주목하게 된다. 반면 방점이 공자와 제자백가의 대립에 있다면 우리는 공자가 타자에 맞서 무엇을 하려고 했던 인물인가에 주목하게 된다. 따라서 여기서 캉유웨이는 『중용』 속의 공자를 어떻게 규정하고 있는지를 살펴볼 필요가 있다.

『중용장구』 1장에 나오는 성(性)·도(道)·교(敎)의 개념 정의와 상호 관계, 신독(愼獨), 중화(中和) 등은 『중용』을 넘어서 송나라 신유학 이후의 유학사에 엄청난 영향을 끼친 부분이다. 주희의 「중용장구서」에 따르면 1장은 요순에서 공자로 그리고 다시 맹자에서 이정(二程)으로 이어지는 도통과 심전(心傳)의 고갱이이자 내성외왕(內聖外王)을 추구하는 유학자가 해야 할 사유와 실천의 전제이다.

성리학 또는 신유학을 끌어들이지 않더라도 1장은 『중용』에서 전달하고 하는 도(道)의 핵심을 담고 있는 부분이다. 따라서 1장은 진리의 계보를 잇는 도통의 비전이기도 하면서 배워서 성인되기를 희망하는 후학들의 준거 틀로서 보편적 가치를 지니고 있다.

특이하게 캉유웨이는 『중용장구』 1장의 내용을 도통으로부터 떼어놓고 공자와 연결시키려고 하고 있다. 예컨대 『중용장구』 1-2를 공자가 하늘이 낳은 본성에 만족하고 일치되게 살았다는 사실을 말하는 맥락으로 풀이한다. 또 『중용장구』 1-5를 오직 공자의 성정과 도교(도의 가르침)가 중화의 지극함을 얻었으므로 천지와 짝을 이루고 신명에 근거하며 만물을 기를 수 있다고 풀이하고 있다.

이런 풀이에 따라서 그는 1장을 공교(孔敎)의 근본을 총론한 것으로 보고 있다.[32] 1장의 풀이로 캉유웨이의 의도와 사고를 완전히 꿰뚫어볼 수는 없다. 하지만 적어도 그는 1장에서 『중용』을 도통이라는 문화적 보편 가치의 공유보다는 공교(孔敎)라는 초월적 교설의 전유로 보려는 의도를 숨기려고 하지는 않는 듯하다.

이처럼 『중용』을 공교의 교리서로 보거나 도통을 공자 중심으로 달리 바라보게 되면 자연히 다른 물음이 생기게 된다. 캉유웨이는 공자를 도통 속의 하나의 고리를 이루는 인물이 아니라 도통을 넘어선 (또는 새로운 도통을 만든) 인물로 바라보게 된다.

이런 관점에 따르면 『중용주』에서 공자의 위상은 어떻게 그려지고 있을까? 공자는 『중용주』에서 크게 두 가지 모습으로 나타난다. 첫째는 개제의 주체로서 신성하며 문화(제도)를 창조한 존재이고 둘째는 소왕(素王)으로서 제도를 만들었지만 운명을 뛰어넘지 못한 존재이다.

먼저 개제의 측면을 살펴보자. 『중용장구』 24장에서는 국가와 개인에게 닥쳐올 미래를 사전에 알 수 있다고 한다. 이에 대해 캉유웨이는 선지(先知)가 실제로 가능하며 문헌에 이와 관련된 증거가 셀 수 없을 만큼 많이 있다며 『중용』의 말을 긍정하고 있다. 그는 선지의 실제를 곧바로 공자가 『주역』을 지은 작업과 연결시킨다.

---

32 『중용주』 1-3: 此孔子保合天生之性, 洗藏于密, 養成神明, 以爲發敎之本也.(5: 370)
　　『중용주』 1-6: 惟孔子之性情能得中和之極, 故孔子之道敎亦得中和之極, 而可配天地, 本神明, 育萬物也. 此章總論孔敎之本也.(5: 371)

그리고서 공자야말로 미래를 예비할 수 있는 대성지신(大聖至神)으로 높이고 있다.[33] 즉 공자는 보통 사람의 지능을 완전히 초월한 신적 존재인데, 『주역』을 지어서 미래에 일어날 일들을 예비했던 것에서 그 특징을 알 수 있다.

공자는 『중용장구』 26장의 "완전한 진실은 멈추지 않는다"(至誠無息)와 『주역』 건괘의 "하늘의 운행은 굳세니 군자는 그로써 스스로 힘써서 멈추지 않는다"(天行之健, 君子以自强不息)는 이치를 완전하게 구현하고 있다. 이로 인해 공자는 신적 존재이면서 천지와 작용을 같이하고 천지와 본질을 같이하는 거룩한 존재가 된다.[34]

캉유웨이의 『중용주』에서 공자의 지위가 점점 격상되다가 『중용』 26장의 "문왕지덕지순(文王之德之純)"의 풀이에 이르러서 정점에 이른다. 이 구절은 원래 『시경』 「주송 유천지명(維天之命)」에 나오는데, 원문에서 "문왕이 문이 될 수 있었던 까닭은 순수함이 끝이 없었기 때문이다"로 풀이하고 있다.[35] 여기서 문왕이 주나라 왕업의 기틀을 다진 역사적 문임금을 가리키는 것으로 받아들여진다. 캉유웨이는 세 가지 전거를 제시하면서 이러한 관행을 보기 좋게 뒤집는다.

먼저 『논어』에서 공자 스스로 문왕의 문을 계승했다고 주장한 적

---

33 『중용주』 24: 前知之理, 蓋實有之. 經史傳記, 繁不勝證. …… 孔子作易, 用知來物, 逆數豫定, 非大聖至神, 安能制此至聖如神? 故非一孔之士所能測也.(5: 383) 캉유웨이는 공자를 『주역』만이 아니라 禮를 만든 作者로 보고 있다. 27-2: 孔子所制禮儀三百, 威儀三千(5: 385)

34 『중용주』 26-1: 天行之健, 自强不息, 歷古彌永, 發揚彌昭, 惟孔子以之. 26-2 此言孔子與天地同用. 26-3 此言孔子與天地同體.(5: 384)

35 詩云: 維天之命, 於穆不已. …… 文王之德之純. 蓋曰文王之所以爲文也. 純亦不已.

이 있다.[36] 『공양전』에서는 제일 앞에 "춘왕정월(春王正月)"이라는 표현이 있는데, 이 왕을 보통 문왕(文王)으로 풀이한다. 하지만 그 문왕을, 진(晉) 나라의 왕건기(王愆期)는 공자로 풀이했고, 하휴(何休)는 "공자가 거란세에서 살면서 다가올 시대에 맞게끔 기존의 제도를 뜯어고치고 새로운 제도를 만든 문의 임금이었다"고 풀이했다.

이에 따르면 자사가 『시경』을 인용하여 주나라의 문임금이 아니라 춘추 시대 공자의 도가 순수하고 아름다웠다는 것을 찬양한 셈이 된다.[37] 캉유웨이는 이런 주장을 수용해서 문왕을 바로 공자로 간주하는 것이다. 또 『중용장구』 27장의 "성인의 도가 위대하구나!"를 공자의 도가 위대하다로 풀이한다.[38]

지금까지 논의를 종합하면 『중용』에서 문왕이자 성인인 공자는 신적 능력(지성)을 발휘해서 『역경(易經)』과 『예기(禮記)』를 만들어서 춘추 시대에 알맞은 제도를 입안하는 창조자인 셈이다.

다음으로 소왕(素王)의 측면을 살펴보자. 공자가 아무리 성인이고 문왕이더라도 개제를 실현할 수 있는 현실적 기반, 즉 왕권을 가져야 청사진을 현실화시킬 수 있다. 주지하다시피 공자는 개제의 프로그램이 있지만 그것을 실현할 수 있는 왕권을 가지지 못한 역설적 상황에 놓이게 된다. 결국 공자는 신적 능력을 가졌지만 상황과 조건마저 만

---

36 『논어』「자한」9: 文王旣沒, 文不在玆乎!

37 『중용주』 26-8: 公羊曰: 王者孰謂? 謂文王. 王氏愆期曰: 文王, 孔子也. 何氏休曰: 蓋孔子爲撥亂改制之文王. 子思言其道純美, 同天之悠久, 博厚高明以不能絶于後世也.(5: 385)

38 『중용주』 27-1: 贊歎孔子之道之大, 下則能育萬物, 上則峻極于天也.(5: 385)

들어내는 신이 될 수는 없었다.

여기서 공자를 변호할 논리가 필요하다. 이를 위해서 첫째로 성인 공자는 자신에게 주어진 운명, 즉 왕권을 가질 수 없는 상황과 투쟁하지 않고 오히려 그것을 편안하게 받아들였다는 것이다.[39] 안명(安命)에 비해 한 걸음 나아간 논리가 있다. 그것은 바로 공자를 권력은 없었지만 실제로 왕과 같은 문화의 영향력을 미쳤다는 소왕으로 만드는 것이다.[40]

개제와 소왕의 공자는 현실의 질서를 만들어내지 못했지만 그 어떤 실패로부터 자유로운 영광과 신적 지위를 누리게 되었다. 공자가 신적 지성을 발휘해서 세상을 구제할 완전한 제도를 만들었지만 현실화시키지 못했는데, 이는 공자의 책임이 아니라 그 시대 사람들의 책임이기 때문이다.[41] 여기서는 캉유웨이가 『중용』을 『춘추』와 같은 맥락으로 해석하고 있다는 것을 여실하게 알 수 있다.

3.3 탁고개제설의 삼세설과 삼통설

캉유웨이의 『중용』 해석에 가장 두드러진 특징은 금문경학의 탁고개제설을 끌어들인 점이다. 특히 『중용장구』와 비교할 때 주희는 심

---

39 『중용주』 16-2: 雖至仁聖, 難與命爭. 故孔子神聖, 臣于昏愚之定 · 哀. …… 君子知是皆有命, 故思不出位, 任投所遇, 安之若素.(5: 375)

40 『중용주』 33-2: 孔子內省于心, 但以不忍之心救世. 故以布衣素王, 而無所疚病.(5: 391)

41 『중용주』 12-2: 孔子制作, 雖博大精微, 而運世有宜, 時地各限.(5: 373) 『중용주』 12-3: 惟孔子之道, 實無不包. 發乾元統天廣大之論, 則天下之人驚疑惝怳, 無能受者, 故莫載焉.(5: 373)

전(心傳) 도통(道統)의 계승과 도덕 주체의 확립을 우선시했다. 여기서 공자는 "돌아가신 성인의 정신을 잇고 미래의 후학의 길을 열어주어서 그 공적이 요·순임금보다 뛰어나다"고 할 수 있다.[42] 이와 달리 캉유웨이는 공자가 개제의 작업과 소왕의 지위에서 시대(삶)에 질서를 부여하기 위한 설계자이자 지도자 역할을 수행했다고 본다. 캉유웨이에 의해 새롭게 해석된 공자는 도대체 개제와 소왕의 역할을 구체적으로 어떻게 수행했을까?

첫째, 공자가 유교 경전의 정수 또는 총체로 볼 수 있는 육경을 저술했다는 것이다. 주희는 『논어』「술이」에서 공자의 "받들어서 풀이했지 새로 짓지 않았다"(述而不作)는 말을 신뢰하고서 공자가 육경을 정리했다는 입장을 취했다.[43] 이 주장에 따르면 유교 '사(史)'에서 공자의 역할은 위대하다고 하더라도 제한적일 수밖에 없다.

캉유웨이는 『중용』 32-1의 "오직 세상에서 최고로 진실한 사람[至誠]이라야 세상 사람들이 지켜야 할 큰 도리[大經]를 제대로 기획하여 다스릴 수 있고 세상 사람들이 지켜야 할 큰 근본[大本]을 세울 수 있다"라는 구절을, 정현(鄭玄)이 지성을 공자로, 대경(大經)을 육예(六藝), 즉 『춘추(春秋)』로, 대본(大本)을 『효경(孝經)』으로 풀이한 것에 주목했다.[44]

---

42 「중용장구서」: 繼往聖, 開來學, 其功反有賢於堯舜者.

43 『論語集注』「술이」1: 孔子, 刪詩書, 定禮樂, 贊周易, 脩春秋. 皆傳先王之舊, 而未嘗有所作也. 故其自言如此.

44 『중용장구』 32장: 唯天下至誠, 爲能經綸天下之大經, 立天下之大本. 『중용주』 32-1: 鄭氏康成曰: 至誠, 謂孔子也. 大經, 謂六藝, 而指春秋也. 大本, 孝經也.(5: 390) 원문

이 주장에 따르면 공자가 육경에 보조적인 정리 작업을 한 것이 아니라 주도적인 창작 작업을 한 것이 된다.[45] 나아가 공자가 도통의 한 고리가 아니라 공자가 요·순·우·탕을 적재적소에 배치하여 도통을 만든 것이 된다. 이로써 유교사는 주희처럼 도통(道統) 회복의 역사가 아니라 공교(孔敎) 전도(傳道) 또는 전교(傳敎)의 역사로 바뀌게 되는 것이다.

둘째, 소왕이자 성인이자 작자로서 공자는 육경(六經)을 통해 어떤 시대가 처한 문제를 해결하고서 다음의 발전된 단계로 진입할 수 있는 정치 프로그램(제도)을 개발했다. 다만 공자 자신이 정치 프로그램을 공개적으로 만들고 집행할 수 있는 위치에 있지 않았으므로 고대 성현의 말을 빌려서 주장을 펼칠 수밖에 없었다. 이것이 탁고개제론의 기본 논리이다. 그렇다면 공자는 육경 중에서 왜 특별히 『춘추』에 주목하게 되었을까? 『춘추』는 공자가 원래부터 소왕으로서 제도를 입안해놓은 책이기 때문에 다른 경과 비교할 수 없다는 것이다.[46]

확인은 십삼경주소 정리본 『禮記正義』 15, 北京大學出版社, 2000, 1705쪽 참조.

45 『중용주』 28-2: 議禮制度考文, 皆孔子改制之事也. 六經皆是其[=孔子之. 필자주]口說.(5: 386) 『중용주』 32-1 六經出自孔子久矣. 孔子作者爲經, 微言爲說, 弟子傳者爲傳, 後學述者爲記.(5: 390) 『중용주』 33-1 孔子之書爲六經, 孔子之言爲口說.(5: 391)

46 『중용주』 32-1: 春秋爲素王改制之書, 該括諸經, 發明三世, 比之群經尤大.(5: 390-391) 아울러 캉유웨이는 『춘추』의 탁고개제가 董仲舒의 『春秋繁露』 「三代改制質文」에서 가장 완전한 형태로 드러났다고 주장한다. 이와 관련해서 『중용주』 28-2(5: 386), 29-1(5: 387) 참조. 동중서의 탁고개제와 관련해서 신정근, 『동중서: 중화주의의 개막』, 태학사, 2004 참조. 『춘추번로』 번역은 신정근, 『동중서의 춘추번로: 춘추-역사 해석학』, 태학사, 2006 참조.

『춘추』가 어떻게 탁고개제의 내용을 제시하고 있느냐는 것은 이미 『공자개제고』와 『춘추동씨학(春秋董氏學)』에서 전문적으로 다루고 있으므로 여기서 간단하게 살펴보기로 하자. 탁고개제는 세 가지 논거에 의해 뒷받침되고 있다. 첫째, 공자가 춘추 시대 노나라의 역사를 중심으로 『춘추』를 기록하면서 제후의 재위 기간에 따라 소전문(所傳聞) · 소문(所聞) · 소견(所見)으로 시대 구분을 했다.

이 구분은 단순히 시간의 차이를 객관적으로 분류하는 것이 아니라 무질서에서 질서로 또는 혼란에서 평화로 이행하는 거란세(據亂世) · 승평세(升平世) · 태평세(太平世)의 변천에 대응한다.[47] 이것이 삼세설(三世說)이다. 둘째, 특정 시대의 정치 공동체는 표준시, 관직, 복색 등 사회 운영과 관련해서 흑통(黑統) · 백통(白統) · 적통(赤統)을 차례대로 선택할 수 있다.

이 삼통은 역사적으로 하(夏) · 은(殷) · 주(周)에 대응한다. 공자가 소왕 노릇을 했던 '춘추' 시대는 삼통 중에서 흑통에 따라 공동체를 조직하고 국정을 운영해야 사회 질서를 회복할 수 있었다. 셋째, 삼세와 삼통은 정치 공동체가 해당 시대의 문제를 풀어가는 방향이자 원칙을 가리키는데, 그 최종 방향이 닫혀 있느냐 열려 있느냐에 따라 역사 순환론과 역사 진화론이 나뉘게 된다.

동중서는 캉유웨이와 마찬가지로 삼세와 삼통에 기초한 개제를 말

---

47 캉유웨이는 『중용주』의 26-8(5: 385)부터 『중용』과 삼세 · 삼통의 탁고개제설을 결부시키기 위해서 적극적으로 주석을 달고 있다. 『중용장구』 29장의 "王天下, 有三重焉"에서 三重을 三世之統(5: 387)으로 해석하고 있다.

했지만 역사가 결국 삼통의 반복을 벗어날 수 없으므로 순환론을 벗어날 수 없다. 이는 동중서가 "도가 하늘에 기원하고 하늘이 변하지 않고 도 또한 변하지 않는다"는 세계관을 지니고 있었기 때문이리라.[48]

반면에 캉유웨이는 동중서와 같은 틀을 공유하면서도 변화에 적극적이었다. 그는 "속한 통이 다르고 속한 세가 다르면 치도가 다르다. 그러므로 군자(공자)는 각각 자신이 처한 시대에 비롯하여 회통할 수 있는 것을 관찰하여 예식을 거행한다."고 보았다.

나아가 그는 또 옛날과 지금은 합당한 것이 다르므로 나날이 그 도(道)를 새롭게 해야 하는데, 멀리 고대 사회의 제도를 따르려고 한다면 실행되지도 못할 뿐만 아니라 재앙을 초래한다고 본다.[49] 여기서 우리는 캉유웨이가 동중서와 달리 '도이(道異)'와 '일신기도(日新其道)'를 주장하므로 탁고개제가 역사를 진화로 본다고 말할 수 있다.[50]

이제 두 가지 질문을 하고 다음 문제로 넘어가자. 하나는 『춘추』만으로 삼통과 삼세의 탁고개제가 충분한데 캉유웨이는 왜 『중용』에 주

---

48 『漢書』「董仲舒傳」: 道之大原出於天, 天不變, 道亦不變.

49 『중용주』 2-2: 其統異, 其世異, 則其道亦異. 故君子當因其所處之時, 觀其會通, 以行其典禮(5: 371) 『중용주』 28-1: 古今異宜, 日新其道. 今世當用今法, 若遠引神農之并耕, 禹之土階土簋, 非徒不行, 亦且招灾. 此孔子改三世之制, 開新王之法, 以治後世. 而子思引之, 以攻時流守舊復古之徒也.(5: 386)

50 캉유웨이 스스로 『중용주』에서 進化를 반복해서 사용하고 있다. 대표적인 것으로 『중용주』 27-3: 天人進化, 無有窮盡, 不可守舊以自安.(5: 386) 湯志鈞은 난세에서 태평으로 나아진다는 캉유웨이의 삼세를 역사진화론(통속진화론)으로 간주하고 있다. 『近代經學與政治』, 中華書局, 1989, 167쪽.

석을 달았을까? 탁고개제가 『춘추』만이 아니라 『중용』에도 확인되는 사실이라는 것을 입증하기 위해서 그렇게 했다고 대답할 수 있다. 이런 작업은 다른 사서의 주석서 『논어주(論語注)』에도 『춘추』의 탁고개제로 『중용』을 풀이하는 것과도 같은 현상이 나타나고 있다.[51]

다른 하나는 캉유웨이가 생각하는 중용의 의미가 무엇일까? 주희가 개인의 구원을 위한 심성(心性)의 중용(中庸) 또는 중화(中和)를 강조했다면 캉유웨이는 공동체의 구원을 위한 시대와의 중용(中庸) 또는 진화(進化)를 강조하고 있다.[52] 시대와의 중용이 삼세와 삼통의 탁고개제에 따른 발전이라고 한다면 캉유웨이의 중용은 진화를 의미한다고 할 수 있다.[53]

3.4 사회진화론의 수용

진화론은 자연계의 생물이 세대를 통해 변화를 축적하여 새로운 종을 낳는 과정을 가리킨다. 진화의 과정은 정신적 초자연적 실체에 의존하지 않고 적자생존과 돌연변이로 이루어진다. 이러한 다윈의 진

---

51 馬永康, 「論語注解中的公羊學取向」, 『孔子硏究』, 2008년 제3기 참조.

52 『중용주』 2-2: 適當其時, 則此時之中庸, 故爲之時中.(5: 371)

53 캉유웨이의 탁고개제가 진화로 해석되려면 道의 불변성을 말한 동중서와 달리 변화된 道를 주장해야 한다. 변화된 道는 그의 『大同書』에서 자세하게 논의되고 있다. 캉유웨이는 『중용주』에서 平等·自主·立憲을 주장했다. 이 주장만으로도 캉유웨이는 동중서에 비해 道變을 말했다고 할 수 있다. 예컨대 『중용장구』 13장의 忠恕를 『중용주』 13-2 "與民同之, 自主平等"(5: 374)으로 풀이했다. 또 『중용주』 29-1에서 升平世에 할 일로 "應發自主自立之義, 公議立憲之事, 若不改法則大亂生."(5: 387)이라 주장했다. 캉유웨이의 自由, 自主之權과 관련해서 양일모, 「번역의 사상사: 강유위와 엄복」, 『중국학보』 제40집, 1999 참조.

화론이 생물현상에 그치지 않고 사회현상을 설명하는 틀로 쓰이면서 사회진화론이 등장하게 되었다. 중국에서는 옌푸(嚴復, 1854~1921)가 헉슬리(T. H. Huxley)의 『진화와 윤리(Evolution and Ethics)』를 1897년에 『천연론(天演論)』으로 번역하면서부터 사회진화론이 본격적으로 알려지기 시작했다.

칭유웨이는 옌푸의 작업과 별도로 '진화'를 알고 있었던 것 같다. 그는 만목초당에서 강의하던 시절부터 『중용』 주석을 해오다가 『중용주』(1901)를 완성했는데, 1898년 작성한 15권의 『일본서지목록(日本書目志)』 중 2권 리학문(理學門) 생물학서(生物學書)에 『진화원론(進化原論)』 『진화신론(進化新論)』 『진화요론(進化要論)』 등과 『만물퇴화신론(萬物退化新論)』을 소개하고 있고(3: 287~288), 『강자내외편(康子內外篇)』(1886)과 『실리공법전서』(1888 이전)에서 진화를 인류사회의 보편 규율로 취급하고 있다.(이연도, 115)

여기서 우리는 칭유웨이가 서양의 진화론을 접촉하기 이전부터 『일본서목지』 생물서적의 평어에서 보이듯 『주역』의 생성 변화[54]와 앞 절에서 살펴본 『춘추』의 개제 논리를 통해서 사회와 역사의 변화 발전에 긍정적이었다는 것을 알 수 있다.

그리고 시중(時中)과 인시(因時) 사고[55]는 칭유웨이가 사회진화론을 어렵지 않게 받아들인 근거가 된다. 시(時)는 좁은 의미로 시간을 나

---

54 칭유웨이는 생물학을 『주역』의 생성 변화와 결부시켜 이해하고 있다. 天地之大德曰生, 生生之謂易. 能知天地生物之故, 萬物生生之原 …… 生物之學者, 化生之學也.(3: 288)

55 『중용주』 29-1: 孔子之法, 務在因時.(5: 387)

타내지만 넓은 의미로 시간과 공간이 결합된 특정한 시대를 나타낸다. 다시 시대가 사람에게 작용하는 영향력이란 측면으로 시(時)는 삶의 조건, 환경이 될 수 있다.

여기서 시(時)가 시대적 환경을 나타나게 되면 시중과 인시는 시대의 변화를 인정하지 않는 고수(固守)나 수구(守舊)와 호응될 수 없고 시대에 따라 변화나 적응과 어울리게 된다. 바로 이런 맥락에서 캉유웨이는 인시는 탁고개제가 사회진화론과 결합할 수 있는 가교 노릇을 하게 된다.

캉유웨이는 두 곳에서 『주역』의 생생(生生)과 『춘추』의 개제를 넘어서는 사회진화론을 끌어들여 『중용』을 해석하고 있다. 첫째, 강함과 관련된다. 『중용장구』 10장에 보면 자로가 먼저 강함을 묻자 공자는 강함을 세 가지로 나누어서 어떤 것을 말하는지 되묻고 있다. 문맥으로 보면 공자는 "병기와 갑옷을 깔고 자며 싸우다 죽더라도 걱정하지 않는" 강자에 부정적인 생각을 피력하고 있다.

이에 대해 캉유웨이는 공자가 나름대로 취할 점이 있었을 것으로 풀이하고 있다. 그 근거는 다음과 같다.

"생물은 여러 생명체 사이에 뒤섞여서 살아가는데, 강하면 살아남고 약하면 죽는다. 그러므로 사람이 가야 할 길로서 자기 보존은 모두 싸워서 이길 수 있는 충분한 힘에 달려 있다. 나라를 굳건히 세우고 가르침(교육, 종교)을 굳건히 세우는 것도 모두 그러하다."[56]

---

[56] 『중용주』 10-4: 物立于群生間, 强則存, 弱則敗. 故人道之自保, 皆戰勝之餘力. 立國

물론 캉유웨이는 이 강(强)을 전적으로 체력, 물리력, 군사력만으로
보지 않고 전투력의 일종으로서 기개, 기상의 측면을 함께 고려하고
있다.

다른 하나는『중용장구』17장의 천(天)과 만물의 생장·소멸과 관
련이 된다. 천은 만물을 낳고 기를 때 기본적으로 만물의 본성을 이루
도록 돕지만 생장 과정에서 제 자리를 잡고 있으면 북돋워주고 제자
리를 지키지 못하면 뒤엎어버린다.[57]

천을 자연으로 본다면,『중용장구』17장은 하늘과 땅 사이에 생물
이 태어나서 사라지는 과정을 특별한 의미 부여하지 않고 설명했다
고 할 수 있다. 캉유웨이는 여기서 한 걸음 더 나아가 자연도태를 읽
어내려고 한다.

"씨앗이 좋아서 튼실하게 자라면, 천이 많이 퍼지게 한다. 씨앗이 나
빠서 힘이 없으면, 天이 잘라서 없애버린다. 사물이 살려고 다투고
[物競] 천이 고르며[天擇] 뛰어난 것이 이기고 뒤떨어진 것이 진다.
공자는 천인(天因)의 이치를 밝혀서 사람을 권면하게 했다."[58]

立教者皆然.(5: 372)

57『중용장구』17장: 天之生物, 必因其材而篤焉. 故栽者培之, 傾者覆之. 원문의 天은
캉유웨이의 경우 두 가지로 해석 가능하다. 하나는 자연으로 보는 것이고 다른 하나
는 의지적 존재로 보는 것이다. 먼저 전자로 풀이하고 후자는 나중에 논의하려고 한
다. 이런 측면이 캉유웨이의 사상에 드러나는 모순의 측면이다.

58『중용주』18-3: 美種而壯良者, 天則繁殖之. 惡種而微弱者, 天則剪覆之也. 物競天
擇, 優勝劣敗. 孔子發天因之理以勸之.(5: 376-377)

이 중 물경은 생존 경쟁(struggle for existence)을, 천택은 자연선택(natural selection)을 나타내는 말로 옌푸가『천연론』의 번역에서 사용한 용어이다.[59] 두 용어를 통해 캉유웨이와 옌푸의 접점을 확인할 수 있는데, 흥미로운 점은 캉유웨이가 물경(物競)과 천택(天擇)을 아우르는 말로 천연(天演)이 아니라 천인(天因)이란 조어를 사용하고 있다는 점이다.

우리는 캉유웨이가『중용장구』10장을 풀이하면서 공자가 강(强)의 가치를 수용했다고 할 때 약간 자의적인 해석이지 않나, 라는 당혹감을 느낄 수 있다. 캉유웨이의『중용장구』10장 해석을 그의 17장 해석과 연결시켜서 본다면 캉유웨이는 강을 물경과 천택의 천인(또는 천연)과 연결시켜서 이해하고 있다는 것을 알 수 있다.

나아가 그의 천인(또는 천연)은 서구 제국주의의 식민지 지배를 정당화시켜주는 논리가 아니라 사람과 사물이 각기 자신의 본성을 완전하게 실현하는[진성(盡性)] 논리로 이어지고 있다.[60] 진성은 사람의 경우 인민이 묵은 것을 뜯어 고쳐서 새롭게 되고 또 스스로 문명의 세계로 진화하는 것이고, 사물의 경우 하늘과 대지의 합당함을 도와서 생명력을 키우는 것이다.[61]

---

59 物競과 天擇은 옌푸가『천연론』에서 진화를 설명하면서 그 두 가지 원리를 표현한 말이다. 이와 관련해서 자세한 논의 내용은, 양일모,「중국 근대성 문제와『천연론』」,『중국학보』제53집, 2006; 옌푸, 양일모 · 이종민 · 강중기 옮김,『천연론』, 소명출판, 2008, 50-51쪽 참조.

60 사회진화론이 제국주의와 식민지에서 각각 달리 사회적 영향력을 끼치는데 이와 관련해서 전복희,『사회진화론과 국가사상』, 한울아카데미, 1996 참조.

61『중용주』22: 明德旣明, 民皆維新, 自進化于文明, 盡人性也. 山川昆蟲草木, 莫不得所栽培, 傾覆裁成, 輔相天地之宜, 盡物性也.(5: 382)

3.5 인과응보의 긍정

캉유웨이는 사서(四書)를 자기 시대의 상황에서 읽어내기 위해서 기존의 학문 풍토에 얽매이지 않는다. 예컨대 『중용』을 『공양전』의 탁고개제와 연결시키기도 하고 사회진화론과 견주어서 진성(盡性)의 의미를 극대화시키고자 했다. 이처럼 자유로운 해석은 때로는 창조적 왜곡이나 논리적 불일치라는 혐의를 받아왔다. 그의 『중용주』에서도 이론적 모순의 실례를 찾아볼 수 있다. 이러한 실례로 초자연적 존재로서 귀신의 부활, 전통적 귀신과 서학의 전기(電氣)의 결합, 불교의 인과응보 수용 등을 들 수 있다.[62]

캉유웨이는 지금까지 이론적 작업을 통해서 도통(道統)을 공교(孔敎)로 재통합했지만 역사적 공자가 소왕素王이었다는 사실에 곤혹스러움을 느낀 듯하다. 즉 공자가 능력과 덕성을 가진 교주이자 성인임에도 불구하고 그것을 뜻대로 실현할 수 없었다면 공교는 실패한 교주를 어떻게 되풀이하지 않을 수 있겠는가?

만약 공자가 역사적으로 실패를 했다고 단정하게 되면 공교의 진리성도 약화되기 마련이다. 따라서 공교가 현실에 따라 우연의 세계에 이리저리 떠다니는 것이 아니라 현실이 필연의 세계에 확고하게 뿌리를 내리고 있다는 점을 설득시킬 수 있어야 했다.

『중용장구』 17장을 보면 순임금을 실례로 들면서 "대덕은 반드시

---

62 캉유웨이도 인용하듯이 「계사전」의 "積善之家, 必有餘慶."의 경우 유교에서도 응보 관념이 가능하다. 그는 여기에 그치지 않고 통속적인 귀신 관념, 불교 문헌, 緯書 등을 망라해서 응보 관념을 강화시키고 있다. 그 중에 불교가 가능 특징적이므로 수용이라고 표현했다.

어울리는 지위를 얻는다"면서 "대덕은 반드시 천명을 받는다"는 일 반적인 결론을 내리고 있다.[63] 또 『중용장구』 18장을 보면 문임금과 무임금을 실례로 들면서 "무임금이 말년에 천명을 받았다"고 한다.[64] 『중용』 속의 순과 무임금은 춘추 시대의 공자에게 믿을 만한 실현된 과거이다.

그들은 신화와 전설의 인물로 비판받는 실정이라 20세기의 캉유웨이에게 다 믿을 수 없는 먼 과거이다. 또 그들의 성공을 발언했던 공자는 믿을 만하지만 그런 일이 정작 공자에게는 일어나지 않았다. 원문의 '반드시'[必]라는 말의 의미를 복원하기 위해서 캉유웨이는 20세기식의 해석을 시도했다.

먼저, 『효경위(孝經緯)』의 "선과 악에는 보답이 있다"는 전제를 수용한다. 다만 보답의 현실화는 '즉각' 또는 '살아 있을 때'도 있지만 당사자가 받지 못하면 후손이 반드시 받게 된다고 주장하고 있다. 이로써 응보는 불교의 윤리가 아니라 하늘의 이치에 순응하는 공교의 윤리로 흡수되면서 원인을 일으키는 일에 신중할 것을 요구하고 있다.[65] 이리하여 원인과 결과, 행위와 책임이 우연이 아니라 필연이라고 하더라도 문제는 남는다.

---

63 『중용장구』 17장: 大德者, 必得其位, 必得其祿, 必得其名, 必得其壽. …… 故大德者, 必受命.

64 『중용장구』 18장: 無憂者, 其惟文王乎? …… 武王末受命.

65 『중용주』 16-3: 孝經緯曰: 善惡, 報也. …… 祖宗善惡之因, 而子孫受報, 此傳于氣者 也. 報者, 天之順理, 不能不順以受之. 故當愼作諸因, 而神聖但以救人爲日行也.(5: 375)

'나'의 행위와 원인이 어떻게 '나'를 넘어서 격세유전(隔世遺傳), 즉 1세, 2세, 3세…… 뒤에 '나'의 자손에게 정확하게 넘어갈 수 있는가? 여기서 캉유웨이는 기(氣) 또는 전기(電氣) 개념을 끌어들인다. 즉 내가 어떻게 행위를 하게 되면 기 또는 전기가 생기고 그것은 곧바로 소멸되지 않고 대를 넘어서 자손에게 전달된다는 것이다.

다음으로, 캉유웨이는 귀신(鬼神)의 존재를 재해석한다. 그도 알고 있듯이 귀신은 장재(張載)와 이정(二程)에 의해 음양 두 기의 양능으로 설명되고 주희에 의해 천지의 공용이자 조화의 자취로 규정되면서 비인격적 존재로 간주되었다.

캉유웨이는 불교에서 귀(鬼)만 말하고 기독교에서 신(神)만을 말하지만 공자는 귀와 신을 아울러 말했고 귀신이 있다는 문헌적 증거가 있으므로 공교(孔敎)에서 귀신을 배제시킬 이유가 없다고 본다. 아울러 그는 ─정확한 의미와 의도가 분명하게 보이지는 않지만─ 귀를 혼기에다 신을 전기와 연결시키고 있다.[66]

캉유웨이는 인과응보와 귀신 모두 당시 서학(西學)의 전기 개념을 끌어들여서 전통적 기론에서 한 걸음 더 나아간 시도를 보여주고 있다. 그는 "전기가 빨아들이거나 끌어당긴다"거나 "전[기]가 있으면 반드시 빛이 있고 전기의 불빛은 에너지가 있어서 만물을 낳는다"[67]고

---

66 『중용주』17-1: 鬼從人從腦, 魂氣上升之形. 神從列星上示, 電氣屈伸之義. …… 佛氏專言鬼, 耶氏專言神, 孔子兼言鬼神, 而盛稱其德. 惟程朱以爲天地之功用, 張子以爲二氣之良能, 由于阮瞻無鬼論來, 于是鬼神道息, 非孔子神道設敎意也.(5: 376)

67 『중용주』18-2: 電氣吸引.(5: 376) 17-3: 有電則必有光, 電光則有力以生萬物.(5: 376)

전기를 설명하고 있다.

이를 통해서 우리는 그가 전기(electricity)를 실제로 양, 음의 부호를 가진 두 종류의 전하가 나타내는 여러 가지 자연현상으로 이해한다고 생각할 수 있다. 하지만 그는 같은 곳에서 "신기가 곧 전기이다. 모두 펼치는 것으로 시작되므로 신은 전기의 중심이 된다"고 말한다.[68]

아울러 그는 "하늘 땅 사이의 만물은 모두 동기이다. ……건곤은 부모이고 만물은 동포이므로 전기가 흐르고 옮겨 다니며 멀거나 가깝거나 가릴 것 없이 통하지 않는 곳이 없다."고 말한다.[69] 여기서 우리는 캉유웨이의 전기(電氣)는 탄쓰통(譚嗣同, 1865~1897)이 『인학(仁學)』에서 인(仁)을 에테르[以太(ether)]에 견주어 설명했던 것처럼 물질과 정신의 두 가지 특징을 동시에 가진 것으로 보인다.[70]

지금까지 캉유웨이는 인과의 필연성을 설명하기 위해서 인과응보와 전기를 끌어들였다는 점을 살펴보았다. 그는 윤리적 책임을 당사자 중심이 아니라 후손까지 확정시킴으로써 모순을 드러낸다. 그는 행위자의 죽음 이후에도 '나'의 책임을 지속시킬 수 있는 주체 문제를 해결해야 했다. 이 때문에 전기를 끌어들였지만 그 자체는 물질과

---

68 『중용주』17-3: 神氣卽電氣也, 故皆從申, 而神尤爲電氣之主.(5: 376)

69 『중용주』1-6: 天地萬物皆同氣也. …… 乾坤爲父母, 萬物同胞體, 電氣流徙, 無有遠邇, 莫不通焉.(5: 371)

70 캉유웨이도 『孟子微』에서 以太를 仁이나 不忍人之心의 도덕관념과 연계시켜서 논의하고 있다. 캉유웨이가 電氣와 以太를 같은 것으로 보았는지 좀 더 면밀한 분석을 필요로 한다.

정신이 혼재되어 있다는 점에서 전통적 기론의 영역을 완전히 벗어나지 못하고 있다.

또 귀신을 끌어들여서 『중용』을 유신론의 관점에서 읽어내고 있다. 아무리 나와 나의 후손이 기적 연속성을 가지고 있다고 하더라도 행위의 책임을 행위자 '내'가 아니라 나의 후손이 지게 된다면, 이는 캉유웨이가 자주(自主)와 자주지권(自主之權)을 말하는 것과 모순이 된다고 할 수 있다.

4. 결론

캉유웨이는 『중용주』의 서문에서 『중용』의 역사를 간단하게 훑고 저술 동기를 설명하고 있다. "대의(大義)가 아직 빛나지 않고 미언(微言)이 아직 드러나지 않는 것을 한스럽게 생각하고 내가 일찍이 공자개제의 풍부한 덕과 위대한 인을 미루어 알았다."[71] 처음에는 뭔가 잘못 보지 않았나 싶다. 이 내용은 『중용』이 아니라 『춘추』에 어울리는 내용이다. 미언대의는 공자가 『춘추』, 특히 『공양전』을 해석하면서 담아놓았다고 하는 역사 해석법으로 널리 알려져 있기 때문이다.

캉유웨이는 『중용』 해석에서 유교와 반유교의 대립, 공자 지위의 신격화, 탁고개제의 삼세와 삼통설, 사회진화론의 수용, 인과응보의 긍정을 보이고 있다. 이 중에서 가장 큰 특징을 말한다면 『중용』을 『춘추』와 같은 문헌으로 만들고 있다는 데에 있다.

---

71 「中庸注叙」: 恨大義未光, 微言不著, 予小子旣推知孔子改制之盛德大仁.(5: 369)

즉『중용주』는 '『중용』의 『춘추』화'라는 결론을 내릴 수 있다. 왜냐하면 캉유웨이는 원래『중용』에 없고 『춘추』(실제로『공양전』)에 있는 사상과 개념을 『중용』해석에 자유롭게 끌어들이고 있기 때문이다. 그리하여 『중용』과 『춘추』가 하나의 텍스트로 수렴되고 있다.

이렇게 볼 때 서문의 내용은 잘못된 것이 아니라 『중용주』의 특성을 대변하는 것이라고 할 수 있다. 이 작업을 통해서 『중용』은 자사가 도통(道統)의 실전을 우려해서 지은 것이 아니라 공자가 자신의 이상적 정치 개혁을 담아놓은 책이 된다. 즉『중용』은 도통이 아니라 공자의, 공자에 의한, 공자를 위한 문헌이 된다.

이로써 우리는 캉유웨이가 무술변법을 전후로 학술과 정치 영역에서 변한 측면도 있지만 『실리공법전서』(1888년 전후), 『신학위경고』(1891), 『공자개제고』(1898) 『중용주』(1901), 『대동서』(1901~1902) 사이에 —확장될지언정 폐기되지 않는— 일관성을 보이고 있다고 할 수 있다.

캉유웨이의 사상은 1903년 이후 혁명파가 학술과 현실 정치에서 주도권을 장악한 이후 강한 힘을 잃었다. 그는 일본 망명 시절에 쑨원을 만났지만 그때나 그 이후에도 결코 혁명파의 길에 동조를 하지 않았다. 이 때문에 그는 무술변법 전후로 나름 진보적(개혁적) 사상가에서 퇴보적(보수적) 논객으로 평가절하되었다. 이러한 평가에도 불구하고 캉유웨이의 사상, 특히 탁고(托古)를 뺀 개제(改制)의 삼세와 삼통은 1920년대 량수밍의 '문화(文化)' 해석에 의해서 부활되었다.

19세기에서 20세기의 초반은 동서대결의 과정에서 동양의 철저한 실패로 끝났다. 이 실패는 일회적인 대결의 결과에 그치는 것이 아니라 면면히 이어져온 삶의 문법을 송두리째 부정하는 것이었다. 사회

진화론에 따르면 중국과 그 문화는 도태될 운명 내지 역사적 필연으로 전락하게 된다. 당장 생존이 가능한지 모르는 상황에서 중화의 부활이나 재건은 사치가 된다.

이에 캉유웨이는 단계론을 끌어들여서 현재의 곤경을 미래의 탈출로 상쇄하고자 했다. 세계 전쟁 이후로 동아시아의 지식인들은 제국주의의 몰락과 초기 자본주의의 폐해를 목격하고서 서양을 모방만이 아니라 모방과 극복의 대상으로 바라보게 되었다. 하지만 "어떻게?"라는 물음에 답이 없었다.

여기서 캉유웨이의 개제(改制) 삼세설(三世說)은 실마리를 제공할 수 있다. 공교(孔教)가 19~20세기 초반을 지배할 삶의 패러다임은 아니지만 재해석하면 다음의 시대를 지배할 수 있다는 것이다. 이 실마리는 량수밍이 『동서문화와 그 철학(東西文化及其哲學)』에서 인류의 문화를 세 가지 유형으로 추출하고서 중국문화의 생존 가능성을 복원시켰던 논의로 이어질 수 있었다.[72]

---

72 량수밍의 책은 강중기 옮김, 『동서문화와 철학』, 솔, 2005 참조. 나는 이러한 논의가 다시 甘陽, 『通三統』, 北京: 三聯書店, 2007로 이어진다고 생각한다. 이와 달리 이른바 현대 신유학자들은 중국문화를 유형이 아니라 인류 문명의 대안으로 격상시키고 있다.

어떻게 사는 것이 중용에 따른 삶인가
(김용옥, 『중용한글역주』, 2011 서평)

『도올선생 중용강의』상(통나무, 1995)을 본 사람은 언제 하편이 나올까 기대를 해왔다. 근래 김용옥은 동방고전한글역주대전의 시리즈 중 하나로『중용한글역주』(통나무, 2011)를 내놓았다.(아울러 '강제하차' 논란을 빚은 EBS 방송용 교재로 대중적인『중용 인간의 맛』을 함께 선보였다) 이로써 그간 하편을 기다려온 사람들의 기대를 만족시켜주었다고 할 수 있다.

이 책은 제목대로라면 사서오경의 묶음에 속하는『중용』의 원문을 한글로 옮기고 풀이하는 데에 초점이 있다. 실제로 책을 보면 687쪽의 분량 중 전례가 없을 정도로 긴 '통서: 인문주의 혁명의 여명' (15~150)이라는 서문을 싣고 이어서 주희의『중용장구』서문을 주해하고서(153~191) 거의 200쪽에 이르러서야『중용』의 원문을『중용장구』와 곁들여서 번역하고 '옥안(沃案)'에 필자의 해설을 달고 있다.

단순한 역주 형식이라면 서평할 거리가 드물겠지만 이 책은 통서와 역주에서 다양한 논의와 강한 주장을 담고 있으므로 서평을 시도할 길을 찾을 수 있다. 먼저『중용』텍스트를 둘러싼 해묵은 문제를 어떻게 풀어 가는지 살펴보고 역주 작업을 통해서 지은이가 밝히고자 하는 주장을 들여다보기로 하자.

사마천은 『중용』의 저자를 공자의 손자 자사(子思)로 지목했다. 종래에 이를 믿는다고 해도 심각하게 생각하지 않았다. 정색하고 따져봐야 확증할 만한 증거가 그렇게 많지 않기 때문이다. 김용옥은 출토 문헌과 전승 문헌을 교차 분석하면서 자사가 한 주장의 내재적 일관성을 밝히고 있다. 「노목공문자사」에서 충신의 역할을 묻는 목공에게 자사는 "항상 임금의 나쁜 점(과실)을 지적하는 사람"이라고 답변했다.(89)

『예기』 「단궁」에서 타국으로 추방되었던 신하가 본국으로 돌아와서 과거의 군주를 위해 상복을 입는 반복(反服)의 예를 묻자 자사는 당시 신하를 가볍게 내치는 상황에서 적의 앞잡이가 되지 않으면 다행이라고 대답했다. 두 곳에서 공통적으로 자사의 비판 정신을 보여 주고 있다. 이 비판은 칸트처럼 "인간의 인식능력 일반에 대한 자기 검열, 즉 이성의 타당성의 범위와 한계를 규명하는 인식론적 의미"가 아니라 "권력자가 자기 자신에 대하여 항상 먼저 비판의 재판소를 차려야 한다"는 사회적 비판을 가리킨다.(92~93)

이러한 사회적 비판은 사회 지도층을 상대로 "그대가 진실로 바름으로써 본을 보인다면 이 땅에서 감히 그 누가 바르지 않을 수 있겠느뇨?"(93)라고 일갈했던 공자의 말에도 나타나고 "오직 자기 자신을 바르게 할 뿐, 타인에게 나의 삶의 상황의 원인을 구하지 아니하니 원망이 있을 수 없다"(94)라는 『중용』에도 드러나고 있다.

따라서 『중용』은 공자의 사상을 오롯이 이어받으면서 사회적 비판의식을 뚜렷하게 나타내고 있는 자사의 저작이라는 주장이다. 이 주장은 자사를 단순히 『중용』의 저자로 밝힌 것에 한정되지 않고 성인의 자손이라는 후광에 눌려 있던 자사를 사상가의 반열로 끌어올리는 정치한 논증이라고 할 수 있겠다.

일명 '귀신장'이라 알려진 『중용』 16장은 종래 전체 맥락에서 불협화음을 일으킨다고 지적되어왔다. 김용옥은 귀신을 창조주의 존재 개념으로 보지 않고 천지 대자연에 내재하는 힘(406)으로 보고 또 인간의 삶을 "반드시 삶과 죽음이 연속체로서 인식되는 것"(420)으로 보아서 불협화음을 협화음으로 읽어내는 길을 제시하고 있다. 충분히 흥미를 끌만한 해석이다.

김용옥이 작은 단행본 분량의 '통서'를 왜 썼을까? 두 가지의 이유가 있을 듯하다. 하나는 독자와 『중용』 사이에 놓인 간격을 좁히기 위해서이고, 다른 하나는 김용옥식 『중용』 읽기의 정체성을 밝히기 위해서이다. 이를 통해 그는 먼저 독자들이 "텍스트를 접근해 들어가는 시각의 대강을 파악"(81)하게 하고 궁극적으로 개념적 추상적 사고에 바탕을 둔 서양 철학과 다른 일상적 실제적 삶의 바탕을 중용의 삶에 관심을 가지도록 제안하고 있다.

서두에 알츠하이머병에 걸린 목사가 찾아온 신도들에게 "예수가 누구여?", "예수 믿는다고 구원 얻을 수 있깐?" 했다는 일화를 소개하고 있다.(20) 이는 자극적인 소재를 동원하여 독자를 당황하게 하려는 것이 아니라 종교의 본질과 동서양 철학의 차이를 되묻기 위한 장치이다.

병에 걸리기 이전에 예수를 위해서 살았던 사람이 한갓 병 때문에 예수를 기억하지 못하고 나아가 불경한 짓을 저지른다면 '예수'는 어떤 존재일까? '예수'는 고유 명사에 지나지 않고 그런 만큼 "피상적이고 외재적이며 비본질적인 사태"(21)에 지나지 않게 된다.

중용의 삶 또는 『중용』을 가진 동양철학의 가치는 사람을 고유명사의 개념적 인식의 자명성으로 이끄는 서양의 종교나 철학과 다르다. 중용의 삶은 개념으로 환원되지 않는 원초적 경험 사태이자 예(禮)를 통해 이론과 실천의 괴리를 허용하지 않는 전일적인 인간화의 과정이다. 이런 측면에서 『중용』의 신독(愼獨)은 내면적 주체성의 심화라는 종적(縱的) 깊이만이 아니라 오륜(五倫)과 같은 삶의 일상성의 배양이라는 횡적(橫的) 연대를 통합적으로 요구하는 것이다.(420) 논의의 결을 곱씹어볼 만하다.

이 책을 독파하려면 두 가지에 주의를 해야겠다. 하나는 글이 결론을 향해 최단 거리를 일직선으로 달려가지 않고 논의가 꼬리에 꼬리를 물듯 새로운 화제로 끊임없이 확장되면서 서서히 진행되고 있다는 점이다. 나는 이를 수형도식 글쓰기라고 명명하고자 한다.(그의 글을 읽다보면 나만 그런지 모르겠지만 종종 다케미야 마사키의 우주류 바둑이 생각난다) 이러한 글쓰기는 전작에서도 여실히 드러난 특성으로 김용옥식 글에 익숙한 독자라면 얼마든지 감내할 수 있을 듯하다.

다른 하나는 논증 과정에 한 번씩 희망 사항(wishful thinking)이 모습을 드러낸다는 것이다. 예컨대 98쪽의 글쓰기를 살펴보자. 김용옥은 사마천이 곡부를 방문해서 당시에 보존되어 '있었을' 정보를 입수'했을' 것이라고 추정하고 있다. 다음에 곡부에서 수집한 정보가 '의심할 여지가 없다'고 단정하고 자사의 『중용』 저술은 '역사적 사실에 속한다'고 결론내리고 있다.

나도 사마천이 뭘 보았는지 확인할 수 있으면 좋겠지만 지금으로 서는 그게 불가능하다. 확인할 수 있으면 좋겠다는 생각을 가지고 그 렇게 되었다고 단정한다면 이는 희망사항일 뿐 엄밀한 논증이라고 하기는 어렵다.

중용이 책 뒷날개의 "21세기 동아시아의 새로운 가치 방향"일 만 큼 중요할 수 있다. 이 책을 읽고 중용이 중요하다는 것을 느끼는 데 에 그치지 않고 어떻게 사는 것이 중용에 따른 삶인지 알 수 있도록 구체적 일상적 지도가 함께 들어 있었으면 좋겠다.

이는 「번역에 관한 하나의 원칙을 논함」에 나오는 "우리가 필요로 하는 것은 실제로 명사화된 개념의 풀이가 아니라, 문장을 구성하는 신택스에 '상응'하는 오늘 우리말의 신택스이다."(193)라는 주장에 상 응하지 않을까?

『書經』

『詩經』

『論語』

『노자』

『맹자』

『장자』

『한비자』

『예기』

『中庸』

『呂氏春秋』

『史記』

『韓詩外傳』

『列子』

『孔子家語』

『中庸章句』

『中庸解』

『中庸自箴』

『中庸講義補』

朱熹, 『중용장구』

朱熹, 『朱子語類』 권62-64, 「中庸」, 中華書局, 1986.

이토 진사이伊藤仁齋,『中庸發揮』

丁若鏞,『中庸自箴』,『與猶堂全書』제2집, 경인문화사, 1973.

丁若鏞,『中庸講義補』,『與猶堂全書』제2집, 경인문화사, 1973.

戴震,『孟子字義疏證』

康有爲,『中庸注』,『康有爲全集』제5집, 中國人民大學出版社, 2007.

康有爲,『康有爲全集』全12집, 中國人民大學出版社, 2007.

康有爲, 신정근 옮김,『중용주』미출간원고.

J. K. 갈브레이드, 박현채 옮김,『권력의 해부』, 한벗, 1984.

郭慶藩,『莊子集釋』, 中華書局, 1961; 1978 2쇄.

금장태,「'중용'의 체제와 도의 기본구조-다산과 荻生狙徠의 '중용' 해석」
   『동아문화』40, 서울대학교 동아문화연구소, 2002.

금장태,『도와 덕: 다산과 오규 소라이의 중용·대학 해석』, 이끌리오,
   2004.

김권환,「『논어』의 군자와 소인: 성장과 쇠퇴의 정향을 가진 과정적 인간
   상」,『동양철학연구』78, 2014, 37~68쪽.

김기주·황지원·이기훈 옮김,『공자성적도: 고판화로 보는 공자의 일생』,
   예문서원, 2003.

김도형,「아리스토텔레스의 중용론에 관하여: 중도론적 해석에 대한 비
   판」,『윤리연구』1권 124호, 한국윤리학회, 2019, 37~55쪽.

Myeong-Seok Kim, "An Inquiry into the Development of the Ethical
   Theory of Emotion in the Analects and the Mencius", Asian
   Languages and Cultures Uni. of Michigan PhD Dissertation,
   2008.

김용옥,『도올선생 중용강의』, 통나무, 1995.

김용옥,『중용, 인간의 맛』, 통나무, 2011.

김학주 옮김,『서경』, 명문당, 2002.

김희정,『몸·국가·우주 하나를 꿈꾸다』, 궁리, 2008.

니스벳, 최인철 옮김, 『생각의 지도: 동양과 서양, 세상을 바라보는 서로 다른 시선』, 김영사, 2008 6쇄.

뚜웨이밍, 정용환 옮김, 『뚜웨이밍의 유학 강의』, 청계(휴먼필드), 1999.

량수밍, 강중기 옮김, 『동서문화와 철학』, 솔, 2005.

樓宇烈, 「借古爲今乎? 戀古非今乎? 康有爲學術著作選編後」, 『書品』, 1989, 제2기.

리쩌허우李澤厚, 황희경 옮김, 『역사본체론』, 들녘. 2004.

리쩌허우李澤厚, 임춘성 옮김, 『중국근대사상사론』, 한길사, 2005.

리쩌허우, 정병석 옮김, 『중국고대사상사론』, 한길사, 2005.

馬永康, 「論語注解中的公羊學取向」, 『孔子研究』, 2008년 제3기.

馬永康, 「康有爲與'公理'」, 『中山大學學報』, 2009년 제3기 제49권(총 219기).

민두기, 『중국근대개혁운동의 연구: 康有爲 중심의 1898년 개혁 운동』, 일조각, 1985.

민홍석, 「묵자철학의 핵심처는 어디인가」, 『양명학』 제34호, 2013, 170~171쪽.

박성규, 『주자철학의 귀신론』, 한국학술정보, 2005.

박완식, 『중용』, 여강, 2005.

박원재, 「하곡 정제두의 '중용' 해석의 특징」, 『국학연구』 I, 한국국학진흥원, 2002.

박찬구, 『개념과 주제로 본 우리들의 윤리학』, 서광사, 2006.

박철홍, 「총체적 지식의 관점에서 본 중용의 의미」, 『도덕교육연구』 21권 2호, 한국도덕교육학회, 2010, 133~157쪽.

박희병, 『운화와 근대』, 돌베개, 2003.

백승종, 『중용, 조선을 바꾼 한 권의 책』, 사우, 2019.

서근식, 「'중용' 16장 '귀신장'에 대한 비교 연구-주자 · 왕부지 · 이등인재 · 정약용을 중심으로」, 『유교문화연구』 8, 성균관대학교 유교문화연구소, 2004.

서근식, 「『中庸』16章鬼神章的比較研究-以朱子 · 王夫之 · 伊藤仁齋 · 丁若鏞

爲中心」,『유교문화연구』제5집, 2005, 119~135쪽.

손영식,『이성과 현실』, UUP, 1999.

손영식,『혜시와 공손룡의 명가 철학』, UUP, 2005.

孫詒讓,『周禮正義』, 中華書局, 1987.

송정숙,「韓國에서「中庸章句」의 수용과 전개양상.『서지학연구』제10집, 1994, 553~576쪽.

신동준 역주,『좌구명의 국어』인간사랑, 2005.

신정근,「구원자로서 철인과 유비추리의 성인:『서경(書經)』과『시경(詩經)』의 서주(西周), 춘추 초기 문헌을 중심으로」,『철학논구』제25집, 1997, 1~23쪽.

신정근,「전국시대 心 주제화의 서곡」,『동양철학』제18집, 2003.

신정근,『동중서: 중화주의의 개막』, 태학사, 2004.

신정근,『사람다움의 발견, 이학사, 2005.

신정근,『동중서의 춘추번로: 춘추-역사 해석학』, 태학사, 2006.

신정근,「『중용』의 中和 사상 연구: 선진시대 감정 지위의 변화를 중심으로」,『유교사상문화연구』제33집, 2008, 109~134쪽.

신정근,「량수밍[梁漱溟] 문화철학의 동선: 근대의 모방과 좌절에서 탈근대의 기획과 선취로」,『동양철학연구』제58집, 2009.

신정근,「康有爲『중용』해석의 특징:『中庸』의『春秋』化」,『대동문화연구』72집, 2010, 263~293쪽.

신정근,『중용, 극단의 시대를 넘어 균형의 시대로』, 사계절, 2010; 2018 4쇄.

신정근,「어떻게 사는 것이 중용에 따른 삶인가[김용옥,『중용한글역주』서평]」,『창작과 비평』통권 154호, 2011년 겨울호, 462~466쪽.

신정근,『동양고전이 뭐길래?』, 동아시아, 2012.

신정근,『철학사의 전환: 동아시아적 사유의 전개와 그 터닝포인트』, 글항아리, 2012.

신정근,『노자와 묵자, 자유를 찾고 평화를 넓히다-무유의 세계를 대표하는 두 거장의 이야기』, 성균관대학교출판부, 2015.

신정근,『효, 순간을 넘어 영원을 사는 길』, 문사철, 2016.

아리스토텔레스, 이창우 · 김재홍 · 강상진 옮김,『니코마코스 윤리학』, 이 제이북스, 2006; 2008 3쇄.

아이반호, 신정근 옮김,『유교, 우리 삶의 철학』, 동아시아, 2008.

아카쯔카 기요시赤塚忠도 新釋漢文大系 제2권『大學 · 中庸』, 明治書院, 1967.

양일모,「번역의 사상사: 강유위와 엄복」,『중국학보』제40집, 1999.

양일모,「중국 근대성 문제와『천연론』」,『중국학보』제53집, 2006.

楊祖漢, 황갑연 옮김,『중용철학』, 서광사, 1999.

楊天宇,『周禮譯注』, 上海古籍出版社, 2004; 2013 8쇄.

엄연석,「한국경학자료집성 소재 중용 주석의 특징과 그 연구방향」, 『대동문화연구』제49집, 성균관대학교 대동문화연구원, 2005, 125~168쪽.

엄연석,「규장각 소장본을 통해 본 조선 중후기 중용 연구 경향」,『한국문 화』74, 2016, 67~93쪽.

옌푸, 양일모 · 이종민 · 강중기 옮김,『천연론』, 소명출판, 2008.

吳　怡,「誠字在中庸裏的地位」, 項維新 · 劉福增 主編,『中國哲學思想論集 (先秦篇)』, 牧童出版社, 民國65年; 民國68年 3版, 217~231쪽.

윤형식,「아리스토텔레스의 중용론과 '중용적 합리성'의 의사소통 이론적 이해」, 장승구 외,『중용의 덕과 합리성』, 청계(휴먼필드), 2004.

위앤커, 전인초 · 김선자 옮김,『(역주본) 중국신화전설 1』, 민음사, 2002.

이연도,「근대중국의 진화론과 역사관」,『한국철학논집』제20집, 2007.

이용주,「주희 道統論의 형성과 사상적 과제」,『퇴계학논집』101, 영남퇴 계학연구원, 1999, 135~162쪽.

이용주,『주희의 문화 이데올로기』, 이학사, 2003.

이장희,「유가적 덕 윤리: 군자와 소인은 누구인가?」,『교육논총』37권 3 호, 2017, 109~121쪽.

이토 진사이伊藤仁齋, 최경열 옮김,『大學定本 中庸發揮』, 그린비, 2017.

자오지빈趙紀彬, 신정근 · 조남호 옮김,『반논어』, 예문서원, 1996.

蔣伯潛, 전병수 옮김,『중국경학략사』, 도서출판 수류화개, 2019.

장승구,「중용의 덕과 지혜 그리고 그 정치사회적 의미」,『중용의 덕과 합리성』, 청계, 2004, 33~35쪽.

장정일,『장정일의 공부: 장정일의 인문학 부활 프로젝트』, 랜덤하우스코리아, 2006.

장파張法, 유중하 외 옮김,『동양과 서양 그리고 미학』, 푸른숲, 2001 6쇄.

전복희,『사회진화론과 국가사상』, 한울아카데미, 1996.

田 愚, BK21 중(한)문고전적 번역대학원 역주,『간재 전우, 중용을 탐구하다[中庸記疑]』, 심산, 2010.

程樹德,『論語集釋』, 中華書局, 1990; 1992 2쇄.

정현 주, 공영달 소, 이광호 책임 번역,『역주 예기정의 중용·대학』, 전통문화연구회, 2014; 2015 3쇄.

조경란,『중국 근현대 사상의 탐색: 캉유웨이에서 덩샤오핑까지』, 삼인, 2003.

朱謙之,『老子校釋』, 北京: 中華書局, 1984; 1991 3쇄.

宗志武,「評康有爲'三周大地'之行」,『吉林工程技術師範學園學報』, 2004.11, v.20 n.11.

陳鼓應,『老子註譯及評介』, 中華書局, 1987.

천자오잉陳昭瑛,「'情'槪念從孔孟到荀子的轉化」,『儒家美學與經典詮釋』, 華東師範大學出版社, 2008.

陳贇,『中庸的思想』, 三聯書店, 2007.

최영진,「유교의 중용사상에 관한 고찰」,『동서사상의 대비적 조명』, 성균관대학교출판부, 1994.

I. Kant, 李錫潤 옮김,『판단력 비판』, 박영사, 1974; 1984 중판.

崔大華,『莊子歧解』, 中州古籍出版社, 1988.

캉유웨이, 이성애 옮김,『대동서』, 민음사, 1991; 을유문화사, 2006.

탕즈쥔湯志鈞,『康有爲與戊戌變法』, 中華書局, 1984.

湯志鈞,『近代經學與政治』, 中華書局, 1989.

方克,『중국변증법사상사(선진)』, 人民出版社, 1985.

한국사상연구회, 『도설로 보는 한국 유학』, 예문서원, 2000.

황인옥, 「朝鮮後期 『中庸』解釋의 獨創性 研究」, 2018, 성균관대학교 유학과박사학위논문.

황인옥, 「「中庸」에 인용된 『詩經』 시에 대한 연구」, 『대동철학』 88, 대동철학회, 2019, 235~259쪽.

중용이란 무엇인가?

초판 1쇄 발행 2019년 12월 31일
초판 2쇄 발행 2020년 8월 20일

지은이 신정근
펴낸이 신동렬
책임편집 신철호
편집 현상철·구남희
마케팅 박정수·김지현

펴낸곳 성균관대학교 출판부
등록 1975년 5월 21일 1975-9호
주소 03063 서울특별시 종로구 성균관로 25-2
대표전화 02)760-1253~4
팩스밀리 02)762-7452
홈페이지 press.skku.edu

ⓒ 2019, 신정근

ISBN 979-11-5550-369-0 93150